맬서스 Thomas Robert Malthus, 1766~1834
- 《인구론 *An Essay on the Principle of Population*》(1798)
- 인구증가를 억제하는 방법으로 기근과 질병 결혼제 등을 주장함.
- 영국 잉글랜드 서리 출생.

... Darwin, 1809~1882
... *rigin of Species by Means of Natural Selection or the* ... *red Race in the Struggle for Life*)(1859)
... 공헌함. 그의 사상은 아직도 현재진행형이다.
... 출생.

마르크스 Karl Heinrich Marx, 1818~1883
- 《자본론 *Das Kapital, Kritik der politischen Öconomie*》(1867)
- 헤겔의 영향을 받아 무신론적 급진 자유주의자가 되었다. 그의 사상은 혁명가들의 무기가 되었다.
- 독일 라인주 트리어 출생.

쇼펜하우어 Arthur Schopenhauer, 1788~1860
- 《의지와 표상으로서의 세계 *Die Welt als Wille und Vorstellung*》(1819)
- 칸트의 인식론에서 출발하여 피히테, 셸링, 헤겔 등의 관념론적 철학자를 공격하였다. 그러나 그 근본적 사상이나 체계의 구성은 같은 '독일 관념론'에 속한다.
- 독일 단치히 출생.

니체 Friedrich Wilhelm Nietzsche, 1844~1900
- 《차라투스트라는 이렇게 말하였다 *Also sprach Zarathustra*》(1883~1885)
- 인간은 권력에의 의지를 체현(體現)하는 초인이라는 이상을 향하여 끊임없는 자기 극복을 하여야 한다고 주장함.
- 독일 레켄 출생.

생각의 진화

생각의 진화

초판 1쇄 인쇄 · 2010년 1월 7일
초판 2쇄 발행 · 2010년 3월 2일

지은이 · 김용관
펴낸이 · 이종문
펴낸곳 · (주)국일출판사

편집기획 · 주승연, 이재석, 허은영, 이호석, 김지현
영업마케팅 · 김종진, 김봉구, 이진석
디자인 · 이희욱, 김용미
웹마스터 · 김진연
관리 · 최옥희, 장은미
제작 · 유수경

등록 · 제406-2004-000025호
주소 · 경기도 파주시 교하읍 문발리 파주출판문화정보산업단지 514-6
영업부 · Tel 031) 955-6050 │ Fax 031) 955-6051
편집부 · Tel 031) 955-6070 │ Fax 031) 955-6071

ⓒ 2010 김용관
이 책의 저작권은 저자와 국일미디어에 있습니다. 서면에 의한 저자와
출판사의 허락 없이 이 책에 실린 글이나 그림의 무단 전재와 복제를 금합니다.

평생전화번호 · 0502-237-9101~3

홈페이지 · www.ekugil.com (한글인터넷주소 · 국일미디어, 국일출판사)
E-mail · Kugil@ekugil.com

· 값은 표지 뒷면에 표기되어 있습니다.
· 잘못된 책은 바꾸어 드립니다.

ISBN 978-89-7425-552-7(03300)

과 거 의 세 상 은 몇 권 의 책 으 로 지 배 되 어 왔 다

생각의 진화

김용관 지음

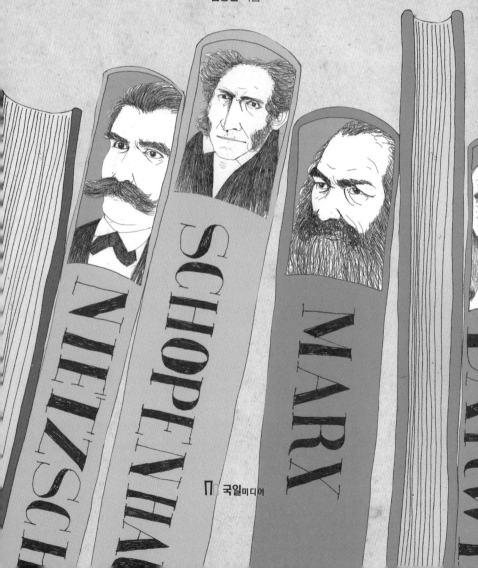

국일미디어

어둠의 시대였던 중세를 걷어낸 것은
과학자들의 목숨을 건
비밀노트의 기록에서 시작됐다.

중세 어둠을 몰아낸
과학자들의 비밀노트

중세 대학에서 철학은 단순히 신학을 위한 학문이었다. 철학이 신학에서 독립한 것은 14세기 초가 되어서야 가능했다. 단지 과학은 신의 완벽함을 확인하는 수단으로 그 존재 가치가 있었다. 과학은 항상 의심에서 출발하는데 중세에서 의심은 곧 죽음을 의미했다. 누구든지 신의 섭리를 의심한다는 것은 악마의 기운이 몸에 들어왔다는 증거이고 그런 사람은 마녀재판을 받고 화형에 처해졌다.

그래서 무언가를 항상 의심하는 과학자들은 비밀노트를 만들기 시작했다. 그들 가운데 가장 사람들을 놀라게 했던 사람이 바로 레오나르도 다 빈치다. 르네상스 과학을 혼자 다 이룩했다고 해도 과언이 아닌 레오나르도 다 빈치이지만 교육을 제대로 받지 못했다. 재능은 있지만 학문적 깊이가 없다는 이유로 친구들 간의 대화에 끼지 못하고 따돌림을 당했다. 하지만 레오나르도 다 빈치의 비밀노트를 본 사람이라면 그가 15세기 사람이 아니라 18

세기 사람처럼 여겼을 것이다. 레오나르도의 비밀노트에는 헬리콥터나 잠수함을 비롯해 자동차와 자전거 같은 현대식 기계장비를 그린 그림뿐만 아니라, 뉴턴의 물리학 법칙과 갈릴레이의 지동설이 기록되어 있다. 이 비범한 천재의 비밀노트는 그가 죽은 뒤 비밀리에 여러 사람의 손을 거쳐 지금은 밀라노 도서관에 보관 중이다.

니콜라스 코페르니쿠스도 외로운 사람이기는 마찬가지였다. 어려서 부모님을 여의고 신부님 밑에서 자란 그는 플라톤을 좋아했다. 플라톤의 《티마이오스》[1]라는 책을 읽고 우주에 관해 관심을 갖고 있던 그는 1400년 동안 변함없이 받아들여졌던 프톨레마이오스의 천동설을 의심하기 시작했다. 특히 프톨레마이오스의 천문학을 토대로 만들어진 달력은 항상 수정과 보완을 거듭해야 했다. 코페르니쿠스는 천동설이 아닌 지동설을 뒷받침할 만한 여러 자료를 구하였고 30년 동안 자신의 비밀노트에 은밀하게 기록했다.

1537년 코페르니쿠스는 이 위대한 비밀노트를 독일 천문학자 레티쿠스의 방문을 받은 자리에서 보여주었다. 레티쿠스는 두 달 동안 그 노트를 면밀히 분석한 뒤 코페르니쿠스의 주장을 확신하고 6년의 시간을 더 기다린 뒤 1543년 비밀노트를 《천체들의 회전운동에 관하여)[2]라는 책으로 출간했다. 하지만 코페르니쿠스는 자기 책의 서문에서 '지동설'은 하나의 가설일 뿐이라고 강조한 뒤 책이 나온 뒤에 곧바로 숨졌다.

이 코페르니쿠스의 《천체들의 회전운동에 관하여》라는 책은 지구가 태양을 1년에 한 바퀴 돌고, 지구가 스스로 하루에 한 바퀴 운동을 한다는 내용을 담고 있었다. 교황청에서는 처음에 그의 책을 무시하였지만 계속해서 지동설을 뒷받침하는 증거들이 제시되자 1616년 이 책을 금서로 지정했다.

코페르니쿠스에 이어 이탈리아 천문학자 갈릴레오 갈릴레이가 등장한다. 1564년 이탈리아 피사에서 태어난 갈릴레오 갈릴레이는 어린 나이에 개신교도들이 이단이란 죄명으로 학살당하는 광경을 종종 목격했다.

1600년 2월 17일, 갈릴레이는 나이 열여섯 살 때 지오다노 브루노라는 신학자이자 도미니크회의 수도사가 화형을 당하는 모습을 직접 보았다. 브루노는 보지 말라는 책, 바로 코페르니쿠스의 《천체들의 회전에 관하여》를 보았으며, 교황청의 압력에도 불구하고 코페르니쿠스의 지동설을 굳게 믿고 있었기 때문에 교황과 추기경들이 모인 자리에서 화형을 당한 것이다.

갈릴레이는 자신이 발명한 망원경으로 천체를 관측하면서 목성 주위 4개의 위성을 발견하였으며 태양의 흑점도 발견하였다. 이런 모든 내용을 그는 자신의 비밀노트에 기록했다. 그리고 1632년 2월 그 비밀노트의 내용을 가지고 그는 《두 우주구조에 관한 대화》라는 책을 출간했다. 이 책은 세 사람의 대화형식을 통해 아리스토텔레스 이론의 모순을 지적하고 종교재판에 걸리지 않는 범위 내에서 지동설을 설명하려고 노력했다. 하지만 그의 노력에도 보람 없이 그 해 7월 그 책은 교황청 금서목록에 올랐다.

그리고 바로 다음 해 1633년 6월 22일, 갈릴레이는 종교재판에서 사형을 언도받았다. 그는 살기 위해 종교재판관 앞에서 성서에 손을 얹고 무릎을 꿇고 "교회에서 가르치는 모든 진리를 믿으며 태양중심설과 결별하고 앞으로는 이런 내용을 말이나 글로 남기지 않겠습니다."라고 맹세한 뒤 풀려났다. 그러나 1642년 1월 8일 사망할 때까지 바깥출입이 금지된 가택연금을 당하였다. 갈릴레이가 사망한 지 꼭 350년이 지난 1992년 가톨릭 교황청은 공식적으로 자신들의 잘못을 인정하며 갈릴레이에게 용서를 빌었다.

한편 데카르트와 뉴턴 역시 비밀노트에 대한 존재 사실을 의심받았지만 내용은 물론 존재 자체까지 부인했다. 하지만 데카르트의 비밀노트는 같은 프랑스 수학자 라이프니치에 의해 일부 이용됐다는 이야기도 나돌았고 소문도 무성했다. 데카르트가 얼마나 의심이 많은 사람인가 하면 그는 네덜란드에서 스물네 번이나 이사를 할 정도였다. 그는 레오나르도처럼 다양한 실험, 빛의 굴절, 소용돌이, 인체 해부 등을 자기 비밀노트에 담았지만 끝내 그 비밀노트는 공개하지 않고 죽었다.

뉴턴 역시 1679년 어머니가 죽고 그 무렵 신학과 연금술에 빠져 고대 문헌들에서 얻은 지식들을 자신의 비밀노트에 기록해 두었다고 한다. 그러나 그는 철저히 비밀로 부쳤다. 죽음이 두려웠기 때문이다. 어쨌든 이렇게 중세 암흑의 문을 연 것은 이들 과학자들의 비밀노트에서 시작된 것임은 의심할 수 없는 진실인 것이다.

2009년 12월
김용관

차례

● 머리말

0 1 아이작 뉴턴
고독한 천재의 대학생활 | 23
뉴턴의 공부 방법 | 25
뉴턴의 사과는 자연과학의 출발을 알리는 신호 | 28
논쟁의 중심에 서다 | 31
세상을 바꾼 책, 프린키피아 | 34
아무튼 대단한 책이지만 내용은 아무도 몰라 | 36
후크를 몰아내고 라이프니치를 죽이다 | 38
계몽주의 시작을 알리다 | 42
● 사이읽기_18세기 유럽은 과학에 열광했다 | 44

0 2 볼테르
투옥과 함께 작가로 성공 | 58
작가적 성공과 경제적 부를 동시에 추구하다 | 60
에밀리 샤틀레를 만나다 | 62
계몽주의 시대를 연 책, 철학서간 | 63
루소와 불화를 일으키다 | 70
관용의 사상, '칼라스 사건' | 73
부를 축적하기 위한 탐욕적인 시간들 | 76
● 사이읽기_볼테르는 자유를 루소는 평등을 중시했다 | 79

0 3 루소
한 사람은 마망, 한 사람은 프티 | 89
한 순간의 실수로 결혼을 하다 | 94
가장 예민한 문제를 건드린 작가 | 98
루소, 그를 이해한 사람은 아무도 없었다 | 100
가장 최악의 해, 바랑 부인도 죽다 | 106
극도의 피해망상과 편집증에 시달리다 | 108
● 사이읽기_이념 과잉시대, 혁명에서 무정부주의까지 | 111

0 4 고드윈

루소와 페인의 책을 읽고 | 125

모든 권위에 복종하기를 거부 | 128

고드윈과 맬서스의 대결 | 130

최초 여성해방론자 메리를 만나다 | 132

고드윈의 화려한 가족사 | 135

피털루 사건과 곡물법 | 136

아나키스트 고드윈, 그 뒤를 이은 무정부주의자들 | 139

그의 저서 《정치적 정의에 대한 고찰》 | 141

● 사이읽기_프랑스, 영국의 혁명과 반동시대 | 147

0 5 맬서스

맬서스 이론은 소수 특권층과 유럽중심의 산물이다 | 154

맬서스는 맨더빌의 전략을 따르다 | 161

허술한 책을 끊임없이 보완하다 | 164

리카도와 케인스의 도움 | 166

잘못된 편견으로 가득한 책 | 171

맬서스 《인구론》의 주요 내용 | 172

맬서스의 무서운 논리 | 179

● 사이읽기_천박한 인구론, 자본주의 병폐 | 182

0 6 다윈

비글호 항해 | 194

왜 《실낙원》을 들고 갔을까? | 199

화석 발견으로 결단을 내리다 | 203

그는 진화론을 드러내지 않았다 | 205

그는 34명 학자들의 생각을 인용했다 | 208

《종의 기원》이란 책은 어떤 것인가? | 210

인간의 조상은 누구냐? | 214

다윈의 한계 | 216

● 사이읽기_20세기 문을 연 두 권의 책 | 219

0 7 마르크스

문학을 접고 철학을 선택하다 | 234
철학이 아니라 혁명을 해야 할 때 | 239
혁명의 소용돌이 속에 공산주의 운동 시작 | 246
혁명 실패와 비참한 가난 | 250
《종의 기원》 출간과 《자본론》 구상 | 255
공산주의 운동과 《자본론》 집필 | 258
바쿠닌과 마르크스 | 262
마지막 기회를 놓친 마르크스 | 265
죽을 때도 자본론을 쓰다가 책상에서 죽다 | 268
미완성 《자본론》에 대해 | 271
● 사이읽기_혁명과 전쟁에서 고독한 개인을 보다 | 277

0 8 쇼펜하우어

아버지를 죽음으로 몬 것은 어머니라고 생각하다 | 289
어머니와 연인 관계였던 남자에게 따뜻함을 느끼다 | 293
쇼펜하우어 교수들과 논쟁을 벌이다 | 296
괴테가 내준 숙제에서 시작한 책 | 299
헤겔의 아성에 도전하다 | 304
칸트, 바쿠닌, 그리고 쇼펜하우어 | 308
어머니를 비롯해 세상의 모든 여자를 싫어했다 | 310
달콤한 에세이가 책을 살리다 | 313
《의지와 표상으로서의 세계》에 대하여 | 318
● 사이읽기_염세주의 철학 초인사상으로 승화 | 321

0 9 니체

그가 좋아했던 작가들은 하나같이 정신병 환자였다 | 334
쇼펜하우어 책에서 어떤 악마의 목소리를 들었다 | 339
바그너를 만나 쇼펜하우어를 이야기하다 | 342
니체가 사람을 사로잡는 최초의 것은 고독이었다 | 349
정신이상과 긴 침묵 | 355
《차라투스트라는 이렇게 말했다》라는 책에 대하여 | 360

● 주석

01

아이작 뉴턴

ISAAC NEWTON

아이작 뉴턴 1643~1727

"내가 다른 사람보다 멀리 보았다면 그것은 내가 거인들의 어깨 위에 서 있었기 때문이다."
이 말은 뉴턴이 한 말인데, 그가 말한 거인들은 그보다 먼저 살다간 코페르니쿠스, 갈릴레이,
그리고 케플러, 데카르트 같은 과학자들을 말한다.
그들은 죽음의 공포에서도 자신들이 얻은 지식을 몰래 비밀노트에 기록했고
그것을 책으로 혹은 노트로 남겨 뉴턴에게 영향을 주었기 때문에
뉴턴이 그들 어깨(지식) 위에서 더 멀리 세상을 볼 수 있었다는 이야기다.

1_
뉴턴

뉴턴이란 인물에게선 여느 과학자와 다른 몇 가지 특이한 점을 엿볼 수 있다. 하나는 여자와 관계된 이야기가 거의 전무하다는 것이다. 물론 대학을 들어가기 전에 어머니 친구의 집에서 하숙을 하며 그 집 딸을 잠시 사랑하긴 했으나 평생 그는 독신으로 살았다. 과학자, 혹은 철학자들 가운데 유독 독신이 많은 것은 무슨 이유 때문일까? 누구는 그것을 천재들의 자폐적 기질이라고 불렀다. 자폐적 기질이 강한 사람은 자기 안에 갇힌 사람들이다. 자폐적 기질은 과다한 집중력 때문이라는 이야기도 있다.

개인적인 면에서 보면 뉴턴의 삶은 그렇게 행복하지 않았다. 그는 학문 연구에 집중하느라고 평생 독신으로 살았고 가정의 따뜻함을 알지 못했다. 물론 어린 시절은 더욱 비참했다. 그는 7개월 만에 태어난 미숙아인데다가 유복자였다. 갓난아기 시절 어머니에게도 버림을 받아 외할머니 손에서 자랐다. 또한 집안은 그렇게 넉넉하지 못해 다른 아이들이 받는 기초적인 교육도 제대로 받지 못했다.

그래서 어린 시절에는 미숙아, 혹은 저능아라는 소리까지 들어야 했다. 하지만 과학에 대한 뉴턴의 재능을 알아본 사람은 외삼촌이었다. 외삼촌의 도움으로 케임브리지 대학을 들어간 것이 그의 인생에 있어 한줄기 광명이었다. 인류 역사상 가장 무서운 페스트가 유럽을 휩쓸 당시 뉴턴은 고향의 작은 방에서 2년 동안 다른 사람이 평생을 걸쳐 연구하고도 해결하지 못한 인류의 오래된 수수께끼를 풀었다.

사상서도 아닌 과학책이 그것도 각종 도형과 수학 기호가 난무하며 라틴어로 쓰인 《프린키피아》[3]가 어떻게 사람들의 사고를 바꾸어 놓았을까? 한 시대를 먼저 살다간 선배 과학자들은 지구가 태양을 돈다는 말을 했다가 죽음을 당하는 불행한 시대에 살았다. 다행히 뉴턴이 살던 시대에 영국은 가톨릭의 지배에서 벗어나 있었고 청교도 혁명에서 명예혁명으로 이어지던 시기였다. 즉, 자유로운 생각들이 보장되던 시대였다. 만약 뉴턴이 프랑스에서 태어났다면 뉴턴의 과학혁명은 아마도 레오나르도 다 빈치의 비밀노트처럼 묻혔을 것이다.

한편 영국의 낭만주의 시인 셸리는 뉴턴 때문에 시인들의 낭만적 감수성이 사라졌다고 푸념했지만 뉴턴의 광학이론은 무지개가 어떻게 생성되는가를 잘 설명하고 있다. 과학은 이처럼 낭만을 빼앗기도 했지만 재미있는 논쟁거리를 제공했다. 빛에 대한 논쟁이 가장 대표적인 것이다. 뉴턴은 빛이 입자들로 구성되었다고 주장한 반면 호이겐스와 후크 같은 사람들은 파동설을 주장했다. 이 논쟁은 16세기에 시작돼서 괴테와 쇼펜하우어를 거쳐 20세기 아인슈타인까지 한마디씩 거들었다.

뉴턴의 위대한 발견은 집중력과 왕성한 호기심의 결실이었다. 그는 아무도 의심하지 않는 사실을 의심했다. 왜 사과나무의 사과는 매달려 있지 않고 떨어질까? 누구나 사과가 썩어서 떨어진다고 생각했는데, 그는 무언가 잡아당기는 힘이 있어 그럴 것이라고 의심한 것이다. 바로 코페르니쿠스적인 발상인 셈이다. 데카르트처럼 그 역시도 모든 경험하지 않은 것은 의심해볼 만하다는 과학정신을 갖고 있었다.

아무튼 뉴턴의 《프린키피아》처럼 인류 역사에 깊은 영향을 미친 책이 또 있을까? 1687년 7월 5일 출간된 《프린키피아》로 인해 종교적 우상이 지배하는 사회에서 과학적 사고가 인정받는 사회로 발전하게 된 것이다. 하지만 난해하고 복잡한 이 책을 읽고 진정으로 이해한 사람은 아주 극소수의 천문학자, 수학자들뿐이었다. 뉴턴의 《프린키피아》가 위대한 것은 코페르니쿠스에서 시작해서 케플러와 갈릴레이까지 이어지는 우주의 여러 가지 수수께끼와 논란을 몇 가지 물리학적 이론과 공식으로 명쾌하게 증명했기 때문이다. 수학적 공식과 실험으로 증명했다는 것이 다른 과학자들과 달랐던 것이다.

뉴턴 이전의 중세시대는 두 가지의 학문적 기둥을 떠받들었다. 그 가운데 하나는 스콜라 철학이고 다른 하나가 바로 아리스토텔레스 학문이었다. 스콜라 철학은 신학을 떠받들었고, 아리스토텔레스는 천문학을 비롯해 모든 학문의 기본이었다. 중세 사람들은 그리스를 대표하는 천문학자 프톨레마이오스의 천동설을 굳게 믿었다. 그래서 그가 만든 세계지도를 가지고 항해를 했던 콜럼버스는 아메리카 대륙을 인도라고 착각한 것이다.

아리스토텔레스는 밤하늘의 별이 자기 자리를 차지하고 있는 것은 그 빈 공간을 에테르라는 물질이 가득 채우고 있어서 떨어지지 않는다고 생각했다. 그리고 혜성은 많은 사람이 불길한 징조로 여긴 것과 대조적으로 그저 불이 붙은 공기 덩어리라고 가볍게 생각했다.

또한 아리스토텔레스는 지구가 둥근 것을 세 가지로 지적했는데 하나는 월식 때 달에 비친 지구의 그림자가 둥글다는 것, 두 번째는 북극성이 남쪽으로 갈수록 낮게 보인다는 것, 그리고 마지막으로 항구에서 멀어지는 배가 시야에서 사라질 때 배 밑 부분부터 보이지 않는 것, 이런 현상들이 다 지구가 둥글기 때문에 나타나는 것이라고 했다.

뉴턴에게 영향을 미친 거인 가운데 천재 수학자인 데카르트의 공로를 빼놓을 수는 없다. 데카르트는 수학의 천재였으며 그가 지은 《기하학》⁴은 수학으로 과학의 문을 여는 열쇠 구실을 했다. 하지만 무엇보다 이처럼 난해한 뉴턴의 책을 일반 대중에게 보급하는 데 공헌한 사람은 볼테르였다. 18세기 유럽에서 가장 많은 독자를 확보하고 있던 프랑스 파리 출신의 작가 볼테르는 15년 동안 뉴턴을 연구하고 그의 생각을 대중에게 전파하는 데 앞장섰다. "뉴턴은 천 년에 한 번 태어날 사람입니다." 볼테르가 뉴턴을 극찬한 말이다. 볼테르의 노력으로 뉴턴의 어려운 과학적 지식은 일반인들에게 쉽게 전달되었다.

중세에서 근대로 이어지는 생각의 진화 과정을 그려보면, 코페르니쿠스의 엉뚱한 생각은 케플러와 갈릴레이에 이어 뉴턴의 과학혁명으로 이어졌고, 이들 과학혁명을 볼테르와 루소가 계몽주의 사상으로 발전시켰고 계몽주의 사상은 프랑스 혁명의 기반을 세웠다.

◆ ◆ ◆

뉴턴은 1642년 성탄절에 영국 링컨셔 지방의 울즈소프에서 태어났다. 그의 아버지는 1642년 4월에 한나 아시코프와 결혼하였는데 뉴턴이 출생하기 세 달 전에 사망하고 말았다. 그때 그의 나이는 37세였다. 뉴턴의 아버지에 대해서는 별로 알려진 것이 없다. 이웃들의 말에 의하면 뉴턴의 아버지는 낭비벽이 심하고, 허약하며 글도 읽을 줄 모르는 사람이었다고 한다. 한편 뉴턴이 성탄절에 태어난 것 말고도 특이한 점은 그가 태어난 해에 인류 역사에 중요한 인물이었던 갈릴레이가 숨을 거두었다는 것이다. 한 시대가 가고 한 시대가 오는 것을 이처럼 명확하게 구분할 수 있을까?

뉴턴은 7개월 만에 태어난 미숙아였다. 너무 일찍 태어난 아이에게 그의 어머니는 오래 살 것 같지 않으니 천국에라도 가라는 뜻으로 일주일 만에 유아세례를 받도록 했다고 한다. 다행히 아버지 없이 태어난 아이는 잘 자랐지만 세 살 되던 해, 과부인 어머니는 자신의 아름다운 미모를 추종하는 사내들의 집요한 구혼을 뿌리치고 이웃 마을 교구의 부유한 목사와 살림을 차렸다. 계부 스미스는 돈 많은 목사였지만 전 남편의 아이인 뉴턴을 원하지 않았다. 외할머니는 사위가 집을 사준 덕분에 뉴턴을 키우는 것으로 고마움을 대신했다. 외할머니와 외할아버지 모두 뉴턴에게는 애정이 없었다.

유년 시절의 불안정한 생활은 그가 중년이 되어서 자주 나타나는 정신발작의 한 이유가 되기도 했다. 자기를 버리고 새로운 삶을 찾아 떠난 어머니에 대한 배신감은 뉴턴에게는 치유되지 않는 평생의 상처였다. 그러나 어머니에게 버림받은 배신감을 어머니에 대한 증오심이 아닌 그리움으로 표현했다. 그는 평생 어머니를 좋아했고 대학 교수가 되고도 틈만 나면 고향집으로 내려가 어머니와 함께했다. 만유인력의 발견 역시 고향집에서였다.

뉴턴의 어머니는 스미스 목사와 살면서 3명의 아이를 더 낳았다.

▶ 영국 링컨셔 울즈소프의 뉴턴 생가

뉴턴이 11살이 되던 해, 남편이 죽자 뉴턴의 어머니는 뉴턴을 데려와 전 남편의 자식들과 함께 살았다. 하지만 여전히 뉴턴은 어머니 관심 밖이었고 항상 어린 동생들이 그녀의 사랑을 독차지했다고 한다.

뉴턴은 항상 어머니의 사랑에 굶주려 있었다. 사춘기 시절 뉴턴은 신부님에게 고해성사를 한 적이 있는데, 자기가 계부와 어머니의 집 주변을 배회하다 행복한 웃음소리가 들리면 그 집이 모두 불타버렸으면 좋겠다는 나쁜 기도를 올렸다고 한다. 이 때문에 계부가 죽은 것은 아닌지 죄의식에 사로 잡히기도 했던 것이다.

어머니는 가정형편이 어렵다는 이유로 장남인 뉴턴을 학교에 보내지 않고 농장관리를 맡기려고 했다. 뉴턴은 다른 아이들과 달리 자연의 작은 변화나 움직임에도 예민하게 관찰하는 버릇이 있었다. 또한 노는 것도 다른 아이들과 달라 약간 잔인하고 이상한 실험을 하곤 했다. 생쥐의 힘으로 밀을 빻아 밀가루를 만드는 장난감 방앗간이나 물의 힘으로 작동하는 나무시계를 만들어 주변 사람들의 칭찬을 듣기도 했다. 그런 뉴턴의 특별한 재능은 어머니에게는 전혀 관심 대상이 아니었다. 어머니는 아들이 빨리 커서 가장 노릇을 하면서 농사에 전념하는 것을 보고 싶어 했다.

다행히 뉴턴의 영특함을 간파한 외삼촌의 도움으로 뉴턴은 열두 살에 그랜섬 공립학교에 보내져 공부를 시작할 수 있었다. 뉴턴은 어머니의 친구인 클라크 부인 집에서 하숙을 했다. 뉴턴은 공부를 하면서 클라크 부인이 운영하는 약국 일도 거들었다. 처음에 이 학교에서 그는 그렇게 두각을 나타내는 인물이 아니었지만 시간이 지날수록 점차 최고 성적을 거두었다. 하지만 정서적으로 불안했던 뉴턴은 동급생들과 자주 싸웠고, 클라크 부인에게 반항도 자주 했던 모양이었다. 또한 뉴턴은

▶ 뉴턴의 어머니 한나 아시코프

평생 결혼을 하지 않고 혼자 살았는데, 이 무렵에 한 여자와 사랑에 빠졌다. 대상은 클라크 부인의 딸로 두 사람은 비밀리에 약혼까지 했지만 사랑은 이루어지지 않았다. 이것이 뉴턴의 처음이자 마지막 로맨스였다.

어떤 사람들은 뉴턴이 성적 불구자일지도 모른다는 말을 했지만 아마도 그는 일 중독자였을 가능성이 높다. 뉴턴이 유일하게 알고 좋아했던 여자는 어머니였다. 칸트 역시도 평생 독신으로 살았는데, 제자들이 그에게 여자를 소개시켜 주려고 하자 그는 이렇게 말했다. "나에게 여자가 필요할 때는 돈이 없었고, 막상 돈이 생기고 여유가 있자 이제는 여자가 필요 없게 되었다."고 말한 것처럼 뉴턴 역시도 그런 셈이었다.

고독한 천재의 대학생활

뉴턴의 인생에서 그의 천재성을 일찍 간파한 소중한 사람은 바로

▶ 트리니티 칼리지

외삼촌이었다. 그는 뉴턴의 어머니를 강력하게 설득해서 뉴턴이 대학에 들어갈 수 있게 했다. 1661년 6월 케임브리지에 도착한 뉴턴은 친구도 없이 혼자 공부나 사색을 즐겼다. 천재에게는 고독만큼 좋은 보약이 없다. 고독은 집중력을 키우는 명약이다. 그러나 그런 천재들의 고독함은 종종 자폐적 기질로 나타난다.

한적한 도시의 케임브리지는 런던 북부에 위치해 있으며 대학이 그 도시를 대표한다. 케임브리지 대학은 4개의 단과 대학으로 구성되었으며 뉴턴이 들어갔던 트리니티 칼리지는 1546년 헨리 8세가 영국의 미래를 이끌어갈 인재 양성을 위해 설립했다. 17세기 초 유럽의 모든 대학이 그렇듯이 이 대학도 스콜라 철학과 아리스토텔레스 사상의 지배를 받고 있었다. 그래서 코페르니쿠스와 케플러 등 과학에 공헌한 학자들의 새로운 생각들은 대학에서 냉대를 받고 있었다.

과학은 종교의 권위에 지배를 받고 있었고, 생각의 진화는 종교재판에 의해 억압당하고 있었다. 데카르트 역시 종교재판이 두려워 그의 대표작 《방법서설》[5]을 1631년 익명으로 발표했다. "나는 생각한다. 고로 나는 존재한다." 이 철학적인 명제가 지금은 너무도 당연하지만 당시에는 니체가 말한 "신은 죽었다."고 말한 것만큼이나 충격적인 선언이었다.

케임브리지 대학 근처에서 혼자 하숙을 하고 있던 뉴턴은 집에서 학비를 보내주지 않아 근로 장학생을 신청하여 공부를 마칠 수 있었다. 어머니는 일정한 연금으로 쪼들리지 않는 생활을 하고 있었지만 아들에 대한 기대가 크지 않았던 것 같다. 뉴턴의 어머니에 대한 여러 가지 다른 이야기가 있지만 뉴턴 아버지가 낭비벽이 심한 것에 대조적으로 검소하고 부지런했으며 농장 경영에 유능한 사업가 여성이었다고 알려져 있다. 그녀는 종교심이 강해 아들이 차라리 신학을 공부했으면 바랐던 것 같다. 뉴턴은 고전어(히브리어, 그리스어, 라틴어)를 배웠으며 신학도 공부했다. 케임브리지 대학의 학사 일정은 그리 빡빡하지 않았고 다소 느슨한 편이어서 뉴턴은 다양한 공부를 할 수 있었다. 그는 항상 혼자 사색하면서 케임브리지 대학 입구에 늘어선 가로수 길을 산책했다.

케임브리지 대학에서 처음 얼마 동안 뉴턴의 생활은 독서와 사색, 그리고 기록으로 점철되어졌다. 아리스토텔레스의 철학과 데카르트에 대한 여러 저작들을 철저하게 소화했다. 특히 뉴턴은 데카르트의 각종 수학 이론에 깊이 빠져 있었다. 뉴턴은 빛에 관해 연구할 때는 며칠 동안 어두운 방에 틀어박혀 있으면서 빛을 관찰하는 바람에 시력을 잃을 뻔했다.

뉴턴의 공부 방법

뉴턴은 자기가 가장 알고 싶은 소제목을 먼저 만들고 그 다음 독서를 통해 얻은 것들을 정리하였고, 또한 그것을 실험하여 완전히 자기 것으로 남겨 두었다. 그는 공부한 내용들을 철저히 노트에 기록해 두었다.

1664년 12월, 대학 3학년 때 뉴턴은 데카르트의 《기하학》이란 책

▶ 대학 시절 뉴턴이 아이작 배로 교수를 만난 것은 행운이었다. 그로 인해 뉴턴이 자기 실력을 유감없이 발휘할 수 있었다.

을 구입하여 읽기 시작했다. 그는 1년 동안 수학의 모든 것을 깨우쳤다. 뉴턴은 그 전에 이미 기하학의 고전 유클리드의 《기하학》과 월리스의 《무한의 산수》[6]를 가지고 공부했다. 케임브리지 대학에는 그 대학을 졸업하고 교수로 있던 아이작 배로가 있었다.

그는 뉴턴의 대학 시절 학자로서 길을 넓혀 준 사람이었다. 항상 남루한 차림의 이 젊은 교수는 키가 작고 얼굴은 창백했으며 아주 지독한 흡연자였다. 아이작 배로는 비상한 머리 덕분에 젊은 나이에 교수가 되었고 그리스어에 능숙했으며 수학과 천문학에 걸쳐 폭넓은 지식을 갖춘 학구적인 인물이었다. 그는 학생들에게 케플러, 갈릴레이, 코페르니쿠스, 데카르트의 책들을 읽도록 권했다.

아이작 배로의 수학 강의는 항상 열정적이고 재미있어서 학생들에게 수학의 흥미를 유발하게끔 하였다. 이 젊은 교수 덕분에 뉴턴은 자연스럽게 미적분 분야에 접근할 수 있었다. 뉴턴의 지도교수였던 아이작 배로가 1663년에 신설된 루카스 석좌제도의 초대교수라는 것은 잘 알려진 이야기다. 뉴턴에게 많은 애정을 갖고 있던 아이작 배로 교수는 뉴턴을 위해 그 자리를 사임한다. 1665년 3월 뉴턴은 학사 학위를 받을 예정이었지만 케임브리지 도시를 비롯해 영국의 여러 도시에 흑사병이 극성이었다. 런던에서는 7만 명이 흑사병으로 목숨을 잃었다. 케임브리지 대학 역시 문을 닫을 수밖에 없었다.

대학이 잠시 문을 닫자 뉴턴은 고향으로 돌아갔다. 그리고 2년 동안 수학만을 공부했다. 신이 인류에게 흑사병이란 무서운 질병을 선물한 대신 뉴턴의 놀라운 발견을 가져다 준 것도 그 무렵이었다. 뉴턴이 사과가 떨어지는 것을 보고 중력을 생각한 것은 한 가지 일에 몰두하는 그의 집중력 때문이었다. 뉴턴의 놀라운 집중력은 누구도 평생에 걸쳐 이룩할 일을 불과 2년 만에 다 성취하게 했다. 그는 하루에 18시간이나 20시간을 공부를 했다.

뉴턴이 수학공부를 처음 시작할 무렵의 노트들을 살펴보면 그가 데카르트의 《기하학》을 스스로 공부한 흔적을 엿볼 수 있다. 뉴턴은 데카르트의 책을 읽어 나가다 모르는 부분이 생기면 다시 처음부터 읽고 또 읽다가 모르면 다시 처음부터 읽기 시작해서 결국 누구의 도움이나 가르침도 없이 전체 내용을 완전히 이해하였다. 당시 그가 공부한 흔적들을 살펴볼 수 있는 그의 노트가 지금도 유물로 남아 있다.

뉴턴은 수학에서 가장 어렵다는 이항정리 이론을 풀어냈고, 오늘날 미분학으로 알려진 이론들을 만들었다. 또한 어두운 방에서 시력을 잃어가며 광학이론을 정립했다. 달의 궤도까지 미치는 지구 중력을 공부했으며 행성들의 궤도를 붙잡아 두는 힘을 연구했다. 2년 동안 그는 운동과 역학이란 주제로 3개의 논문을 작성했다. 수학에서는 유럽 최정상의 실력을 갖춘 것이고 광학이론과 지구 중력이론 모두 대단한 결과물들이었다. 뉴턴의 천재성은 누구에게 사사한 것이 아니라 독학으로 이루었다는 것에 더 큰 의미가 있다. 콜레라가 잠잠해지자 대학으로 돌아온 뉴턴은 이미 유럽 정상급 수학자가 되어 있었다.

뉴턴은 메모광으로도 잘 알려져 있다. 그는 아이디어나 영감을 꼼

▶ 뉴턴의 노트를 보면 꼼꼼한 그의 성격이 잘 나타나 있다.

꼼하게 메모하는 습관을 가진 사람이었다. 그는 가계부도 기록했는데, 케임브리지 대학 재학 시절 하숙생으로 생활할 때 썼던 가계부가 지금까지 전해오고 있다. 그 노트에서 보면 잉크와 잉크병, 노트 1권, 양초, 침실용 변기를 구입할 때 얼마를 주고 구입했는지도 기록되어 있다. 당시에는 침실용 변기에다 용변을 보았고, 밤중에 내용물을 바깥으로 쏟아버리는 것이 일반적이었다. 노트에는 새로 얻은 지식, 그래프나 그림, 공식 등 모든 것이 기록되어 있어서 뉴턴의 지식과 판단력의 수준이 어느 정도인지 알 수 있다. 그는 종종 학교 식당에서 음식을 먹지 않고 멍하니 있다가 자신의 밥그릇에 손을 대지 않고 일어난 적이 한두 번이 아니었다. 또한 가끔 친구가 놀러 와서 뉴턴은 친구를 대접하기 위해 포도주 한 병을 가지러 서재에 들어갔다가 한참동안 나오지 않았다. 친구가 뉴턴을 찾았을 때 그는 친구의 방문 사실을 잊어버리고 다시 연구에 몰두하고 있었다.

뉴턴의 사과는 자연과학의 출발을 알리는 신호

1666년은 뉴턴의 전설적인 사과 이야기가 등장하는 해이기도 하다. 스피노자에게 사과는 철학적 명제였고, 세잔느에게 사과는 새로운 미술 세계의 시작이었으며 뉴턴에게 사과는 자연과학의 출발이었다. 페스트로 케임브리지 대학이 휴교하자 그는 고향에 있는 어머니 곁으로 왔다. 어느날 우연히 그는 사과나무에서 사과가 떨어지는 것을 보았다.

수학적 사고로 무장된 뉴턴의 눈에 사과가 떨어지는 모습은 막연히 떨어지는 것이 아니라 사과가 어떤 알 수 없는 힘에 의해 밑으로 끌린다고 보인 것이다. 집중력과 몰입은 가끔 이렇게 놀라운 직관의 힘을 가져다준다. 그것은 평범한 사람에게는 평생 한 번 올까 말까 한 일이다. 이렇게 해서 뉴턴은 중세에서 근대로 바뀌는 사고의 혁명을 사과을 통해 발견한다. 그 사과는 20년 뒤 출간될 《프린키피아》의 시작을 의미했다.

1667년 10월, 케임브리지로 돌아온 뉴턴은 2년 동안 공부한 수학 공식이 적힌 노트를 지도교수 배로에게 보여주었다. 그리고 배로 교수 추천으로 칼리지 하급 연구원으로 선발되었다. 그리고 9개월 만에 상급 연구원으로 발탁이 되었다.

연구원 동료이자, 유일한 친구 험프리는 "5년 동안 뉴턴이 웃는 것을 단 한 번 정도 보았을 뿐이다."라고 회상했다.

그동안 뉴턴의 연구 논문이 여러 사람에게 관심을 받기 시작했고, 1669년 10월, 아이작 배로 교수는 자신의 길이 성직자였음을 뒤늦게 깨닫고 루카스 석좌교수 자리를 뉴턴에게 물려주었다. 아이작 배로는 궁정 사제가 되었고, 다시 칼리지 학장이 되었다. 뉴턴은 매주 기하학과 산수, 천문학, 지리학, 광학 통계학을 강의했다. 하지만 그의 강의를 들으려고 한 학생들은 적었고, 더구나 그 적은 학생 가운데 그의 강의를 이해한 사람은 더욱 적었다.

한편 아이작 배로는 자신의 강의록 두 권을 출판하는 일에 뉴턴의

▶ 뉴턴이 만든 반사망원경

도움을 받았다. 덕분에 뉴턴은 방대한 수학적 장서들을 이용할 수 있는 기회를 가졌다. 1668년 뉴턴은 2년 전에 떨어진 사과 이야기를 증명하기 위해 미적분 공식을 이용해 '만유인력법칙'을 완성한다. 또한 그해 뉴턴은 색채 이론을 공부하다 굴절 망원경의 결점을 알고 반사망원경을 만들었다.

반사망원경을 본 왕립학회의 간사 헨리 올덴버그는 뉴턴에게 한 통의 편지를 썼다. "선생님이 발명한 망원경을 이곳 광학계 저명인사 몇 분이 검사를 하고 감탄했습니다. 새로운 발명품이 사기꾼들로 인해 탈취되는 것을 막아야 합니다. 그러니 서둘러 저희들에게 선생님의 명예를 지키게 해 주시기를 바랍니다." 그로부터 2년 뒤 실험과 연구를 거듭해 뉴턴은 '반사망원경'을 만들었다. 그리고 1672년 2월 6일, 그의 광학이론을 설명한 글을 런던의 왕립학회에 보냈다. 이로써 자연과학계에 뉴턴의 이름이 등장하게 된 것이다.

저명한 심리학자 도널드 캠벨은 젊은 후학들에게 이렇게 말했다. "돈에 관심이 있거들랑, 과학에 뛰어들지 말라. 어떻게든 이름을 날려야 보람을 얻을 수 있겠다는 사람도 과학에 뛰어들지 말라. 명예란 것은 주어지면 고맙게 여길 일일뿐 여러분을 즐겁게 하는 건 바로 일 그 자체라는 것을 잊지 말라." 이 말을 가장 잘 실천한 사람은 분명 뉴턴이었다. 인류 역사에서 학문적으로나 예술적으로 성공한 사람들의 특징은 대개 이렇게 돈과 명예에 욕심을 부리지 않았던 사람들이 성공을 거두었다.

논쟁의 중심에 서다

▶ 로버트 후크

논쟁을 싫어했던 뉴턴은 결국 논쟁 속으로 자신이 빠져들고 있음을 깨닫게 된다. 왕립학회 회원이라는 것이 그렇고 그가 만든 광학이론과 반사망원경이 기존의 과학자들에게 새로운 충격이자 도전이었던 것이다. 뉴턴이 왕립학회 회원으로 들어가자 가장 예민하게 반응한 사람은 로버트 후크였다.

1635년 7월 18일에 태어난 로버트 후크는 옥스퍼드 대학에서 천문학과 화학을 공부하였다. 그는 처음에는 그림에 뜻을 두었지만 집이 가난해서 로버트 보일의 조수로 일하면서 인정받아 43세 왕립학회 회장에 선출된다.

후크는 로버트 보일과 함께 최초의 공기 펌프를 만든 인물로 목성이 회전하는 것을 발견하고 오리온 별자리를 관측하였고, 현미경을 발명하는 등 명성과 업적을 쌓았다. 하지만 뉴턴이 등장하자 자신의 입지가 작아질 것을 의식해 뉴턴을 집중적으로 견제했다. 후크는 등이 굽었고 키가 작았으며 행동할 때 보면 아주 교활한 사람처럼 보였다. 후크는 뉴턴과 싸움으로 자신의 세력을 확고하게 다지고 싶은 의도를 갖고 있었다.

그는 스스로 광학이론의 대가라고 자신을 포장하고 있었다. 그런데 뉴턴이 자기 이론을 정면으로 뒤집고 있었다. 뉴턴의 광학이론은 '햇빛은 무색인데 무지개는 왜 여러 색인가?'에 대한 의문에서 출발했다. 그런 의문은 대학 시절부터 가져왔던 것으로 그의 대학노트에는 다양

▶ 광학실험

한 실험들이 그림으로 묘사돼 있었다.

처음 무지개를 실험으로 보여준 사람은 데카르트였다. 데카르트는 햇빛이 구멍을 지나 프리즘을 통해 벽에 무지개가 생기는 것을 보여주었다. 그러나 데카르트는 이런 여러 색의 관계를 명확히 밝혀주지 못했다.

그래서 연구는 뉴턴의 몫이 된 것이다. 뉴턴은 여러 가지 독특한 방법을 계속 시도했다. 처음에는 프리즘을 두 개 통과해서 빛이 어떻게 변화하는지를 관찰했다. 그는 그 실험에서 구멍을 통과한 빛이 보라색이면 붉은색보다 더 많이 꺾이는 것을 발견했다. 즉, 꺾이는 정도에 따라 색이 다르다는 것을 알았다. 이것은 바로 빛이 원래 무지개 색을 띠고 있다는 것을 알려준 사실이었다. 그것이 어떻게 통과되고 반사되느냐에 따라 저마다 다른 색으로 표현된다는 것이었다.

그러나 그의 주장은 후크의 지지자들에 의해 채택되지 않았고, 논쟁은 가라앉지 않았다. 후크를 비롯한 뉴턴의 학설을 비판한 사람들은 그의 논문을 조롱했다. 화가 난 뉴턴은 왕립학회를 탈퇴하려고 했다. 다행히 올덴버그를 비롯한 그의 지지자들이 만류하는 바람에 행동으로 옮기지는 않았다.

1672년 뉴턴이 왕립협회 회원으로 가입했을 때, 라이프니치는 외교관으로 파리에 있었다. 라이프니치에게 가장 왕성한 시기였지만 뉴턴에게는 고독한 시기였다. 왕립학회 회장 후크에게 실망한 뉴턴은 어떤 논문도 발표하지 않을 것이라고 다짐했다. 이 때문에 우주의 비밀을 풀어낼 《프린키피아》가 세상의 빛을 못 볼 운명에 처할 뻔 했으나 헬리의 끈질긴 노력으로 세상에 나올 수 있었다.

1676년 뉴턴은 라이프니치와 서신을 교환했다. 두 통의 편지는 나중에 누가 미적분을 먼저 사용했는지에 관한 논쟁의 중요한 열쇠가 된다. 라이프니치는 뉴턴의 편지를 받고 "과거 그 수많은 책보다 선생님이 보낸 편지가 저에게는 소중한 것이었습니다."라고 기뻐하며 몇 가지 질문을 하였고, 뉴턴은 그동안 자신이 연구한 '이항정리'를 비롯한 미적분학에 대한 몇 가지 공식을 설명해주었다. 이 편지는 나중에 의도하지 않은 결과로 나타난다.

미적분 공식에 대한 선취권 논쟁은 뉴턴과 라이프니치를 중심으로 영국과 대륙의 수학자들 사이에 큰 싸움으로 번져버렸다. 그러나 뉴턴의 관심은 연금술에 옮겨가고 있었다. 뉴턴은 연금술을 공부하면서 신학도 함께 공부했다. 하지만 그때 그가 공부한 내용은 잘 알려져 있지 않다. 이단 학자로 몰릴 것을 우려해서 철저하게 공부한 내용을 비밀로 했기 때문이다.

1679년 6월 4일, 뉴턴의 어머니가 돌아가셨다. 계부의 아들 벤자민 스미스가 심한 열병에 걸리자, 간병을 하던 어머니도 전염되어 끝내 숨을 거둔 것이다. 뉴턴은 어머니가 돌아가시기 전까지 직접 어머니를 간호하면서 밤을 지새웠다. 자신을 버렸던 어머니였지만 뉴턴은 그녀가 죽을 때까지 함께했다. 그는 잠시 고향에 머물면서 신학공부와 연금술에 빠져 있었다. 신학에 대한 공부는 위험한 경계수위를 넘나들고 있었다. 구약 성서 여러 이야기가 과학적으로 일치하지 않는 것을 발견하고 메모를 하였지만 그는 무시무시한 종교재판에 회부될 것 같아 스스로 지워버리기도 했다.

뉴턴은 연금술을 공부하면서 자연스럽게 고대 그리스 문헌을 보다가 자신이 알고 있던 많은 학문적 내용이 이미 그리스 수학자들도 다 알고 있었다는 것을 알고 깜짝 놀랐다. 뉴턴은 성서의 역사와 그리스 역사까지 연구하고 정리해 노트에 기록했다. 하지만 그 비밀노트에 대해 아는 이는 아무도 없다. 뉴턴은 신변의 위험을 느껴 그 비밀노트를 숨겼으며 노트의 존재를 죽을 때까지 부인했다. 그는 목숨이 위험한 순간에는 신을 인정하면서 살길을 모색했다. 그러나 그는 세상은 이성적인 신이 창조했다고 주장하였다.

오늘날까지도 과학자들은 뉴턴의 비밀노트에 궁금증을 갖고 있다.

세상을 바꾼 책, 프린키피아

1682년부터 혜성의 출현에 천문학자들이 다시 술렁거렸다. 혜성은 일반인들에게 불길한 징조였지만 뉴턴에게는 중력의 비밀을 밝혀주는 열쇠였다. 뉴턴은 이미 혜성의 궤도는 태양의 힘 때문이라는 생각을 하고 있었다. 1684년 8월, 부유하고 진취적이며 재능 있는 영국 천문학자 에드먼드 핼리가 행성 궤도에 관한 문제를 들고 케임브리지에 있는 뉴턴을 찾아왔다. 그는 혜성이 일정한 궤도를 그리고 있다고 설명하면서 그것을 밝히기 위해 수십 년을 노력하고 있었다고 뉴턴에게 말했다. 하지만 이 문제를 해결할 역량이 자기에게는 부족하다며 뉴턴에게 조언을 구했다. 당시 과학계는 '케플러의 세 가지 법칙' 가운데 첫 번째 법칙 '왜 행성이 타원 운동을 하는지'를 밝혀내지 못하고 있었다.

이 문제는 핼리를 비롯한 당대 천문학자들에게 대표적인 미해결 난제였다. 뉴턴은 핼리에게 자신이 이미 20년 전에 기록해 두었던 노트를 보여주었다. 그 노트에는 수학적으로 자세하게 설명되어 있었다. 핼리는 흥분과 감동으로 휩싸였으며 뉴턴에게 이것을 세상에 공개하자고 제안했다. 그리고 책으로 내는 데 드는 모든 비용을 자신이 대겠다며 뉴턴을 설득했다.

뉴턴이 위대한 것은 이 케플러 법칙을 명쾌하게 설명한 것에 있다. 케플러가 1609년 처음 발표한 법칙은 70년 넘게 과학계에서는 논쟁만 이어졌지 명쾌한 답을 얻지 못했다. 그런데 뉴턴은 천문학, 혹은 우주의 비밀을 간단한 물리학 공식으로 명쾌하게 해결한 것이다.

이것이 그 유명한 《프린키피아》의 시작이었다. 그동안 연금술과 신학 공부에 더 많은 시간을 할애하고 있었던 뉴턴은 핼리와 만남으로 다른 모든 일을 제쳐두고 책 발간에 매달려 거의 하루 20시간씩 일을 하였다. 그는 1684년 11월부터 1686년 4월까지 《프린키피아》의 1권과 2권을 완성했다. 그런데 문제가 생겼다. 로버트 후크의 방해였다. 후크는 핼리를 통해 자신이 케플러의 타원궤도에 대한 증명공식을 먼저 알고 있었다고 주장하면서 뉴턴의 논문 서문에 자신의 이론을 인용했다는 내용을 넣어 달라고 압력하기 시작했다. 그렇지만 그런 압력에 굴복할 뉴턴이 아니었다. 그는 후크의 압력을 무시하고 책 출간을 위해 더 많은 시간을 바치고 있었다.

아무튼 대단한 책이지만 내용은 아무도 몰라

1687년 7월 5일, 각 권당 500쪽이 넘는 3권의 《프린키피아》가 책으로 탄생했다. 이 책의 원제목은 《자연철학의 수학적 원리》로 뉴턴을 자극했던 핼리는 서문에서 "그 어떤 인간도 이보다 더 신에게 다가가지 못하리라."하고 격찬을 했다. 하지만 그 책은 아쉽게도 신만이 아는 내용이 되었다. 이 책은 어렵기로 악명이 높다. 뉴턴은 책 50권을 모교인 케임브리지 대학 학장에게 건네면서 "이 책을 이해하려면 7년 이상은 공부해야 합니다."라고 말했다고 한다.《프린키피아의 천재》리처드 웨스트폴 지음/최상돈 옮김/사이언스북스

책에 담긴 내용은 제1권은 '물체의 운동에 대하여'로 케플러 법칙의 수학적 증명이 제시됐다. 제2권은 '만유인력 법칙'으로 여러 원리를 설명했으며 데카르트 소용돌이 이론을 공박하고 자신의 이론을 설명했다. 제3권은 '우주 체계의 원리'에 대해 설명했다. 사실 뉴턴의 《프린키피아》를 받은 대학 교수들은 학생들에게 이 책을 가르치려 할 때 학생들이 무슨 소리인지 영문을 몰라 했다고 한다. 물론 질문도 없었다. 혹자는 뉴턴이 이렇게 책을 어렵게 쓴 데에는 후크를 보기 좋게 눌러 주기 위함이었다고 한다. 후크의 얄팍한 지식이 드러날 수 있게 하기 위한 뉴턴의 전략적 선택이라는 이야기다.

이렇게 어려운 책을 과학자도 아닌 작가 볼테르는 어떻게 해설서를 만들었을까? 그것은 볼테르와 연인관계였던 샤틀레 백작부인의 노력이 한몫을 했다. 그녀는 뉴턴 학문을 섭렵하고 있었던 대단히 지적인 여성이었다. 아무튼 이 책이 처음 제작에 들어갈 때 왕립학회 지원약속이 있었지만 학회 운영비는 바닥이 난 상태여서 그 약속은 취소되

었다. 할 수 없이 핼리는 자기 돈으로 그 책을 냈다.

뉴턴의 책은 처음에 소수의 사람이 환호했지만 입소문을 타고 많은 유럽의 석학들이 읽게 되었다. 뉴턴은 종교적 마찰과 파장을 의식한 듯, 개정증보판을 간행할 때 "태양과 행성, 혜성 이런 모든 아름다운 체계는 오직 전지전능한 신만이 펼쳐 보일 수 있는 세계이다."라며 자연의 원리와 힘은 신이라고 주장했다. 뉴턴이 말하는 신은 우주의 운행에 태엽을 감고 가만히 방관하는 존재가 아닌 우주의 운행에 지속적으로 개입하는 부지런한 신이었다.

한참 뒤의 일이지만 뉴턴은 삼위일체를 부정하였다. 뉴턴은 4세기 '삼위일체주의'가 기독교 교리를 우상숭배로 만들었다고 판단하고 있었다. 뉴턴은 구약성서를 비롯해 희랍의 고대 문헌들을 연구하고 난 뒤 얻은 결론이라 후회는 없었다. 그런 생각은 이미 1670년 말에 하고 있었고, 그의 비밀노트에 적어 두었다. 하지만 1711년 라이프니치가 이 소재를 가지고 뉴턴을 공격하는 바람에 그는 교수직을 내놓아야 했다. 당시 삼위일체를 인정하지 않는 자는 교수가 될 수 없었다. 뉴턴의 신은 이성적인 신이지 맹목적인 믿음을 강요하는 신은 아니었다.

그는 연금술을 공부하면서 물질보다는 정신이 지배하는 철학을 배운 것이다. 연금술에서 얻은 것은 철학의 정신이었다. 연금술은 자연의 물과 흙, 불, 공기를 통해 모든 것을 창조할 수 있다고 생각했다. 뉴턴이 연금술을 연구한 것은 물질을 구성하는 것이 무엇인가에 대한 호기심 때문이었다. 그러나 그가 연금술에서 더 많은 것을 건진 것은 그리스 학자들의 지적 수준이었다.

또한 뉴턴은 과학에 대한 열정만큼이나 말년에 신학에도 열정을 보였다. 중세의 벽만 거두면 그리스의 위대한 철학자들의 지적 수준이 바로 자신과 연결되는 것을 알았다. 그 사이를 맹신을 강요하는 종교가 가로막고 있다는 것도 알았다. 당시 뉴턴이 신학에 얼마나 깊이 있는 공부했는지는 알려져 있지는 않다. 뉴턴이 '삼위일체설'을 부정한 것은 드러내놓고 한 행동은 아니었지만 결국 나중에 라이프니치의 공격으로 밝혀져 교수직을 잃게 되었다. 그러나 그는 후회하지 않았다. 학문은 진리를 찾는데 가치가 있기 때문이란 것을 그는 알고 있었기 때문이었다.

후크를 몰아내고 라이프니치를 죽이다

뉴턴을 더욱 이론적으로 무장시킨 두 사람이 있었는데 로버트 후크와 라이프니치였다. 자기 이론에 대한 비판적인 입장을 고수하는 사람에게 사교적으로 접근하기보다 증오심으로 대항했던 뉴턴은 특히 로버트 후크에게 집요하리만큼 공격을 당했다. 로버트 후크는 왕립학회 설립 초기 사무국장으로 젊은 뉴턴에게 아주 비판적인 인물이었다. 후크는 뉴턴의 학회 활동을 방해했다.

후크와 뉴턴이 결정적으로 서로 적대적인 관계로 빠진 것은 바로 뉴턴의 업적이었던 케플러의 제1법칙인 태양 주위를 타원운동 한다는 법칙을 수학적으로 증명했다고 서로 주장한 것에서 시작됐다. 헬리를 비롯한 뉴턴 지지자들은 당연 뉴턴의 업적을 후크가 가로챘다고 공격하였고 그래서 양측은 연구 결과를 왕립학회에 제출하기로 했다. 결과적으로 뉴턴의 증명과정이 공식적으로 인정됐다. 두 사람은 사사건건 대립하였는데, 광학이론에서도 뉴턴의 입자설과 후크의 파동설이 맞섰다.

1703년 3월 로버트 후크가 죽었다. 뉴턴의 앞을 가로막는 장애물이 제거되었다. 그러자 뉴턴은 장애물을 아예 땅속에 묻는 작업을 시작했다. 그해 11월 30일 뉴턴은 영국 왕립학회 회장으로 선출되었다. 복수심 때문일까, 뉴턴은 집요하게 후크를 깎아내렸다. 결국 왕립학회 건물에서 후크의 초상화까지 내려버렸다. 후크를 진정한 과학자가 아닌 사기꾼이라고 비난하면서 그의 원고를 소각하게 했다. 그가 얼마나 후크를 미워했는지 짐작할 수 있는 대목이다. 1705년 뉴턴은 영국의 앤 여왕으로부터 과학자로는 처음으로 기사 작위를 수여받았다.

1712년 《프린키피아》 개정증보판이 출간될 즈음 다시 해묵은 논쟁, 라이프니치와의 미적분 이론을 누가 먼저 만들었는가에 대한 논쟁이 시작되었다. 이 사건은 유럽 대륙을 뜨겁게 달구었으며 1714년 라이프니치는 역사적 기록에 대한 경험적 문제에 자신이 뉴턴에게 자꾸 매달리는 꼴로 보이자 아예 논쟁의 중심을 철학적으로 유도해 나갔다. "아이작 뉴턴 경은 그의 추종자들과 함께 신의 과업에 대해 이상한 견해를 갖고 있습니다. 그는 신은 시계를 영구히 작동하도록 할 충분한 선견지명이 없다는 말을 했습니다."

과학자가 과학이 아닌 종교적 견해를 비난하는 것은 볼테르 말처럼 치사한 일이다. 독일의 루터교도 집안에서 태어난 라이프니치는 수학자이면서 과학자였으며 외교관이기도 했다. 그래서 정치적으로 현란한 언어들을 잘 구사했다. 하지만 과학자들 사이에서는 그런 공격이 오히려 그에게는 좋지 않은 결과를 가져다주었다. 고집 센 것으로 보면 라이프니치도 뉴턴 못지않았다. 한때 라이프치히 대학에서 법학

박사학위를 신청했지만 나이가 어리다는 이유로 거절당하자 곧바로 짐을 싸서 고향을 등진 인물이었다. 라이프니치는 왕립학회에서 재정적 도움을 받기 위해 계산기를 발명해 기증하기도 했다.

논쟁의 전개 과정을 보면 뉴턴이 라이프니치보다 미분법 아이디어를 먼저 떠올린 것은 맞다. 1676년 두 천재는 편지를 주고받으며 미분에 대한 아이디어를 공유하고 상대의 연구를 격려했다. 물론 물어보는 사람은 라이프니치였고 그것에 대해 대답한 사람은 뉴턴이었으니 대부분의 사람은 뉴턴이 먼저라고 생각했다.

하지만 라이프니치는 자신의 연구는 뉴턴의 이론과 독립적으로 진행됐고 미분법을 뉴턴보다 먼저 공표했으니 우선권이 자신에게 있다고 맞받아친다. 먼저 사용해도 법적으로 저작권 등록은 자기가 먼저 했다는 주장이다. 두 사람의 싸움은 유럽의 수학자들에게 흥미로운 논쟁이었으며 영국과 대륙 과학자들의 싸움으로 번졌다. 뉴턴은 자기편으로 과학자들을 줄 세웠고, 라이프니치를 고립시켰다. 영국왕립협회는 라이프니치를 도덕적으로 비열할 뿐 아니라 중대한 잘못을 저질렀다고 비난했다.

화가 난 라이프니치는 이에 반박하는 책을 쓰다가 세상을 떠났다. 1716년 그가 교회 묘지에 묻힐 때 장례식에 참가한 과학자는 아무도 없었다. 그만큼 뉴턴은 철저하게 라이프니치를 박해했다. 후세 사람들의 평가로 보면 수학적 정의의 완벽함은 뉴턴에게 있고, 미적분학 기호의 편리성과 탁월한 이론 전개 능력은 라이프니치에게 있다고 평가했다.

한편 1686년 국왕은 대학의 규정을 어기고 베네딕트파의 신부 프란시스에게 학위를 주면서 케임브리지 대학을 지배하려고 했다. 그러자 뉴턴은 이에 저항하여 대학 사회를 단결시키고 국왕의 지배 야욕을 물리쳤다. 뉴턴은 그간의 업적을 평가받아 대학을 대표하는 하원의원에 선출되어 런던 정치계에 몸을 담기도 했다. 그때 그는 영국 경험론의 대표 철학자 존 로크와도 친하게 지냈다.

1690년대 초, 뉴턴의 정신이 이상하다는 소문이 돌기 시작했다. 1693년의 가을부터 뉴턴은 깊은 침묵에 빠져 있었다. 그의 우울증이 화재와 관련돼 있다는 말도 있었다. 난로를 켜두고 자던 그의 작업실에 불이 나 아끼던 논문이나 자료들이 불타 없어져서 그런다는 소문이 들렸다. 그는 머리가 너무 혼란스러워 며칠 동안 잠을 이루지 못하고 고통을 받는 날이 많았다. 이런 정신적 붕괴는 천재들에게 나타나는 공통적인 발작일까? 뉴턴의 정신적 공황 상태를 니체나 루소를 비롯한 여러 천재적 인물들에게서 볼 수 있었다.

갑작스런 혼란은 그의 관심이 과학에서 경제로 바뀐 것에서도 알수 있었다. 뉴턴은 1696년 조폐국장이란 관직에 있었으며 그때 영국 주화를 모두 바꿔버렸다. 또한 조폐국을 합리적인 정부기관으로 바꿔놓았다. 뉴턴은 행정가로서도 능력을 발휘하여 1699년 재무부 장관까지 역임했다. 재무부 장관으로 일하면서 주화제조 과정을 연구해 생산량을 대폭 늘렸을 뿐만 아니라 금화의 가장자리를 조금씩 오려내 금을 모으는 행위가 불가능하도록 조치했다. 1717년 뉴턴이 발표한 《금과 은의 가치와 교환비율에 대한 보고서》는 화폐경제사의 명작으로 꼽힌다.

계몽주의 시작을 알리다

▶ 라이프니치 역시 평생 독신으로 살았는데 나이 쉰 살에 한 여성에게 청혼을 했다가 그 여성이 대답을 너무 오래 끄는 바람에 멋쩍어서 그만 마음을 접었다고 한다.

칸트는 철학자이면서도 역학에 관련된 논문을 다수 발표했다. 당시 칸트는 뉴턴의 역학에 매료되어 있었다. 그는 뉴턴을 가장 좋아하고 존경했고 "뉴턴으로 세계는 계몽의 빛을 보았다"고 말했다. 계몽주의 사상의 시작을 알리는 말이었다. 뉴턴은 칸트의 사상에 영향을 미쳤으며 독일의 관념론, 즉 칸트와 헤겔 그리고 마르크스에게까지 영향을 미친 인물이 된다. 하지만 당장 뉴턴은 18세기 프랑스 혁명정신의 상징인 두 사람 루소와 볼테르의 정신적 스승이었다. 뉴턴은 1727년 84세의 나이에 만성적이고 고통스러운 병으로 세상을 떠나 웨스트민스터 사원에 묻혔다. 그는 죽기 5년 전부터 건강이 좋지 않았으며 괄약근이 약화되어 요실금으로 고생했다. 운동을 조금만 하면 건강이 악화되어 그는 외출을 일절 하지 않았다.

1725년 설날 아침부터 뉴턴은 심한 기침과 폐렴까지 걸렸다. 일주일 뒤 뉴턴은 왕립학회 회장을 내놓았다. 더 이상 수행할 수 없을 만큼 건강이 좋지 않았던 것이다. 그의 죽음을 가까이서 목격한 존 콘듀이트는 "고통이 얼마나 심한지 그의 침대와 방은 온통 고뇌로 흔들렸다."라고 표현했다. 1727년 3월 19일, 그 날은 일요일이었고, 뉴턴은 전혀 의식이 없었다. 그리고 이튿날 새벽 1시 경 뉴턴의 심장은 더는 뛰지 않았다. 장례식은 국장으로 치러졌다.

사실 고전물리학의 95퍼센트는 뉴턴의 역학에 의지한다. 나중에 아인슈타인이 다듬은 뉴턴의 방정식과 중력 이론들은 거의 소수점 한자리까지 정확했다. 1687년 《프린키피아》에서 뉴턴이 수학적 용어로 설명한 시간, 힘, 운동의 법칙들은 줄곧 현대물리학의 발전을 이끌어왔다. 뉴턴의 운동법칙은 '자연법칙'의 비밀을 밝히는 결정적인 열쇠였다. 뉴턴 이전에는 아리스토텔레스가 과학을 지배했다면 뉴턴 이후 오랫동안 누구도 그의 아성을 허물어트린 사람은 나타나지 못했다.

뉴턴은 과학에서 철학을 바라보며 이렇게 주장했다. "우리가 알려고 하는 것은 원리가 아니라 현상이다. 물리학에서 추상적인 정의는 참된 출발이 될 수 없다. 확실한 출발은 오직 경험과 관찰에서만 얻을 수 있다." 영국 철학사에서 존 로크의 경험론이 탄생할 수 있었던 데에는 뉴턴의 영향에 힘입은 바 크다. 뉴턴의 인기는 영국의 모든 국민이 뉴턴처럼 생활하는 것으로 확인됐다. 18세기 일반 대중은 지적 수준에 있어 우리보다 한 수 위였다. 어려운 수학과 과학의 실험 노트들을 읽고 토론했으며, 과학과 철학에 대해 많은 토론을 즐겼다. 뉴턴으로 인해 사람들의 지적 수준이 향상된 것이다.

뉴턴은 자연과 과학에만 확고한 법칙을 부여한 것이 아니라 철학에도 똑같이 법칙을 부여했다. 그리고 뉴턴을 신봉한 볼테르를 비롯한 프랑스 계몽주의 작가들이 그의 생각을 후세에 전했다. 볼테르가 프랑스에서 추방당해 영국에 머물면서 가장 흠모했던 인물이 뉴턴이었다. 볼테르의 젊은 시절은 뉴턴에게 열광한 시기였고 그의 사상을 《철학서간》[7]과 《뉴턴 철학의 요소》[8]라는 책에 담아 프랑스에 전파하였다.

18세기 유럽은
과학에 열광했다

18세기 사람들은 그 이전 사람들보다 삶이 무척 빨라졌다. 뉴턴 시대 이전의 사람들과 이후의 사람으로 나뉠 수 있는 것은 과학이 사람들의 생각을 확장시켰기 때문이다. 뉴턴 이후 사람들은 과학이 대중의 생각을 지배하던 시대였다. 또한 과학은 신학의 한 모서리를 담당하던 시대를 뛰어넘어 신이 하지 못한 일까지 할 수 있었다. 그래서 뉴턴이 위대한 사람인 것이다.

마녀의 존재, 악령의 존재를 믿었던 17세기 사람들은 자기와 생각이 다른 사람들을 사람으로 보지 않았다. 마녀의 혼령이 들어왔다고 생각했다. 또한 성경과 다른 이야기만 해도 마녀재판을 받았다. 데카르트는 인간은 스스로 생각할 수 있는 존재라는 당연한 사실을 말하는데도 비밀노트에 적어 놓아야 했다. 종교에 대한 믿음은 오히려 광신주의자들이 변질시키고 있었다. 광신은 미신을 낳았고, 그런 불합리한 것들이 뉴턴의 《프린키피아》라는 책의 영향으로 과학과 종교가 대등한 관계로 발전하기에 이른다.

생각은 진화하기 마련이다. 물론 생각은 항상 발전적인 모습으로 진화할 것이란 기대는 그저 기대일 뿐이다. 그러나 분명 뉴턴의 과학혁명은 암울했던 중세를 끝내는 서광임이 틀림없었다. 엄밀히 말하면 에드먼드 핼리가 아니었다면 뉴턴의 명성은 없었을 것이다. 에드먼드 핼리로 인해 《프린키피아》가 탄생할 수 있었기 때문이다.

핼리는 독특한 사람이다. 선장인 그는 지도제작자로 일하기도 했고, 옥스퍼드대학 기하학 교수로 있기도 했다. 또한 조폐국 관리를 지냈으며 왕립 천문대장

도 역임했다. 1684년 그가 뉴턴을 만난 것은 과학사
뿐 아니라 인류 역사에서도 중요한 만남이 된다. 핼
리의 권유로 뉴턴은 그동안 만지작거렸던 자신의 여
러 과학이론을 《프린키피아》란 책으로 완성한다.
한편 핼리는 1705년 뉴턴의 만유인력을 근거로 24개
혜성 궤도를 계산하였는데, 1531년, 1607년, 1682년에
같은 궤도를 돌던 혜성을 발견했다. 그 혜성의 공전

▶ 핼리가 만든 지도

주기가 76.03년이라고 발표하면서 1758년 크리스마스 밤에 다시 나타날 것이라
고 주장했다. 그의 주장은 정확했지만 그는 그 혜성의 등장을 구경하지 못하고
1742년 죽었다. 그래서 사람들은 그 혜성을 핼리 혜성이라 불렀다. 18세기 사람
들은 과학에 흥미를 많이 갖고 있던 사람들이었다.

"1800년대 초 영국에서는 '아주 즐거운 느낌'을 가지게 해주는 것으로 웃음
기체라 부르게 된 이산화질소를 흡입하는 것이 유행이었다. 극장에서는 '웃
음 기체의 저녁'이라는 행사를 열기도 했고 관중은 웃음 기체를 깊이 들이마
신 사람들의 우스꽝스런 걸음걸이를 보고 즐겼다." 《거의 모든 것의 역사》 빌 브라이
슨 지음/이덕환 옮김/까치

사람들이 왜 그토록 과학에 열광했을까? 사실 중세는 어둠의 시대였다. 종교를
벗어난 과학은 모두 이단이 되었다. 그래서 과학은 아리스토텔레스 이후 한 걸
음도 발전하지 못했다. 생물학의 아버지 린네와 화학의 아버지 라부아지에가 비

로소 아리스토텔레스의 벽을 넘기 시작했다.

1707년 5월 23일 태어난 스웨덴 출신의 린네는 아버지가 목사였으며 아버지가 사다 준 아리스토텔레스의 《동물지》[9]를 어린 시절부터 옆에 끼고 살았다. 그래서 사람들은 그를 '꼬마 과학자'라고 불렀다. 1735년 그는 스웨덴 북부 라플란드 지역을 5개월 동안 탐사하며 식물과 동물의 다양한 생물을 채집하여 분류하기 시작했다. 15쪽으로 시작한 《자연의 체계》[10]라는 책은 1758년 무려 1300여 쪽으로 완성된다. 그 책에는 8,000종의 동식물이 망라되어 있었다. 828종의 패류, 2,100종의 곤충, 477종의 어류 그리고 조류와 포유류가 4,400종이나 된다. 이 책은 훗날 다윈에게 큰 영향을 끼친다.

한편 화학의 아버지 라부아지에 삶을 살펴보면 당시 사람들이 얼마나 과학에 몰두하고 즐겨했는지 알 수 있다. 1743년 프랑스 파리에서 태어난 라부아지에는 유명한 변호사를 아버지로 두고 있던 덕분에 아버지 친구들이 자주 모였던 과학 토론에 참여해 자연스럽게 과학에 흥미를 갖고 있었다. 당시 귀족층과 지식인들 사이에서는 교양 있는 사람의 전형적인 모습이 어려운 과학이야기를 아주 재미있게 토론하고 이야기하는 것이었다. 이것은 지식인들의 지적 과시를 잘 보여주는 예였다.

1763년 법대를 입학한 라부아지에는 변호사 자격시험에 합격해 변호사 길을 걸을 수 있었지만 대학 시절 천문학자 라카유 강의를 듣고 법학을 버리고 자연과학으로 삶의 진로를 바꿔버렸다. 그는 평생 하루 6시간 이상씩 실험을 하는 철학자 칸트의 생활 계획표대로 삶을 살았다. 1789년 프랑스 대혁명이 일어나자 그는 한때 세금관리원으로 일을 했다는 이유 하나만으로 혁명위원회에 체포되어 감옥에 감금됐다. 그리고 5년 뒤 사형이 결정됐다.
그를 아끼던 과학자들이 그의 사형 집행을 유보해 달
라는 청원을 냈지만 혁명위원회는 청원을 기각하면
서 곧바로 단두대에서 목을 날려버렸다. 이에 수학자
라그랑주는 그의 죽음을 슬퍼하며 "그의 목을 자르는
데는 겨우 1초였지만 그의 목을 만들려면 100년이 걸
릴 것이다."는 유명한 말을 남겼다. 뉴턴과 볼테르,
루소의 영향으로 프랑스 혁명이 일어났지만 그 혁명
은 이처럼 과학자들을 반혁명 분자라는 이름으로 단
두대에서 죽게 하기도 했다.

▶ 라부아지에

로베스피에르의 광기의 혁명은 이념이 과학을 억압하는 결과를 낳게 했다. 프랑
스에서 화학의 아버지 라부아지에가 단두대에 목이 잘린 것은 프랑스 역사에 있
어 가슴 아픈 과거사다. 혁명이 종교적 편견에서 자유롭게 해 줄 것이란 기대는
지나친 낙관이었다. 다시 혁명의 순결주의가 또 다른 공포를 사람들에게 주었던
것이다.

1517년 종교개혁 시작, 루터가 비텐베르크에 있는 교회 출입문에 교황의 면죄부 판매를 반박하는 95개 조항의 반박문을 발표. 이 사건을 계기로 중세의 벽에 서서히 금이 가기 시작함.

1519년 레오나르도 다 빈치 사망.

1530년 독일 몇몇 도시가 개신교로 돌아섰고, 스웨덴과 덴마크 왕들도 가톨릭에서 개신교(프로테스탄트)로 개종하면서 유럽은 가톨릭과 프로테스탄트 간의 갈등이 본격화 되기 시작함.

1543년 코페르니쿠스 《천체들의 회전운동에 관하여》 출간, 코페르니쿠스는 책을 낸 뒤 곧바로 죽었고, 이탈리아 파도바 대학의 해부학 교수 안드레아스 베살리우스는 《인체 해부에 대해》[11] 출간함. 이후 정치적, 종교적 탄압을 당했으며 이를 피해 도망 다니다 배가 난파되는 바람에 죽고 말았음.

1564년 갈릴레오 갈릴레이 태어남.

1571년 뉴턴의 만유인력에 결정적인 영향을 미친 케플러 태어남.

1572년 덴마크 천문학자 티코 브라헤, 어느 날 밤 이제까지 전혀 보지 못한 별을 관측, 한 달 후 목성만큼 밝아진 것을 확인하고 그 별의 이름을 '초신성' 이라 불렀음. 초신성은 별의 폭발로 망원경이 아닌 눈으로 직접 볼 수 있을 정도로 밝게 빛나는 별을 말함. 브라헤로 인해 아리스토텔레스의 "하늘에 떠 있는 별은 변화가 없다." 라는 학설이 뒤집힘.

1596년 케플러 《우주 구조의 신비》[12] 출간. 르네 데카르트가 태어남.

1600년 지오다노 브루노가 로마에서 교황과 50명의 추기경, 그리고 수십 만 명의 군중이 지켜보는 가운데 코페르니쿠스의 책을 읽고 그의 주장을 믿었다는 이유로 화형 당함.

1604년 갈릴레이가 가속도 운동법칙과 관성의 법칙 발견.

1609년 케플러 행성 운동에 관한 제1법칙(타원 궤도의 법칙)과 제2법칙(면적 속도 일정의 법칙)을 발표함.

1610년 윌리엄 길버트 《자석에 관하여》[13] 출간, 지구를 하나의 자석으로 생각하였음.

같은 해, 갈릴레이는 자기가 만든 망원경으로 우주를 관측하다가 목성 주위를 돌던 위성 4개를 발견함.

1619년 케플러 제3법칙(행성의 공전궤도의 관계를 설명한 '주기의 법칙') 발표함.

1628년 윌리엄 하비 《동물의 심장과 혈액 운동에 관하여》[14] 출간. 혈액이 순환한다는 사실을 확인함.

1630년 케플러가 59세로 사망.

1637년 데카르트 《방법서설》 출간. 원래 제목은 '이성을 올바로 인도하고 학문에 진리를 찾기 위한 방법서설'이었다. 이 책 속에 굴절광학과 기상학, 기하학 내용을 담음.

1638년 갈릴레이 《신과학 대화》[15] 출간.

1642년 갈릴레이가 사망. 뉴턴이 출생함.

1650년 데카르트가 추운 지방 스웨덴 스톡홀름에서 폐렴으로 사망.

1662년 런던 왕립학회가 설립됨. 그 전부터 과학자들 모임이 있었는데, 이런 모임을 그들은 '보이지 않는 대학'이라고 불렀음.

1665년 로버트 후크가 현미경으로 세포벽 발견함.

니콜라스 코페르니쿠스

지오다노 브루노

르네 데카르트

02
볼테르

볼테르 1694~1778

바람과 불의 아들이자 역사상 가장 흥분을 잘하는 사람,
가장 휘발성이 강하고 진동이 심한 원자로 이루어진 사람.
볼테르만큼 정신 구조가 정교한 사람은 없다.

2_
볼테르

프랑스 사람이면서 영국 사람들을 좋아했던 사람, 영국의 발전된 민주정치를 좋아했던 사람, 그리고 중세 시대를 걷어내고 과학으로 이성이 지배하는 세상을 열었던 아이작 뉴턴을 가장 좋아하고 존경했던 사람, 작가이자 사상가로 살았지만 가난과는 거리가 멀었던 당시 유럽에서 가장 많은 부를 축적했던 사람, 이렇게 이야기하면 대부분의 사람들은 어떤 인물인지 알 것이다. 그가 바로 볼테르다.

그는 18세기를 대표하는 작가이며 온전하게 18세기 전체를 관통했던 작가였다. 계몽주의 사상에서 가장 핵심인 자유와 평등이란 이념에 적어도 자유라는 이름에 목숨을 걸었던 인물이 바로 볼테르다. 물론 평등이란 것에는 다소 회의적인 것이 사실이다. 그는 귀족적 사고에 젖은 인물이었기 때문이다. 그는 프로이센 프리드리히 대왕이나 러시아의 캐더린 여제에게는 철저하게 아부했다. 반면에 그는 적어도 종교적 자유, 자신과 다른 사람의 믿음은 철저히 보호하고 인정해 주어야 한다는 것에 목숨을 건 투쟁을 하기도 했다.

"가톨릭의 파렴치함을 타파하라! 가톨릭은 종교가 아닌 미신이다!"

▶ 18세기를 대표하는 작가
볼테르

이런 과격한 문장도 그의 글 속에 툭툭 나온 다.《계몽주의 철학》에른스트 카시러 지음/박완규 옮김/민음사 볼 테르의 투쟁 상대는 믿음이 아니라 미신이었 고, 종교가 아니라 부패한 가톨릭 교회였다. 또한 편견으로 가득했던 시대와 세상의 부도 덕함을, 펜 한 자루로 질타했던 그는 데카르트 와 뉴턴, 그리고 다윈과 마르크스 그 중간쯤을 가로지르는 인물이다. 18세기 계몽주의 사상 가들 가운데 볼테르가 있었기 때문에 프랑스 가 영국에 비해 답답한 봉건국가에서 벗어나 유럽의 민주주의를 선도 한 국가가 될 수 있었다.

유럽 문화를 놓고 우리는 흔히 18세기를 계몽주의 시대라고 부른 다. 지식이 지배하는 사회, 책을 읽은 지식인들이 지배하는 시대였다. 그 시대를 대표하는 세 사람, 그리고 그들 책을 기억해야 한다. 몽테 스키외의《법의 정신》[16](1748), 볼테르의《관용론》[17](1762), 또한 루소 의《에밀》[18](1762)이 그것이다. 그렇지만 볼테르는 이들 가운데도 가 장 많은 글을 발표하였고, 가장 전투적으로 교회권력을 비롯한 인간 의 수많은 편견에 맞서 싸운 인물로 기억되고 있다.《레미제라블》[19]의 빅토르 위고는 "이탈리아에 르네상스가 있다면 프랑스에는 볼테르가 있다."는 말로 과장된 평가를 한 바 있지만 아이작 뉴턴과 프랑스 혁 명 중간 부분에 그의 공적을 분명히 기록하고 있다.

데카르트와 뉴턴에 의해 과학과 이성의 사고 능력으로 세상을 바라 보던 사람들은 볼테르의 다양한 주제, 특히《철학서간》이란 책으로 철 학의 시대를 맞이한 것이었다. 그가 있어 로크와 뉴턴과 데카르트가 빛났던 것이다.

1755년 11월 1일 아침 9시 30분 경, 대지진이 세 차례에 걸쳐 포르투갈과 에스파냐 및 아프리카 북서부 일대를 강타했다. 그 가운데 가장 피해를 많이 본 도시가 포르투갈 리스본이었다. 이 날은 기독교 '만성절' 축제였고, 교회에 모인 많은 사람은 불과 3분 만에 도시 전체가 폐허가 되는 상황을 목격해야 했다. 대지진을 피해 사람들은 안전하다고 생각된 부둣가로 피신했다. 그리고 이어 닥친 대서양에서 몰려온 쓰나미로 리스본 시민들 가운데 대략 5만 명이 목숨을 잃었다고 한다. 그런데 이 사건을 바라보는 가톨릭 교계는 그 엄청난 재앙이 신의 뜻이라고, 죄를 지은 사람들을 벌하기 위한 신의 뜻이라고 강변했다.

그 주장에 격분한 사람이 바로 볼테르였다. 그는 신을 믿는 사람들을 죽음으로 몰아넣은 "도대체 그 신이란 과연 무엇인가? 신이 있다면 어떻게 죄 없는 많은 사람을 비참하게 죽음으로 몰아넣었는가?"라고 묻고는 "모든 불행의 시작이 신의 권위라는 이름으로 자행된 만행이라면 나는 신을 믿지 않겠다."고 선언했다.

볼테르는 글쓰기에 있어 리스본 대지진 이후 젊은 시절 풍자적인 유쾌한 글쓰기에서 진지하고 날카로운 글쓰기로 변화하기 시작했다. 그 무렵 자신의 글을 읽고 존경을 표하던 루소가 자신의 명성에 도전한다는 생각이 들자 볼테르는 격하게 분노했다. 볼테르는 루소가 가난한 사람들을 자극해서 유명해지려 한다고 비난했다. 그리고 가난하다고 부자를 불평하고 미워하지 말고 "그 불평하는 시간에 땅을 파서 가난에 벗어나라"고 충고를 한다. 볼테르의 이런 충고는 불평등으로 자본의 쏠림 문제를 복지나 분배로 해결해야 한다고 주장하는 사회학자들을 비판하는 무기로 종종 이용된다.

아무튼 두 사람의 라이벌 의식에도 불구하고 사람들은 비밀스럽게 유통되는 두 사람의 책을 보며 새로운 세상을 꿈꾸었다. 특히 볼테르는 작가로서, 아니 철학자로서의 삶 그리고 법률개혁가로서 큰 몫을 했다. '칼라스 사건'에서 보듯 볼테르는 아버지가 그토록 원했던 법률가의 삶은 아니었지만 어떤 법관도 이루지 못한 사법적 개혁을 이루었다. 그의 노력으로 프랑스를 비롯한 유럽은 법치주의가 확립되었으며 정당한 법 절차 없이는 누구도 종교적 편견으로 인해 죽음을 당하지 않게 되었다.

1777년 83세 볼테르는 길고 긴 망명 생활을 마치고 파리로 돌아왔다. 그가 온다는 소문에 파리 시민 수십 만 명이 거리로 몰려나와 그를 맞이했다. 파리 시민들이 그토록 열광적으로 환영한 것은 그를 파리 시민의 상징으로 받아들였기 때문이다. 파리로 돌아온 지 겨우 1년 만에 이 늙은 작가는 84세라는 나이로 삶을 마감했다. 그리고 그가 죽은 뒤 11년 만에 프랑스 대혁명이 일어났다. 혁명의 주도 세력들은 볼테르의 죽은 시신을 가지고 봉건체제를 무너뜨리고 공화정을 세운 것이다. 볼테르는 살아서도 투쟁했고, 죽어서도 투쟁의 제물로 바쳐진 것이다.

◆　◆　◆

볼테르는 1694년 11월 21일 파리에서 태어났다. 1687년 뉴턴의 《프린키피아》가 출판된 날로부터 꼭 7년 뒤 그가 태어난 것이다. 1736년 볼테르는 《뉴턴 철학의 요소들》을 써서 프랑스 사람들에게 뉴턴의 과학과 사상을 널리 알렸다.

법원 관리였던 볼테르의 아버지, 어머니 역시 귀족 출신이었다. 그래서 그는 뉴턴과 달리 어린 시절 교양과 예술적 분위기를 흠뻑 젖어서 자랐다. 하지만 그의 집안은 완벽한 귀족은 아닌, 평범한 중산층 가정이었다. 아버지는 신분 상승을 위해 평생을 노력했건만 아들이 작가로 살겠다고 하자 "문학을 하는 사람은 거지와 같다."고 말할 정도로 작가들의 가난하고 거친 삶을 싫어했다. 그런 영향 때문인지 볼테르는 글을 쓰는 사람답지 않게 돈에 집착했다. 둘째 아들로 태어난 볼테르는 법관이 돼야 한다는 아버지의 강압적인 기대를 뿌리치고 문학의 길로 들어섰다.

열 살이 되자, 볼테르는 예수회가 운영하는 학교에 입학했다. 이 학교는 귀족 자제들과 중산층 자제들이 많이 다녔다. 볼테르는 이곳에서 라틴어와 고전문학 등을 공부했다. 그는 신부들의 종교적 훈육에는 냉소적이었지만 타고난 머리가 있어 공부를 잘했다.

1711년 17세에 학교를 졸업한 볼테르는 법률가가 될 것을 바라는 아버지의 뜻에 따라 할 수 없이 네덜란드 주재 프랑스 대사 서기관으로 헤이그에 갔다. 볼테르는 그곳에서 3년 동안 일을 하며 네덜란드 사람들의 경제적 가치관과 여러 나라 언어를 공부할 수 있는 좋은 기회를 가졌다. 네덜란드는 학문의 자유가 보장된 나라다. 데카르트의 《방법서설》을 비롯해, 루소의 《사회계약론》[20]처럼 위험한 책은 네덜란드에서 출간을 했다. 볼테르가 젊은 시절 네덜란드에서 머물렀던 것은 그의 사상에 큰 변화를 주었다. 그러니까 네덜란드의 자유무역 정신과 자유로운 문화가 그의 몸에 밴 것이다. 그러다가 좋지 않은 연애 사건으로 대사의 비위를 건드려 파리로 귀환되었다.

1715년, 21세에 볼테르는 사교계에 자신의 이름을 알린다. 당시 태양왕이라고 불렸던 루이 14세가 갑자기 죽고 루이 15세가 등극했지만 겨우 5살이었다. 왕을 대신해 오를레앙 공작의 섭정이 이루어지던 시기였는데 귀족과 고위 관료들의 부패가 가득했다. 또한 가톨릭교회의 부패 역시 심했다. 볼테르는 이런 사회적 분위기에 편승해 온갖 특권과 비리를 저지르는 귀족을 풍자하는 글을 썼고, 시민들은 그의 글에 열광했다. 루이 15세는 태양왕 루이 14세가 이루어 놓은 업적을 모두 낭비했다. 그는 귀족세력과 결탁해 왕권강화를 이루려고 했지만 민중세력은 서서히 왕권에 도전했다. 민중세력의 마음 깊은 곳에 볼테르가 자리하고 있었다.

투옥과 함께 작가로 성공

볼테르는 특히 오를레앙 공작을 비난하는 글을 많이 썼다. 그의 글은 파리 살롱에서 유명해지기 시작했다. 프랑스 계몽주의 시대를 이끌었던 살롱 문화는 볼테르의 풍자적인 글로 문학적 토론 문화가 인기를 얻고 있었다. 사람들은 정부를 비난한 글이라면 볼테르의 글이라고 생각할 정도였다.

결국 프랑스 정부는 1717년 5월, 민심을 어지럽히고 유언비어를 퍼트렸다는 죄목으로 바스티유 감옥에 그를 가두어버렸다. 이것이 첫 번째 투옥이었다. 11개월 동안 볼테르가 감옥에 갇히자 파리 시민들은 그의 글을 더욱 찾게 되었고, 오히려 그의 명성은 더욱 높아만 갔다. 볼테르는 출옥을 한 뒤 본격적으로 작가로서 삶을 시작했다.

1718년 그의 첫 번째 비극 《오이디푸스》[21]를 무대에 올려 파리 시내에서 49일 동안 성공적인 공연을 마쳤다. 그가 《오이디푸스》를 어릴 적부터 좋아한 것은 '저주받은 놈'이라고 걸핏하면 학대하는 아버지에 대한 복수심 때문이란 말이 있다. 친아버지를 죽이는 이 작품의 줄거리로 보아 전혀 관계가 없지는 않은 듯하다. 볼테르의 작품은 그의 적수인 늙은 오를레앙조차 칭찬할 정도로 흥미를 주었고, 고전주의 극작가 장 라신의 후계자라는 칭찬도 받았다.

이십대 후반의 볼테르는 귀족은 아니었지만 프랑스를 대표하는 젊은 작가로 대접받으며 귀족처럼 생활하고 있었다. 1725년 1월 어느 날, 볼테르는 오페라 극장에서 공연으로 보고 나왔다. 그때 볼테르는 기억하지 못했지만 과거에 그에게 망신을 당한 젊은 귀족이 볼테르에게 시비를 걸었다.

많은 구경꾼이 지켜보는 가운데 두 사람의 말다툼은 급기야 싸움으로 번졌다. 하지만 젊은 귀족 주위에는 건장한 하인들이 둘러싸고 있어 볼테르는 일방적으로 맞고 말았다. 화가 치민 볼테르는 다음 날 그 귀족에게 결투를 신청했다가 바스티유 감옥에 다시 갇히는 신세가 되었다. 두 번째 감옥행, 하지만 유명 인사를 이런 사소한 이유로 감옥에 오래 가두는 것은 정치적으로 상당한 부담이란 생각에 프랑스 정부는 프랑스를 떠난다는 조건으로 그를 석방하였다. 이후 볼테르의 망명생활이 시작되었다.

1726년 5월, 영국으로 건너간 볼테르는 영국이 프랑스보다 더 앞선 나라라는 것을 깨달았다. 경제적인 것뿐 아니라 모든 정치 질서에서 영국은 의회의 힘이 왕의 권력을 누르고 있던 나라였다. 찰스 1세는 의회의 권력을 누르려다 오히려 목숨을 잃은 군주였고 그의 희생

▶ 감옥에서 글을 쓰는 볼테르

으로 입헌군주제가 확립되었다. 볼테르가 영국으로 건너간 그 무렵 영국은 존 로크와 아이작 뉴턴의 나라라고 해도 과언이 아니었다.

영국은 존 로크의 경험론과 뉴턴의 과학적 사고방식이 만개하고 있었으며 의회정치가 꽃을 피우고 있었던 나라였다. 또한 유럽 대륙과 달리 가톨릭에 대한 맹목적인 복종에서 벗어나 있었다.

그는 영어를 빨리 익혔고 영국의 고전 문학을 두루 공부했다. 특히 뉴턴과 존 로크의 책들을 읽으며 그들의 사상에 푹 빠졌다. 또한 셰익스피어와 밀턴의 책들을 보면서 문학적 감수성을 한껏 키웠다.

볼테르는 토리당 지도자 볼링브룩 자작(귀족의 작위 가운데 넷째)을 찾아가 그에게 존경을 표시했다. 1713년 에스파냐의 왕위계승과 통상 문제로 영국과 프랑스가 충돌할 때 협상을 맡았던 인물이다. 그 역시도 1714년 앤 여왕이 급서하자 그와 적대관계였던 조지 1세가 즉위하였고, 불안을 느껴 한동안 프랑스로 망명을 했던 전력이 있었다.

작가적 성공과 경제적 부를 동시에 추구하다

볼링브룩 자작의 인생 행보가 볼테르 자신과 닮아 있다고 생각했다. 볼테르는 그를 찾아가 도움을 요청했다. 그의 도움으로 볼테르는 영국에서 영향력 있는 인사들을 많이 만나 친분을 쌓기 시작했다. 또한 영국이 유럽을 지배하고 있는 이유는 경제적 우월함 때문이라고 생각하고 경제 문제에 뛰어들었다. 그는 스스로 돈을 벌기 위해 영국 왕실과 친분을 쌓았으며 《앙리아드》[22]라는 책을 써서 여왕에게 헌정하고 돈을 챙겼다.

이 책의 주인공 앙리 4세는 1598년 낭트칙령을 발표하여 종교전쟁을 중단시킨 인물이다. 하지만 가톨릭 광신자가 가톨릭에 좋지 않은 영향을 미친다고 판단해 그를 암살하였다. 그 책은 여전히 종교전쟁으로 갈등을 겪고 있는 프랑스에 대해 은근히 비판하였고, 반면 종교적 자유를 보장하고 있던 영국을 찬양한 것이다.

한편 볼테르는 영국에서 무역에 참여하여 경제적 이익을 얻었으며 1720년대 불어 닥친 영국 증권거래소의 투기 열풍에서 재미를 보았다. 뉴턴은 이 무렵 주식으로 돈을 많이 잃고 "주식은 인간의 광기를 표출하는 곳이다. 도저히 예측할 수 없는 곳이 바로 그곳이다."라고 말한 바 있지만 볼테르는 약관의 나이지만 투자에 남다른 재주가 있었다. 영국 의회는 증권거래소로 쏟아지는 투기 광풍을 잠재우기 위해 '버블 법령'을 통과시키기도 했다. 볼테르는 영국을 떠날 때 상당히 부자가 되어 있었다.

1729년 프랑스 파리로 다시 돌아온 그는 5년 동안 셰익스피어 작품을 프랑스 어로 번역하여 공연을 하였지만 큰 성공을 거두지는 못했다. 반면 소설 문체로 쓴 역사 이야기들이 일반 대중에게 어필하면서 볼테르는 베스트셀러 작가로 도약하였다.

그 무렵 그가 쓴 책은 《러시아 역사》, 《프랑스 역사》, 《루이 14세》[23] 등이었고 역사철학의 새로운 장르를 개발했다. 그는 유럽의 역사만이 아닌 중국, 인도, 페르시아 역사까지 저술에 포함시켰다. 또한 파리로

▶ 프랑스 여배우 아드리아나 르쿠브
뢰르

돌아온 그는 영국으로 떠나기 전에 사귀었던 프랑스의 대표적인 여배우 아드리아나 르쿠브뢰르를 다시 만났다. 하지만 불행하게도 그녀는 서른여덟 젊은 나이로 장티푸스에 걸려 사망을 하고 말았다. 그녀는 죽으면서 공동묘지에 묻히기를 희망했지만 볼테르는 그녀의 소원을 들어줄 수 없었다. 프랑스에서 가장 유명한 여배우였지만 영국과 달리 프랑스에서는 여배우가 창녀 취급받았고, 공동묘지에 묻힐 신분이 되지 못했다.

에밀리 샤틀레를 만나다

1733년 볼테르에게 운명적인 만남이 있던 해였다. 파리 사교계에선 흔히 볼 수 없는 지적이고 매력적인 여인 에밀리 샤틀레 후작부인을 만난 것이다. 그녀는 엄연히 남편이 있는 여인이었지만 프랑스 사교계에서는 과학을 전문적으로 공부하는 지적인 여인, 특히 뉴턴 전문가로 통하던 여인이었다.《마담 사이언티스트》데이비드 보더니스 지음/최세민 옮김/생각의나무 샤틀레와 만남으로 볼테르는 잠자고 있던 글쓰기에 대한 열정이 다시 샘솟기 시작했다.

1734년 4월, 볼테르는《철학서간》을 프랑스 루앙에서 출간하였다. 책의 형식은 몽테스키외의《페르시아인의 편지》[24]처럼 서간체로 많은 철학자들이 등장하고 어려운 철학 이야기를 쉽게 풀이했다. 《페르시아인의 편지》는 몽테스키외가 익명으로 발표한 뒤 관직을 버리고 작가의 삶을 결정한 책이다. 볼테르 역시 《철학서간》으로 인해 작가로서 명성이 드높아지기 시작했다.

처음 책 제목은 《런던에서 쓴 영국인의 편지》라고 불렀으며 영국 여왕에게 그 책을 헌정하고 '유쾌한 철학

▶ 샤틀레·후작부인은 과학에 전문지식을 갖고 있던 여인이었다. 그녀 덕분에 볼테르는 뉴턴에 더 깊이 빠져들 수 있었다.

자'라는 칭송을 듣기도 했다. 이 책은 나중에 《철학서간》이라고 짧게 줄여서 불렀다.

계몽주의 시대를 연 책, 철학서간

이 책에 대한 반응은 대단했다. 마치 폭탄을 터트린 듯했다고 한다. 책이 출간되고 얼마 뒤 출판업자는 구속되고 의회는 책을 수거해서 소각하라는 명령을 내렸다. 볼테르는 친구에게 이렇게 투덜거렸다. "아니 정말이지, 별것 아닌데. 뭐 편지 몇 통 가지고 저 난리니, 좀더 대담하게 쓸 걸 그랬지?" 처음에는 시니컬한 반응을 보였지만 며칠 뒤에는 프랑스를 도망쳐야 했다. 하지만 책이 몰래 유통되기 시작하면서 많은 사람이 읽게 되었다. 책에 등장하는 뉴턴과 데카르트를 비롯한 철학자들에 대한 관심이 대중 사이에서 번졌다. 볼테르로 인해

프랑스에서도 과학과 철학이 사람들 관심사가 된 것이다.

그는 존 로크와 뉴턴, 그리고 데카르트를 높게 평가한 반면에 프랑스의 수학자이며 철학자인 파스칼을 지나치게 비판했다. 그는 파스칼의 사상을 비난하면서 "삶의 목적은 참회를 통해 천국에 도달하는 것이 아니라 과학과 예술을 발전시켜 모든 인간을 행복하게 해 주는 것이다."라고 주장했다. 또한 프랑스의 가톨릭 교단을 비판했다. 그리고 영국의 내전(청교도 혁명)은 자유를 쟁취하는 숭고한 역사였다며 프랑스 사람들의 혁명의식을 자극시켰다. 《철학서간》은 18세기 텍스트라고 할 수 있다. 그렇지만 아직까지 우리나라에서는 번역된 책이 없다. 이 책은 25편의 편지 글이다. 그 가운데 4편이 퀘이커 교도에 대한 글이고, 나머지는 로크, 데카르트, 뉴턴, 베이컨 등에 관한 글이 짤막하지만 핵심적인 언어들로 구성되어 있다. 이 책에서 볼테르는 로크와 뉴턴에 대해 대단한 찬사를 늘어놓았다.

"알렉산더, 시저, 크롬웰 그 가운데 누가 가장 위대하냐고 질문을 하자 누군가 '아이작 뉴턴'이라 말했다. 그 사람 말이 맞다. 정복자들은 악인에 불과하다. 영국 사람들은 베이컨, 로크, 뉴턴을 높게 평가하고 있다. 그러나 그들 가운데 가장 높은 위치에 있는 사람이 바로 뉴턴이다. 데카르트를 파괴한 뉴턴은 1727년 3월 죽었지만 그는 영국 사람들로부터 존경을 받으며 영국 사람들 정신에 살아 있다. 뉴턴의 책을 읽는 사람들은 드물다. 만약 뉴턴의 책을 읽으려면 사전에 많은 지식이 필요하다. 데카르트의 학문이 시작이라면 뉴턴의 학문은 완성이다."

사람들은 프랑스 계몽주의 사상의 시작은 볼테르의 《철학서간》에서 출발했다고 평가한다. 어려운 철학 사상가들의 말들을 이해하려면 지금으로 말하면 '네이버 지식검색'이 필요한 것처럼 백과사전적인 지식이 필요한 것이다. 그래서 디드로라는 유명한 출판편집자에 의해 '백과사전'이 기획된 것이다. 하지만 당시 프랑스의 정부와 의회는 볼테르의 《철학서간》이란 책에 대해 상당히 불쾌감을 갖고 있었다. 영국을 이상적인 국가로, 프랑스를 수준 낮은 국가로 표현한 것이 문제였다. 프랑스 고등법원은 이 책을 전부 수거하여 소각 처분을 명령했다. 그 책을 인쇄한 인쇄업자는 이미 감옥에 갇힌 상태였고 당국은 볼테르를 체포하기 위해 가능한 한 모든 곳을 수색하기 시작했다. 1734년 6월 10일, 볼테르의 책은 당국에 의해 불온서적으로 낙인이 찍혔으며 프랑스 최고재판소 계단 앞에서 화형식이 거행되었다.

볼테르의 죄목은 프랑스를 비하했고, 이신론(理神論)을 퍼트렸다는 것이었다. 이신론이란 '신은 합리적인 존재이며, 우주를 합리적으로 창조한 뒤에는 멋대로 조종하지 않고 가만히 지켜본다.'는 것이었다. 《서양금서의 문화사》 주명철 지음/도서출판 길 볼테르는 당시 가톨릭은 종교가 아닌 광신이고, 미신이라고 규정했다. 그는 데카르트와 베이컨, 그리고 뉴턴으로 이어지는 과학적이고 합리적인 사상가들의 생각을 전파하고 싶었다.

볼테르는 감옥에 갇힐까 두려워 샤틀레의 성으로 피신을 했다. 시레이 성은 낡았지만 볼테르는 그동안 모은 돈을 투자하여 이 성을 깨끗하게 꾸몄다. 그리고 원래 성 주인 샤틀레와 함께 살았다. 샤틀레는 볼테르와 시레이 성에서 동거를 하면서 육체적인 사랑뿐 아니라 볼테르의 날카로운 지성에 불을 붙이는 일을 거들었다. 그녀는 사치스러우며 동시에 학구적인 여인이었다. 한편 볼테르의 책을 읽은 많은 유

▶ 볼테르의 《철학서간》

럽의 독자들은 편지로 그 감동을 전했고 볼테르는 그들에게 일일이 답장을 보냈다.

볼테르는 유럽에서 가장 많은 독자를 갖고 있는 베스트셀러 작가였다. 그가 정부에 탄압을 받으면 받을수록 그에 대한 대중의 관심은 높아만 갔다. 문제의 《철학서간》이 전 유럽에 30만 부가 팔렸다고 한다. 당시로는 대단한 기록이며, 그 어려운 책이 어떻게 사람들을 열광시켰는지 의문이다.

아마도 금서였기 때문에 더 많은 사람이 호기심으로 그 책을 읽었을 것이다. 볼테르로 인해 유럽은 사상가들의 책들이 대중에게 인기를 얻게 되었고, 그 영향으로 유럽의 시민들은 인문학적으로 상당히 수준 높은 책들을 선호했다. 사람들은 볼테르가 머물고 있는 시레이 성을 찾아 왔으며 그곳은 유명한 관광명소가 되었고 인구도 볼테르가 머물기 전보다 10배나 늘었다. 볼테르와 샤틀레 두 사람은 성 안에 물리학 실험실을 만들고 그들이 가장 좋아한 아이작 뉴턴의 여러 과학 실험들을 시도해 보기도 했다. 볼테르는 뉴턴의 《프린키피아》를 읽고 책에 푹 빠져버렸다.

드디어 1736년 12월, 두 사람의 공동 노력으로 《뉴턴 철학의 요소들》이란 책이 출간되었다. 하지만 표지에는 볼테르 이름만이 나왔다. 프랑스 정부는 볼테르의 행방을 알고 그를 체포하기 위해 시레이 성으로 병사들을 급파했다. 볼테르는 다시 망명객이 되어야 했다. 볼테르는 샤틀레와 작별하고 브뤼셀로 떠났다.

볼테르는 이후에 자신의 글에 볼테르라는 이름을 달지 않았다. 볼테르는 160개의 가명을 갖고 있었다고 한다. 하지만 신기하게도 독자들은 볼테르의 글을 용케 알아보았다. 파리의 인쇄소와 서점은 볼테르의 금서를 팔아 많은 돈을 벌었다. 하지만 대개 볼테르에게 인세를 준 것보다는 필사본이 나돌아 볼테르를 화나게 했다.

한편 프로이센의 프리드리히 2세는 볼테르에게 자주 편지를 띄워 자기 곁으로 오면 넓은 창작공간과 완벽한 자유를 주겠다고 거듭 제의했다. 프리드리히 2세는 집권 후, 7년 전쟁을 일으켜 독일에서 프로이센 영향력을 강화했으며 유럽의 강국으로 만든 왕이었다. 프랑스 문화를 동경했던 프리드리히 2세는 볼테르의 도움을 받아 그의 최초의 저서 《반(反) 마키아벨리》[25]라는 책을 출간했다. 젊은 시절 영국으로 탈출하려고 시도하다가 사형선고까지 받았던 프리드리히 2세는 볼테르의 책을 좋아해 그를 프랑스에서 자신의 나라로 불러들인다.

한편 프랑스 루이 15세도 이 무렵 마담 퐁파두르에게 푹 빠져 그녀가 좋아했던 백과사전파 사상가들을 가까이 하였고, 특히 볼테르에게도 손을 내밀었다. 퐁파두르 부인은 1741년 공식적으로 루이 15세의 정부로 인정받아 왕의 총애를 한몸에 받고 있었다. 1746년 볼테르는 아카데미 프랑세즈 회원으로 역사편찬 일을 하기도 했다.

볼테르는 다양한 장르의 글을 쓴 것으로도 유명하다. 1747년 철학 콩트 《자디그》[26]를 출간한 것을 보면 알 수 있다. 이 책은 바빌론의 현명한 사람 자디그의 이야기다. 어떤 학자는 오늘날 우리가 말하는 판타지 문학의 시작이라고 말하기도 한다. 총명한 지혜를 갖고 있는 자디그는 왕비의 총애를 받아 재상 자리에 오르지만 부당한 질투와 모략으로 이집트로 도망을 가 그곳에서 노예가 되고 만다. 하지만 그의 지혜는 다시 노예의 몸에서 자유인이 되고 왕비를 다시 만나 바빌론의 왕까지 오른다는 이야기다.

그 무렵 볼테르와 샤틀레는 사랑이 멀어지고 있음을 서로 느끼고 있었다. 우선 뉴턴을 최고로 생각하는 볼테르는 샤틀레가 뉴턴에서 라이프니치로 관심이 이동한 것에 불만이었다. 반면 샤틀레는 볼테르가 프리드리히 2세에게로 마음이 자꾸 움직이는 것에 거부감을 갖고 있었다. 실제로 볼테르는 프리드리히 2세의 초청을 받으면 시레이 성을 비우고 몇 달 동안 프로이센에 가 있곤 했다.

볼테르는 샤틀레와 사랑이 시들해지자 그녀의 조카이며 과부가 된 여인과 사랑에 빠졌다. 분노에 찬 샤틀레는 어느 시인과 맞바람을 피우다가 그의 아이를 임신했고 아이를 낳다가 숨을 거두었다. 1749년 9월 10일, 15년 동안 자신을 지켜주었던 여인의 임종을 지켜보아야 했던 볼테르는 깊은 슬픔에 잠겨 있다가 파리의 한적한 곳에서 혼자 몇 달을 칩거하고 있었다.

그리고 다시 슬픔을 털고 일어나 프랑스 파리에서 연극 몇 편을 기획했지만 큰 실패를 경험했다. 1750년 6월 28일, 프랑스 파리를 떠나 프로이센의 프리드리히 2세의 초청을 받고 베를린으로 가서 그의 곁에서 생활했다. 그곳에서 1년에 약 2만 프랑의 월급을 받으며 황제가 필요로 하는 연설문 몇 편 정도만 썼다.

프리드리히 2세는 야심만만한 군주로 그의 재위시절 프로이센은 유럽의 다른 열강과 어깨를 나란히 할 만큼 국력이 커졌다. 그는 통치 기반으로 유럽의 지성인들을 자기 그늘에 있게 하였다. 그래서 매일 밤 유럽에서 가장 강한 군대를 지휘하는 장군들과 예술가들을 초청하여 만찬을 벌였다. 볼테르는 그 모임에 대개 불참했는데 이 때문에 사람들은 그가 거만하다는 인상을 받았다.

볼테르는 한때 독일어를 배우려고 하다가 포기하고 만다. 그 이유가 재미있다. "독일어는 숨이 고르지 못하다. 나는 이 말을 배우다 아마 숨이 막혀 죽을지도 모를 것 같다."《철학이야기》월 듀란트 지음/황문수 옮김/한림미디어

프리드리히 2세는 왕실에서 태어나지 않았으면 볼테르처럼 사상가로 활동했을 만큼 해박한 지식으로 무장한 사람이었다. 또한 상황에 아주 잘 맞는 위트로 사람들을 자기편으로 만드는 놀라운 리더십을 갖고 있었다. 영국의 역사가 토머스 매콜리는 프리드리히 2세를 가리켜 "한 주머니에는 3그램의 독을, 다른 주머니에는 유치한 시 구절을 넣고 다녔다."고 표현했다.

계몽주의 시대 군주를 자처했던 프리드리히 2세, 그러나 볼테르와의 관계가 서먹해지고 그가 총애하는 과학원장을 《아카키아 박사의 통렬한 비난》[27]이라는 책을 통해 공격하자 그 책 전부를 폐기할 것을 지시했다. 또한 독일제국 안에서 채권을 사재기하는 행위를 금지시켰는데, 볼테르는 황제의 지시를 어기고 그 일을 계속하다가 망신을 당했다. 위대한 사상가로는 부끄럽게도 경제적 이익에 다소 눈이 멀었다.

1755년 3월에 프리드리히 2세와 결별을 하고 독일을 떠나기로 한다. 볼테르는 프랑크푸르트 한 여관에서 황제의 마지막 선물인 연금을 당하며 고초를 겪기도 한다. 볼테르가 파리로 돌아가려고 했지만 프랑스 정부는 그의 입국을 불허했다. 갈 곳이 없어진 그는 프랑스와 프로이센 국경지대이며 작은 베니스라고 불리는 아름다운 도시 콜마르에서 1년을 머물다가 스위스로 이주했다. 그는 스위스 제네바와 로

잔 등에서 많은 땅을 사들여 자신의 영토를 마련했다.

루소와 불화를 일으키다

1755년 볼테르는 제네바 근교에 '희열의 집'이라 이름 붙인 집에서 기거하였다. 그해 4월 루소의 《인간불평등기원론》[28]이 출간되었고 4개월 뒤 루소는 볼테르에게 자신의 책을 증정했다.

그 책을 읽고 볼테르는 부자들에 반감을 갖고 있는 루소에게 불편한 심기를 드러내는 편지를 썼다. 이후 두 사람, 볼테르와 루소의 불화가 시작되었다. 볼테르는 일찍이 자본주의 경제체제를 열렬하게 옹호한 인물이다. 볼테르 사상을 감명 깊게 받은 사람이 바로 《국부론》[29]의 애덤 스미스다. 그 역시 신문 논평에서 《인간불평등기원론》을 "문명보다 야만이 우선이라고 주장하는 책이다."라고 혹평했다.

볼테르는 1756년 8월 18일에 보낸 편지에서 나중에 18세기 프랑스 사상의 기초가 되는 관용의 정신을 주장한 사람답지 않게 루소의 '자연으로 돌아가라!'에 화를 내며 무능한 사람들이나 하는 이야기라고 일갈했다. 또한 〈리스본 참사에 대하여〉라는 장문의 글을 통해 아직도 신에 대해 미련을 버리지 못하는 루소의 나약하고 어리석음을 통렬히 비판했다.

"사회란 이기주의 없이 형성될 수 없다. 이는 성욕을 못 느끼는데 아이를 낳으려고 하는 것이다. 식욕도 없는데 먹으라고 하는 것과 같다. 다른 사람들을 사랑할 수 있는 용기는 나 자신을 사랑하는 데서 시작된다. (중략) 신은 저마다에게 다른 운명과 지위를 주었다. 신이 우리에게 준 본능을 저주하지 말자. 신이 명령한 대로 그 본능을 사용하자." 볼테르의《파스칼의 팡세에 대하여》중에서

1756년 오스트리아 왕위 계승의 문제를 놓고 유럽에서는 각국이 동맹을 맺고 '7년 전쟁'을 벌였다. 영국과 동맹을 맺은 프로이센, 그리고 오스트리아를 중심으로 러시아와 프랑스가 모여 유럽 대륙은 둘로 나뉘어 싸웠다. 이 전쟁에서 영국과 프로이센은 승리를 거두었고 프로이센은 독일에서 영향력이 더 커졌으며 영국은 유럽에서 패권을 유지할 수 있었고 더불어 아메리카 대륙 북쪽 캐나다 땅을 차지할 수 있었다.

한편 여러 곳의 선박회사에 투자를 하고 있던 볼테르는 전쟁이 길어지자 손해를 많이 보았다. 하지만 그는 1756년 열정적인 글쓰기로 많은 돈을 벌고 인기 작가로 승승장구했다. 볼테르는 그해《풍속론》[30]을 써 연극 공연에 올려 많은 사람의 호응을 얻었다. 그러나 제네바공화국은 그의 공연이 '신의 섭리란 존재하지 않는 환상일 뿐이라는 주장'에 불쾌감을 준다는 이유로 공연을 금지시켰다.

볼테르의《풍속론》은 뉴턴이 자연과학에서 이룬 업적과 비견될 만큼 역사를 과학적으로 분석한 책으로 평가받았다. 볼테르는 이 책에서 영웅 중심이고 신격화와 숭배의식으로 물든 역사책을 거부하고 각 민족들의 성격과 풍속을 서술하는 새로운 시도를 감행했다.《계몽주의 철학》카시러 지음/박완규 옮김/민음사

한편 1757년 12월 디드로가《백과전서》[31] 8권을 완간했지만 그 무렵 백과전서파 사이에서는 서로 생각이 달라 결별이 시작됐다. 먼저

▶ 마녀라는 이름으로 억울하게 죽는 사람들

볼테르는 자신의 글을 모두 돌려 달라고 디드로에게 요구했고 또한 다른 나라에서 출판을 할 것을 요구했다. 하지만 디드로는 그것은 무의미하다고 반박하며 이미 책 출간을 위해 독자들과 출판업자에게 많은 돈을 투자 받은 상태였다는 것을 알려주었다. 역시 루소도 이 무렵 백과전서파와 결별을 선언했다.

1759년에 볼테르는 신에 대한 광적인 믿음을 풍자한 《캉디드》[32]를 출판했다. 이 책은 철학소설이지만 다양한 시대 상황을 담고 있다. "리스본 지진으로 도시 4분의 3이 파괴되자 그 나라 지식인들은 누군가 불태워 죽이는 지독한 화형식 말고는 달리 효험을 찾아내지 못하고 있었다. 그 희생양으로 팡글로스 교수와 캉디드가 결정됐다. (중략) 그 방에는 햇빛 한 줄기도 들어오지 않는데 8일 동안 멍하니 있었다."

볼테르는 이 소설에서 '믿음' 때문에 아무것도 하지 않는 맹신도들이 가장 세상을 위험하게 몰고 간다고 주장했다. 잘못된 믿음은 자신이 믿는 것을 지키기 위해 논쟁의 과열을 불러온다고 경고했다. 볼테르는 가장 혹독한 풍자의 대상으로 성직자와 법관을 들었다. 볼테르는 그들처럼 '말로 먹고 사는 사람들'은 말로 권력을 행사하고 부를 축적하는 자들이기 때문에 말로 착취하지 말고 일을 하라고 주장하였다. 또한 리스본의 대지진은 그리스도의 경고이며 "계속해서 지진과 그 밖의 다른 신호들을 보내 인간을 일깨울 것"이라고 주장했다.

볼테르는 유럽을 대표하는 지성인으로 부와 명성을 동시에 누리며 살았는데, 말년에는 대저택과 2개 별장, 160명의 하인을 거느릴 정도로 호화로운 생활을 했다. 그렇지만 자신의 명성을 위협하는 루소의 등장에 그는 이상하리만큼 강한 질투심을 발휘하여 루소를 매장시키는데 앞장섰다. 반면 루소는 20대 초반 볼테르가 쓴 것이면 어느 것 하나도 빼놓지 않고 읽었다고 할 정도로 그를 좋아했다. 루소는 "볼테르의 글에서 나는 우아한 문체의 글쓰기를 배웠다."라고 고백했다.

관용의 사상, '칼라스 사건'

1759년 말 볼테르는 스위스 한적한 시골 페르네에서 생애 가장 조용하고 한적한 시기를 맞이했다. 그는 당시 귀족들이 관심을 갖고 있던 농업 개혁에 참여하여 근대적인 영지를 개발했다. 이 일로 인해 그는 많은 부를 거머쥐었다. 그리고 제네바 정치에도 참여하여 노동자들을 돕고 시계, 양말 공장 등을 세웠다. 또한 관세 장벽 폐지에도 참여했다. 하지만 시대는 계속해서 종교적 광기로 치닫고 있었다. 그 무렵 가톨릭 교회의 탄압은 잔인했으며, 성모마리아 상 앞에서 모자를 벗지 않는다는 이유로 산 채로 사람을 태워 죽이는 종교재판들이 벌어지고 있었다. 볼테르는 광기의 시대를 가만 보고 있을 수 없었다.

1761년 10월 프랑스 남부의 툴루즈에서 '칼라스 사건'이 일어났다. 툴루즈에서 포목 상점을 운영하던 칼라스의 집에서 그의 장남 마르크가 죽었다. 가족들 모두 신교도였는데 장남 마르크 혼자 가톨릭교도로 개정을 했다. 가족들은 종교적 갈등이 아니라 우울증을 이기지 못하고 스스로 자살했다고 주장했지만 프랑스 당국은 그의 개종에 반감을 가진 그의 아버지 칼라스가 그를 죽였다고 결론을 내렸다. 68세의 아버지는 결국 아들을 죽인 죄목으로 사지가 마차에 묶여 능지처참을 당했다. 그러나 노인은 죽으면서 끝까지 자신의 무죄를 주장하고 하느님을 외치며 죽어갔다.

페르네에서 조용하게 연극공연 기획을 하고 글을 쓰면서 살고 있던 볼테르는 이 사건에 처음에는 별 관심을 두지 않았다. 그런데 칼라스의 재판을 지켜보고 그가 억울하게 죽었다고 확신하는 사람이 볼테르에게 직접 찾아와 사건 전말을 소상하게 전해주었다. 볼테르는 툴루즈 법정이 사법 살인을 저질렀다는 직감이 들었고 스스로 칼라스 집안 사람들을 만나 이야기를 들으며 조사에 착수했다. 그는 우선 총리에게 사건을 재조사해야 하는 이유를 조목조목 들어 편지를 썼다. 당국은 처음에는 볼테르의 개입을 달가워하지 않았다.

그렇지만 볼테르의 전방위 홍보활동으로 이 사건은 전 유럽이 관심을 갖는 사건이 되었다. 그는 유럽의 영향력 있는 인사들에게 이 사건의 부당한 판결을 알리는 글을 썼고, 자기 돈을 들여 막강한 변호사들을 세웠다. 또한 볼테르는 그 유명한 《관용론》이라는 책을 써서 종교적 광신에 빠져 있는 프랑스의 잘못된 사법제도를 신랄하게 비난했다. 그의 노력으로 칼라스는 처형된 지 3년 만에 무죄가 선고되었다. 볼테르의 대표작 《관용론》이라는 책은 종교가 세속적이고 너무 인간 위에 군림하여 벌어지는 많은 폐단을 지적하면서 다른 종교에도 관용을 베풀어야 한다는 주장을 담았다. "누군가 자기와 다르다는 이유로 차별하거나 억압해서는 안 된다. 그가 자유롭게 사고하고 행동하는 권리를 인정해야 한다." 이런 의미의 톨레랑스는 프랑스 문화의 근간이 되어 지금까지 자리하고 있다.

루소가 1762년 《사회계약론》과 《에밀》을 출간하면서 일약 유럽 사회에 베스트셀러 작가로 인기를 얻자 그는 《시민의 견해》[33]라는 익명의 소책자를 만들어 루소를 비판했다. 볼테르는 루소가 자식들을 고아원에 버렸으며, 창녀들을 끌고 다녔으며, 방탕한 대가로 온몸에 매독 기운이 가득하다고 비난했다. 볼테르는 자신은 경건한 사람인 양

▶ 스위스 페르네의 볼테르가 살던 집. 제네바 거만한 귀부인들이 방문을 하면 볼테르는 부인들이 멋을 내기 위해 한껏 올린 머리를 마치 두 손으로 들고 오는 모습을 벤치에 앉아서 지켜보고 있었다고 한다.

루소의 여자관계를 비판했다. 왜 루소를 그렇게 비판했을까? 두 사람은 생각의 차이도 컸지만 경쟁과 질투심도 컸다.

1772년 디드로는 백과사전 마지막 28권을 완간(본문 17권과 도해 11권)하였다. 1748년 처음 두 권의 영국사전 번역을 의뢰받자 단순 번역은 거부하고 모든 편집권을 출판업자에게 요구하여 각계 지식인 200명에게 항목별로 분담하여 1751년 7월 5일, 제1권이 나오고 무려 21년 만에 백과전서 시리즈가 완간된 것이다. 전집의 책값은 당시 5인 가구의 3년치 생활비에 해당하는 비싼 가격임에도 불구하고 4,250부라는 경이적인 판매고를 기록했다.《백과전서》 마들렌 피노 지음/이은주 옮김/한길사 이 책은 18세기 말까지 2만 5천부가 판매되었다.

18세기 계몽주의를 이끌었던 사상가이며 작가였던 볼테르는 부유한 권력층의 후원 없이 저술만으로 독립적인 전업 작가 생활을 할 수 있었던 서양 역사상 최초의 인물이었다. 볼테르는 당시의 사회체제를 불신했다. 오랜 저술 생활 동안 그가 매달린 주제들은 놀랍게도 어떤

일관성을 지니고 있었다. 볼테르는 행복의 추구, 개인적 자유의 확대, 법에 의한 통치를 지지했다. 다시 말해 그는 당시 사회 모순을 극복하고 개인의 자유와 행복을 추구했다.

부를 축적하기 위한 탐욕적인 시간들

볼테르는 집요하리만큼 루소를 저주하는 일에 집착했다. 루소가 펴낸 《인간불평등기원론》이란 책을 읽고 그는 "당신의 저작을 읽게 되면 사람들은 네 발로 기어 다니고 싶어집니다. 그러나 나는 그 습관을 잃은 지도 60년 이상이나 되므로, 마침내 그 습관으로 돌아가는 것은 나로서는 불가능하게 느껴집니다."라고 불쾌하게 생각하는 편지를 루소에게 보냈다. 볼테르는 루소의 글에 심한 알레르기 반응을 보였다.

그는 당시 많은 재산을 축적하고 재테크에 빠져 있었다. 그가 복권으로 돈을 많이 번 것으로 유명한데, 볼테르가 젊은 시절 영국으로 망명할 무렵 프랑스는 정부 공채 가치가 하락하자 그것을 메우기 위해 복권을 발행하여 공채를 구입한 사람에게 나눠주었다. 채권을 보유한 많은 사람은 복권으로 나눠준다는 것에 분개했지만 볼테르의 재테크 관념은 이미 영국에서 많은 정보를 수집한 상태였기 때문에 파리 당국에서 발행하는 복권을 대량 매입하였다. 그때 볼테르와 함께 파리시의 복권을 모조리 사들여 돈을 번 사람이 수학자 라 콩다민이었다. 그는 나중에 남아메리카로 떠나는 탐험대장이 되었고 아마존을 탐험한 최초의 유럽인이 되었다. 한편 두 사람은 1730년에 로렌 지방 공채 발행을 노려 다시 한 번 복권 금액을 싹쓸이 했다.

볼테르는 국제 무역에도 깊이 관여했다. 복권으로 거둔 수입으로 이제 국가를 상대로 한 무역 거래에 나선 것이다. 당시 볼테르는 북아프리카에서 곡물을 수입하여 이탈리아와 스페인으로 수출하는 무역 사업에 뛰어든 것이다. 수출입 품목에는 담배, 설탕, 코코아, 인디고 염료가 포함되어 있었다. 그는 가격, 시장, 자금에 대한 정보를 끊임없이 입수하였고 그것을 이용해서 많은 돈을 벌었다.

볼테르는 가난한 사람들은 게으르다는 신념을 갖고 있었던 듯했다. 그는 "노동을 하면 우리들은 세 가지 큰 불행, 즉 권태와 나쁜 행실과 궁핍에서 벗어날 수 있다."고 《캉디드》에서 피력했다.

볼테르는 이렇게 많은 부를 획득하자 가진 자들을 위해 옹호론을 펴기도 했다. 부자들의 소비 활동이 악이 아니라 미덕이고 이는 많은 경제적 활동으로 가난한 자들에게도 이익이라는 주장을 폈다. 볼테르는 프리드리히 2세와 결별 이유도 겉으로는 신념의 차이라고 포장했지만 속으로는 국가 공채를 불법으로 매입하여 돈벌이를 하려다 추방당한 탐욕의 결과였다.

볼테르에게 돈은 자유 영혼의 상징이었다. 그는 베스트셀러 작가로 명성을 얻었으며 그가 쓴 책들이 독자들에게 열광적으로 팔리자 예약 주문을 받아 책을 팔기도 했다. 그런 볼테르에게 '자연으로 돌아가자! 재산을 공동으로 하자!' 이런 주장을 펼친 루소의 사상은 극한 대립을 가져올 수밖에 없었다.

루소는 민중적인 관점에서 사회개혁을 주장한 반면 볼테르는 소수의 엘리트 계층으로 인해 사회를 바꿀 수 있다고 생각했다. 볼테르는 프랑스 혁명 이후 루소에게 명성을 내어 주었다. 볼테르가 죽기 전 10년 동안 사법개혁에 모든 역량을 집중하고 또한 부에 대해 집요하게

▶ 수학자 라 콩다민

집착하고 있을 때, 루소의 낭만적이고 이상적인 글은 볼테르에게 철저하게 무시와 멸시를 당했다.

볼테르가 루소를 그처럼 무시한 또 다른 이유는 볼테르의 귀족적 취향, 자기는 파리의 중산층 출신의 지적 노동자인 반면 루소는 자기가 운영하고 있는 스위스 시계공장의 기술자였다는 출신성분에 대한 은근한 멸시가 가슴 깊은 곳에 자리하고 있었을 것이다. 자기와 다른 생각을 존중하자는 '관용의 철학'을 주장했던 사상가 볼테르는 루소의 사상적 차이에는 강한 거부감을 갖고 있었다. 자본주의 사회체제를 너무도 좋아했던, 그래서 많은 혜택을 누렸던 볼테르. 그는 어린 시절 아버지와 한 약속을 깊이 간직하고 있었다. "작가로 살지만 부자로 살겠다." 그의 이런 다짐은 평생 그의 삶의 기준점이며 제일 큰 목표였던 셈이다.

볼테르는 자유를
루소는 평등을 중시했다

프랑스 혁명으로 목이 달아난 루이 16세는 감옥에서 "볼테르와 루소 때문에 프랑스가 날아갔다."고 한탄했다. 하지만 두 사람은 동지가 아니었다. 1755년 8월에서 9월 사이 루소와 볼테르 사이에 오고간 편지는 볼테르 명성에 도전하는 루소의 치밀한 계산에 의해 이루어진 편지 전쟁이었다. 볼테르는 루소가 보낸《인간불평등기원론》을 읽고 "무지해서 얻은 용기로 인간사회를 무서운 광경으로 묘사한 당신의 글을 읽고 나는 '네 발로 걷고 싶다'는 표현을 하고 싶습니다."며 공격을 시작했다. 자신의 글을 인용해서 먹고사는 저열한 인간들을 공격하면서 모두 추방된 작가라고 다 같이 훌륭한 작가는 아니라며, 그러니 좀 더 신선한 공기를 마시며 자기 부족한 점을 더 보완해서 글을 쓰라고 훈계와 조롱이 가득한 편지를 건넸다.

이에 대한 루소의 답장은 상당히 예의를 갖춘 그러면서 대중의 동정을 구걸하는 듯한 겸손한 모습이 보이는 글로 편지를 썼다. "당신의 편지에 감사하며 나의 저작물에 관심을 가져준 것에 깊이 고마움을 느낍니다. 원하는 것이 있다면 당신이 네 발로 돌아가고자 시도하는 일은 없기를 바랄 뿐입니다. 그리고 당신 이외에 어떤 사람도 그런 일을 하지 않기를 바랍니다. 인간의 모든 진보가 인류에게 위험하다는 것이 진실이라면 우리들의 오만함이 우리를 방황하게 하고 불행하게 할 것입니다. 우리에게 문학이 파괴되었다면 우리는 모든 즐거움을 빼앗긴 것이나 마찬가지입니다. 위대한 천재들의 교훈은 받아들여야 합니다. 그리고 봉테뉴가 말한 것처럼 '절름발이는 육체 훈련에는 적합하지 않으며, 영혼의 절름발이는 정신의 훈련에 어울리지 않는 법'입니다. 인간의 모든 악은 무지보다는 오류에서 비롯되지만, 우리가 전혀 모르는 편이 알고 있다는 것보다 더 해(害)가 될 때가 많습니다. 당신이 불평하는 표절이란 것도 모든 저작에 대한 대중의 열기 탓입니다. 그렇다고 그들이 위조를 했다고는 보지 않습니다. 왜냐하면 쇠와 납은 금과 혼합되지 않기 때문입니다. 좋은 책은 인쇄된 즉시 조롱과 비웃음을 사게 될 뿐입니다. 나는 당신의 암소 젖보다 당신의 샘물을 마시고 싶습니다."

누가 보더라도 이 편지 논쟁의 승리자는 루소였다. 루소의 문장에는 겸손과 예의를 다 갖추면서도 상대를 아주 통렬히 비판하는 독특한 글쓰기 표현방식으로 사람들 관심을 자신에게 쏠리게 만들었다. 그에 비해 볼테르의 글은 고집쟁이 영감의 질투와 오기가 가득 묻어 있었다. 어떤 사람들은 이런 의심도 한다. 루소와 볼테르의 이 논쟁이 서로 자작극 같은 냄새가 물씬 풍긴다는 것이다. 이 논쟁이 그들 이름을 더 높이는 결과를 가져왔기 때문이다. 그러나 볼테르보다는 루소에게 이익이었다. 명성 덕분에 루소는 돈을 벌 수 있었으며, 인류 역사에서 '불평등한 역사'에 대해 진단하고 올바른 사회체제에 대한 글을 진행했고, 완벽한 글은 아니지만 1762년에 두 권의 책(《사회계약론》, 《에밀》)으로 세상을 향해 그의 주장을 펴기 시작했다.

뉴턴으로 시작된 자연과학 혁명과 계몽주의 사상가들의 출현으로 세상은 변화하고 있었다. 루소와 볼테르를 탄압했던 교회와 성직자들은 프랑스 혁명 이후 가장 탄압받는 집단이 되었다. 1789년 프랑스 혁명에서는 성직자들의 재산을 모두 국유화시켰다. 1792년 12월 5일, 로베스피에르는 루소의 《사회계약론》을 혁명 정치의 원전으로 확정했다. 그렇지만 루소와 볼테르는 17세기 남겨진 유산으로 오랫동안 광신자들에 의해 도망 다녀야 하는 신세였다.

	볼테르	루소
출 생	1694년 프랑스 파리에서 태어났다. 법원 관리의 아들로 태어났으며 넉넉한 가정 형편 때문에 교육환경이 좋았다.	1712년 스위스 제네바 시계기술자의 아들로 태어났지만 어린 시절 어머니를 잃고 아버지마저 가출하는 바람에 고아처럼 자랐다.
중심사상	어떤 편견에도 사로잡히지 않는 사회. 그는 사상의 자유를 가장 강조했다. 또한 법이 지배하는 사회, 미신과 편견으로 사람들을 혹사시켰던 중세 가톨릭에 대해 극렬하게 저항했다. 산업자본주의 체제를 옹호하였고, 소수 엘리트가 지배하는 세상을 만들어야 한다고 주장했다.	자연으로 돌아가서 평등사회를 지향함. 잘못된 정부는 언제든지 인민들의 행동으로 교체할 수 있다고 해서 프랑스 혁명의 중심이념이 되었다. 소유하지 않는 공동체 삶을 지향, 아나키스트들의 정신적 우상이 되었지만 그의 글은 대단히 낭만적인 문체로 독자들을 자극했다.
이상사회	고도의 산업 사회, 지식인들이 중심이 된 사회, 법 앞에 평등한 사회, 신앙의 자유가 보장된 사회.	평등이 최고의 가치인 사회, 지식인보다 민중이 우선인 사회, 반자본주의 생각
사회 미친 영향	프랑스 혁명의 정신적 지주. 자유무역주의와 고도의 자본주의 사회를 예견했다.	프랑스 혁명에서 사회계약론은 성경과 같음. 사회주의와 공상적 아나키스트들에게 영향을 미쳤다.
추종자들	애덤 스미스, 콩도르세	로베스피에르, 칸트, 고드윈
대표 작품	《철학서간》, 《캉디드》, 《풍속론》	《사회계약론》, 《에밀》, 《고백록》
사 망	1778년	1778년

03

루소

루소 1712~1778

루소 철학의 두 축은 《에밀》과 《사회계약론》이다.
우리가 악해짐으로써 이익을 얻는 상황은 계속되고 있다.
복종을 하거나 명령하기 위하여, 주인이 되거나 노예가 되기 위하여 인간관계는
계속해서 서로를 강요한다. 특히 《사회계약론》은 분명 위대한 정치철학 책이다.
루소의 생일날은 그 책을 다시 꺼내 읽는다는 것 이외 다른 의미는 없다.
– 질 들뢰즈

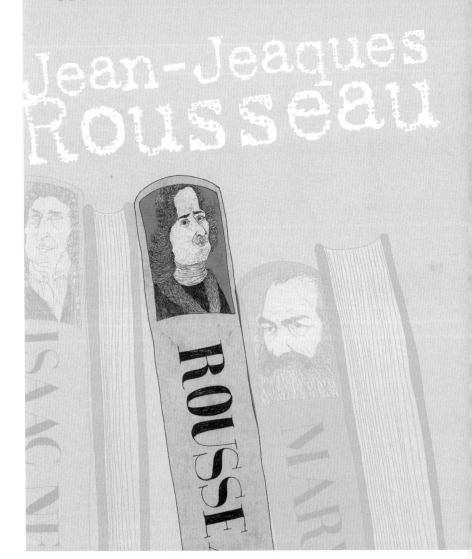

ean-Jacques
ousseau

3_
루소

장 자크 루소만큼 일반 대중을 상상력으로 자극한 사상가가 있을까? 그는 볼테르처럼 부유하지도, 칸트처럼 조용하지도, 애덤 스미스처럼 영리하지도 않았지만 엄청난 정열과 웅변적인 글로 사람들을 사로잡은 인물이다. 그러나 그의 삶은 어느 한 곳에 정착하지 못했다. 66년의 생애가 방랑의 길이었다. 그런 이유 탓일까? 그를 평생 곁에서 지지한 사람은 사랑하지도 않은 동거녀 테레즈뿐이었다.

글을 몰랐던 그녀, 루소를 통해 다섯 아이를 낳았지만 모두 고아원에 보내야 했던 불행한 여인은 끝까지 그 남자를 배신하지 않았다. 반면 루소는 항상 여인들을 가까이 두고 있었다. 그의 자서전 《고백록》을 보면 수많은 여인이 등장하고 하나같이 염문을 뿌린다. 그는 어머니를 일찍 잃은 덕분에 여인들에게서 모성애를 얻고자 했다.

하지만 많은 사람, 특히 당시 루소와 함께 살았던 지식인들은 그의 삶과 글이 일치하지 않는다는 것에 비난을 퍼부었다. 특히 교육철학자로 그의 입지를 굳건하게 해 준 《에밀》이라는 책은 많은 사람에게 아이들 교육에 대한 지침을 내려 준 루소의 대표작이지만, 자기 아이를 모두 고아원에 버린 못된 아버지로 살았기에 그를 비난하는 사람들에게 단골 메뉴가 되었다.

특히 볼테르는 그를 열렬하게 비난했으며 자기 글을 통해 작가의 길을 걷기 시작한 루소를 '부인을 학대하고 정신이 좀 이상한 사람'이라고 원색적으로 비난을 퍼부었다. 당대 지식인 누구도 그를 인정하지 않았고, 어느 누구도 그를 좋아하지 않았다.

하지만 루소의 글은 사람의 마음을 설득시키는 힘이 있다. 그런 루소의 능력 때문인지 볼테르가 유난히 질투를 느낀 것이다. 한때 루소는 볼테르의 글을 읽으면서 작가의 꿈을 키웠다. 고아로 자란 것이나 다름없었던 루소에게는 기초적인 교양이 부족했다. 그의 자서전에 아버지와 침대에서 《플루타르크 영웅전》[34]을 읽으며 잠을 청한 것이 문학적 감수성의 전부였다고 고백하고 있다. 읽을 책이 없어 그 영웅전 책을 외우다시피 읽고 또 읽었다. 루소의 경험을 예로 들면 많은 책을 읽는 것보다 한 권의 책을 반복해서 읽는 것도 좋은 독서 방법일 것이다.

볼테르가 그토록 자신을 욕하고 험담하자 루소는 유럽의 여러 곳을 도망 다니며 자기를 아끼는 독자들에게 아주 솔직한 글을 발표한다. 그 책이 바로 《고백록》[35]이었다. 하지만 볼테르는 이런 자전적인 글을 가장 경멸했다. 하지만 루소의 이 책은 발자크와 스탕달의 개인주의적 감수성 문학을 탄생시켰다. 루소의 글은 《고백록》에서 진가를 발휘했다. 솔직하고 담백하며 이전이나 이후에도 이처럼 흥미롭고 진지한 자서전은 없다고 사람들은 루소의 글을 극찬했다. 그러나 그를 비난하는 사람들에게는 아주 좋은 공격거리를 제공한 것이다.

루소의 파리 시절, 아이들에게 음악을 가르치면서 틈틈이 볼테르

의 글을 읽으며 작가로서의 삶을 꿈꾸었다. 그
는 살롱문화로 지적 욕구가 한창이던 파리에
서 디드로를 만났고, 그와 함께 백과사전 작업
에 착수하다 디드로가 감옥에 투옥되었다. 루
소는 그를 면회 가는 길에 쓴 논문 한 편으로
세상의 시선을 한몸에 받는다. 어쨌든 작가로
의 시작은 볼테르였다는 것을 그 자신도 인정
했다.

▶ 백과전서 기획자 디드로

하지만 볼테르에게 '거지철학을 전파하는 사람'으로 혹독하고 잔인
하게 매도당한 루소가 죽은 뒤에는 오히려 볼테르를 능가하는 명성을
얻은 것은 프랑스 대혁명 당시 그의 두 권의 책, 《에밀》과 《사회계약
론》이 대혁명의 사상적 불쏘시개로 등장했기 때문이다. 루소와 볼테
르는 죽은 뒤에도 경쟁했다. 볼테르가 살아서 높은 인기를 맘껏 누렸
다면 죽은 뒤에는 루소가 대중적으로 더 많은 인기를 누렸다.

《인간불평등의기원》이란 책이 중요한 것은 그 책으로 인해 프랑스
혁명의 기본 이념인 자유와 평등이란 개념들이 명확하게 제시되었고,
소유의 불평등이란 개념으로 인해 나중에 자본주의에 대항하는 공산
주의나 사회주의 사상의 시작점이 된다고 해석해도 무리가 없기 때문
이다. 이 책은 적어도 루소의 다른 저서에 비해 너무도 과격하고 진보
적인 책으로 평가받고 있다.

적어도 볼테르가 한 줄의 명언으로 남긴 저 유명한 "과거 이 세상
모든 것은 거의가 몇 권의 책으로 지배되어 왔다"는 글을 인용한다면
루소의 작품도 그 가운데 당당히 이름을 내밀 수 있을 만큼 영향력이
있다. 루소는 《에밀》과 《사회계약론》이 지난 20년 동안 생각한 글이며

3년 동안 매달린 책들이라고 설명했다. 하지만 이 책들은 나오자마자 소각령이 내려졌고, 작가 체포령이 떨어졌다. 반면 볼테르의 《관용론》은 지식인과 민중의 기립 박수를 받았으며 각국 정부는 저마다 잘못된 법체계를 손보기 시작했다. 그래서 18세기 루소는 그 시대의 이단아였고, 인정받지 못한 불행한 작가이자 사상가였지만 이에 비해 볼테르는 자기 글로 명성과 돈을 모두 거머쥐는 행운아였다. 루소의 거듭된 실패는 스스로 자기 피해망상에 사로잡힌 은둔 작가로 삶을 살게 만들었다. 반면 볼테르는 그와 정반대, 항상 스포트라이트를 받으며 어디를 가나 대단한 대우를 받았다.

◆ ◆ ◆

장 자크 루소가 바랑 부인을 만난 것은 만 16세인 1728년 4월이었다. 봄나들이를 갔다가 제네바 성문이 닫히는 바람에 시내로 들어갈 수 없었던 그는 그 길로 가혹한 노동조건이 기다리던 현실에서 벗어나 무작정 길을 나섰다. 그 길은 유년시절부터 그를 억압했던 압제의 사슬을 끊는 자유의 길인 동시에 시대의 이단아로 끊임없이 투쟁해야 하는 사상가의 고달픈 발걸음이었다.

1712년 루소는 시계제조기술자였던 제네바 시민이며 칼뱅주의였던 이자크 루소의 둘째 아들로 태어났다. 아버지의 형제들은 15명이었고, 그래서 유산으로 물려받을 재산은 거의 없었다. 루소의 어머니 쉬잔 베르나르는 목사의 딸이어서 그나마 형편이 나은 편이었지만 그가 태어난 지 불과 9일 만에 심한 출산후유증으로 사망하고 만다.

"내 출생이 내 생애 최초의 불행이었다." 루소는 10살 때까지 아버지와 함께 살았다. 어머니가 남긴 몇 권의 책은 그의 감수성을 키우는데 도움이 되었다. 아버지와 아들은 특히 플루타르코스의 《영웅전》을 좋아했는데, 서로 연극 공연을 하듯 주거니 받거니 대사를 나누면서 소설 읽는 것을 즐겼다. 어머니 없는 것 이외에 별 불행이 없을 것 같았던 이 소년에게 사건이 일어났다.

아버지가 퇴역장교와 사소한 말다툼 끝에 그를 흉기로 찌르고 리옹으로 도망을 친 것이다. 이미 루소보다 7살 위인 형도 시계기술자 도제생활을 하다가 독일로 도망을 간 뒤였고, 돌봐줄 가족이 없는 고아가 된 루소는 결국 외숙부의 손에 맡겨졌다. 외숙부는 루소를 제네바 근처의 목사 집에 하숙을 하게 하면서 라틴어를 비롯한 기초교육을 받게 했다.

그곳에서 2년 동안 생활하다 불미스런 사건으로 체벌을 당한 뒤 그는 그곳을 나와 버렸다. 제네바로 돌아와 재판소의 서기 밑에서 필사 견습공 일을 했다. 그러나 게으르다는 이유로 쫓겨났고 조각하는 일에 흥미를 느껴 장인 밑에서 도제 생활을 했지만 루소를 맡은 장인은 걸핏하면 폭력을 휘두르는 사람이었다.

한 사람은 마망, 한 사람은 프티

1728년 3월 제네바 성문이 닫히는 바람에 무작정 길을 나서다가 루소의 삶에 희망의 빛을 던져준 신부를 만났고 그를 통해 바랑 부인을 만나게 된 것이다. 그의 삶을 진솔하게 고백한 자전적 소설 《고백

▶ 루소의 마망, 바랑 부인

록》을 보면 당시 모습이 아주 잘 묘사되어 있다. "나는 마침내 도착했다. 바랑 부인을 만난 것은 내 생애 가장 중요한 시기였다. 그 시기를 빼고 내 인생을 이야기하는 것은 무의미하다. 나는 당시 열여섯 나이였지만 멋진 얼굴을 하고 있었고, 그렇게 키는 크지 않았지만 맵시가 좋았다. 날씬한 다리에 거리낌 없는 태도, 넘치는 열정, 불같은 정열을 두 눈에 담고 있었다. 이런 모습이 얼마나 젊은 여인을 흥분시킨다는 것을 나중에야 알았다. 나는 당시 이런 내적인 힘 이외에도 또래 아이들이 갖고 있는 상냥하고 수줍음을 적당히 내포하면서 새로운 인생이 내 앞에 어떻게 펼쳐질지 대단히 흥미롭게 지켜보는 얼굴을 하고 있었다."

열여섯 살 미소년은 스물여덟 살의 부인을 만나 황홀한 감정을 갖게 된다. 기억에도 없는 엄마를 만난 것처럼 루소는 이 여인에게서 두 가지 감정, 즉 모성애와 연애 감정을 동시에 느낀다. 가톨릭으로 막 개종을 했던 바랑 부인은 루소가 가톨릭 종교로 바꾸기를 원했다. 그래서 루소는 알프스 산맥을 넘어 이탈리아 토리노로 갔다. 그곳 개종자들 교육 프로그램에 따라 3개월 교육을 받고 루소는 가톨릭 신자가 된다. 그리고 토리노 상점에 취직했다가 그곳 젊은 여주인을 좋아했다는 이유로 쫓겨났고, 다시 어느 백작의 하인으로 들어갔다가 손녀에게 흠뻑 빠져 얼마 동안 정신을 차리지 못하다가 쫓겨났다.

이처럼 루소의 젊은 시절은 바랑 부인 이외에는 그 누구에게도 사랑을 받지 못한 존재였다. 잘 생긴 외모였지만 신분이 미천하다는 이유로 그를 사람대접 해주지 않는 당대 사회현실에 그는 종종 좌절과 번민을 느꼈을 것이다. "사람은 누구나 평등하다." 이런 생각을 종종 했을 루소, 그의 사상적 기반은 그의 삶에서 잉태된 것이다. 그는 그곳에서 뛰쳐나와 이집 저집 식객 노릇을 하면서 여러 유형의 여자들을 만나고 여자의 육체를 알게 된다. 루소는 다시 1729년 6월에 바랑 부인 곁으로 돌아온다. 하지만 그는 이미 순결함을 잃은 뒤였다.

"이탈리아에서 돌아왔을 때 나는 처음과 같을 수 없었다. 유부녀에게 연애 감정 같은 것을 느끼기도 했고, 정신의 순결은 잃었지만 동정은 그냥 지니고 있다고 마음속으로 그녀에게 다짐하고 있었다. 바랑 부인 집에 다다르자 그녀의 태도가 걱정이 되어 가슴이 두근거렸다."

다행히 그녀는 루소를 반겨 주었다. 이제 바야흐로 그의 생애에 가장 행복한 나날이 시작될 참이었다. 사랑과 존경이 한 가지 마음일 수 없지만 그는 감정이 한껏 충만해 있었다. 한 사람은 엄마(마망), 한 사람은 꼬마(프티)라는 호칭으로 서로를 구분했지만, 루소에게는 바랑 부인이 자상한 엄마이면서 젊고 아름다운 여인이었다. 두 사람은 함께 독서를 하며 대화를 나누었다. 라 브뤼예르의 《성격론》³⁶ 같은 것이 애독서였다. 라 브뤼예르는 17세기 프랑스 작가로, 당시 프랑스에서 가장 권력이 막강했던 콩데가의 가정교사였다. 그가 지은 《성격론》은 여러 귀족과 왕실 사람들을 재미있게 풍자한 글로 베스트셀러였다. 루소는 이 책을 읽으면서 글쓰기에 대한 표현기법 등을 배웠다.

하지만 여자의 육체를 알기 시작했던 뜨거운 청년은 사랑해서는 안 되는 여인을 사랑하기 시작했다. 근친상간이란 원죄 의식 속에서도 끊임없이 그는 바랑 부인을 잠자리로 불러들이는 상상을 했다.

그리고 마침내 1733년 가을, 스물두 살의 루소에게 바랑 부인은 자신의 몸이 탐이 난다면 가져도 좋다는 허락을 루소에게 한다. "육체의 소유처럼 남녀를 굳게 결합시키는 것은 없다." 바랑 부인이 자신의 몸을 허락한 이유는 바로 그것이었다. 루소의 《고백록》에 바랑 부인과 부적절한 관계를 묘사한 부분을 읽어보자.

　　"나는 쾌락을 맛보았을 뿐이다. 어떤 것인지 모르지만 억누를 수 없는 슬픔. 그 쾌락은 독약처럼 나에게 스며들었다. 부인은 나를 팔로 껴안고 눈물로 내 가슴을 적셨다. 그리고 흥분하지도 않고 조용하고 다정히 그 일을 했다. 그녀는 전혀 관능적이지 않았으며 쾌락을 추구하지도 않았다."

　바랑 부인과 루소 사이의 이런 복잡한 감정들은 두 사람에게 결코 도움이 되지 않았다. 감수성이 예민한 루소는 부인 곁을 떠나 여러 곳에 전전했다. 제네바와 리옹 등을 돌기도 했고, 프랑스 파리에서도 약 1년을 머물렀다. 건강이 좋지 않은 루소는 바랑 부인 곁으로 돌아왔지만 그녀는 이미 다른 정부를 곁에 두고 있었다. 1737년 여름, 그는 건강이 악화되어 몽펠리에로 갔다.

　그곳에서 라르나주 부인을 만난다. 그녀는 루소가 그동안 갖고 있던 성적인 억압에서 벗어나 남자로서 여자를 어떻게 유혹해야 하는지 가르쳐 주었다. 그녀는 마흔네 살의 여인이었지만 성적 욕망이 부끄러운 것만은 아니라는 사실을 유감없이 몸으로 알려 준 여인이었다.

　1739년, 바랑 부인 노력의 결실인 루소의 첫 문학 에세이 《샤르메트 과수원》[37]과 시 몇 편이 나오게 된다. 그리고 본격적으로 문학수업을 하게 된다. 루소가 바랑 부인에게 받은 사랑과 번민은 그가 후일 작가로 대성할 수 있는 소중한 밑거름이었지만 또한 숨 막히는 고통이기도 했다.

1740년 4월 루소는 리옹으로 가서 그곳 판사의 아들 가정교사가 되었다. 그러나 1년 만에 다시 바랑 부인 곁으로 돌아왔다. 하지만 루소는 새로 젊은 애인을 사귄 바랑 부인과 이상한 관계를 견디지 못하고 1742년 7월 파리로 갔다. 그는 음악교사로 생계를 유지하면서 파리의 지식인들과 만나 문학적 감수성을 키운다. 파리에 온 지 1년 만인 1743년 6월 루소

▶ 테레즈 르바쇠르

는 브로이유 부인의 소개로 베네치아 주재 프랑스 대사 몽테귀 백작의 서기관으로 일을 한다. 공문서를 읽지도 쓰지도 못하는 무지와 무능의 귀족 몽테귀 백작은 사람을 한없이 초라하게 만드는 비열한 기술을 갖고 있었다. 그는 루소의 자존심에 매일 상처를 입혔다. 어쩌다 같은 자리에서 식사를 하게 될 때, 그는 감히 서기관 주제에 귀족과 식사를 한다고 난리를 쳤다. 루소의 인간 불평등에 대한 분노는 이때 싹트기 시작했다.

1744년 8월 6일 루소는 사표를 던졌다. 서기관 생활 꼭 14개월 만의 일이었다. 루소는 사표를 던지고 다시 파리로 돌아왔다. 그는 파리에서 하숙을 하기 시작했는데, 하숙집의 세탁부이자 평생의 반려자인 테레즈 르바쇠르라는 여인을 만났다. 원래 여자 집은 아버지가 조폐국 관리였으며 어머니는 상인이었다. 두 사람이 만났을 때, 테레즈의 아버지는 실업자가 되고 어머니가 하던 일도 갑자기 몇 번의 실패로 집안 형편이 기울어 테레즈가 세탁부 일로 가족들을 먹여 살리는 힘든 상황으로 몰린 때였다.

외로움 때문일까, 아니면 성욕에 대한 굶주림 때문일까? 루소는 테

레즈와 성관계를 맺었고, 그녀는 울면서 자기가 처녀였음을 고백한다. 아니 고백을 하지 않아도 루소는 알았다. 그녀가 완벽하게 처녀였다는 것을.

한 순간의 실수로 결혼을 하다

1745년 3월, 루소의 나이 33세이고 테레즈의 나이 23세였다. 공식적으로 결혼을 한 것은 아니지만 모든 사람이 두 사람이 부부로 살게될 것을 의심하지 않았다. 원하지 않은 결혼 때문일까? 루소는 테레즈를 진정 사랑한 것 같지 않다. 루소가 테레즈를 평가한 글을 보면 다음과 같다. "그녀는 우둔한 여인이다. 글은 어느 정도 쓸 수 있었지만 그것을 제대로 읽을 수 없었고, 이해하지도 못한다. 활기 넘치고 소박하며 아양을 떨지 않는 여인이지만 내가 그녀를 선택한 것은 사랑 때문이 아니라 성욕을 채우기 위한 일시적 존재에 불과했다. 그녀는 돈도 셀 줄 모르고 물건 가격도 전혀 모른다. 나는 그녀에게 시계 보는 법을 가르쳤지만 한 달이 지나도 그녀는 알지 못했다. 그녀를 가르치겠다는 나의 생각은 완전 잘못된 것이다. 그녀는 완전히 자연인이다. 그래서 그녀는 내가 출입하던 사교계에 흥미로운 화젯거리로 떠올랐다."

두 사람 사이에 다섯 명의 아이가 있었지만 모두 고아원에 맡겼다. 루소가 지금도 자녀교육의 지침서인 《에밀》을 쓴 작가라고는 도저히 상상할 수 없는 행동을 했다. 하지만 굳이 그를 두둔하자면, 첫 아이가 태어날 때 루소의 생활은 불안정했다. 당시 프랑스에서는 아이를 공공 보육시설에 맡기는 일이 흔한 일이었다. 그 무렵 한 통계를 보면 파리에서 태어난 아이 절반이 고아원으로 보내졌다고 한다. 그러나 사람들은 그가 자식들에게 무책임하게 행동한 것은 그의 아버지에게서 물려받은 유전적 기질 때문이라고 생각했다. 루소가 자신의 아이를 왜 버렸는지 따져 묻는 사람에게 그는 "저는 하루하루 힘겹게 벌어먹고 삽니다. 그런데 제가 어떻게 가족을 부양할 수 있습니까? 배고픔을 안겨주는 아버지보다는 차라리 고아원이 더 좋을 것입니다."라고 변명했다.

1745년 파리에서 루소와 테레즈는 경제적으로 쪼들리는 신세였다. 루소는 두 사람의 생계뿐만 아니라 처갓집 식구까지 책임져야만 했다. 또한 루소는 아이들을 고아원에 버린 이유로 자기 장모의 무례함을 들고 있다. "그녀는 장사꾼 기질이 너무 강해서 그런지 도통 예의라고는 없는 여인이었다. 그녀에게 아이들을 맡긴다는 것은 정말 끔찍한 일이었다." 루소는 가족들의 생활비를 벌기 위해 악보를 베끼기 시작했다. 루소는 항상 그런 말을 했다. "바랑 부인 덕분으로 나는 음악적으로 대단한 소질이 있다는 것을 알게 되었고, 아마도 작가의 길이 아니었다면 음악가로 살았을지 모른다."

그 무렵 루소는 디드로와 콩디야크를 사귀었다. 루소보다 한 살이 어린 디드로는 집안 대대로 내려오던 가업(철물점)을 포기하고 문학을 한다는 이유로 집에서 쫓겨나 출판사에서 근무하면서 곤궁한 삶을 살던 고집 센 젊은이였다. 1745년 생계를 위해 번역 일을 하던 디드로는 영국의 사상가이며 저술가였던 샤프츠버리 백작의 책을 번역하게 된다. 이 일을 계기로 다양한 사상가의 책을 접하게 되었다. 특히 디드로가 샤프츠버리 백작의 책을 만난 것은 계몽주의 시작을 알리는 계기였다.

1661년 런던에서 태어난 샤프츠버리 백작은 존 로크에게 교육을 받고 자유기고가로 많은 글을 쓴 사람이다. 샤프츠버리 백작의 지적 사유는 고대 그리스의 플라톤주의 철학에서 영국의 사상가 로크를 포함한 광범위한 지적 세계를 갖고 있었다. 그의 글은 나중에 괴테와 쉴러, 헤르더 같은 인물들에게 영향을 주었는데, 노발리스와 셸링, 그리고 많은 예술이론과 미학을 공부하는 사람들에게 우상으로 등장한 것이다.

루소는 1745년 볼테르가 대본을 쓴 음악축제극을 개작하는 일을 하고 있었다. 볼테르는 그 개작하는 일에 매달릴 시간이 없어 당시 무명의 음악가였던 루소가 대신 일을 하고 있었다. 루소는 정중하게 볼테르에게 편지를 보내 개작하는 데 몇 가지 질문을 했다.

그러자 볼테르는 "당신이 별로 가치 없는 작품에 열정을 쏟는 것에 애석할 따름입니다. 당신 마음대로 개작을 해도 아무 이의가 없습니다."라는 답장을 보냈다. 볼테르에게는 그런 몇 줄의 가사에 신경 쓸 상황이 아닌 너무나 바쁘고 중요한 일들이 산더미를 이루고 있었다. 그 무렵 루소는 정식으로 결혼은 하지 않았지만 돈 한 푼 벌지 못하는 무능한 가장으로 아이들을 고아원에 보낼 정도로 형편이 말이 아니었다.

1747년 5월, 루소의 아버지가 사망했다. "어느 날 집에 돌아오니 편지가 와 있었다. 직감적으로 그 편지가 무슨 내용인지 알고 있었다. 나는 편지를 집어 드는 손이 부끄러웠다. 유산이 정리되어 편지 안에는 돈이 들어 있는 게 분명했다. 편지를 개봉하자 환(換)어음이 들어 있었다. 나는 그 돈을 바랑 부인에게 일부 부쳤다. 몽땅 갖다 주고 싶었지만 그러지 못한 것은 나의 궁핍함이 말도 못할 정도로 심했기 때문이었다." 시간이 흐르자 루소의 처갓집 식구가 더 많이 몰려들었다. 테레즈는 돈에 대해 그렇게 조급증을 내는 여자가 아니지만 그녀의 어머니는 달랐다. 장사로 잔뼈가 굵은 여인이어서 그런지 그녀의 탐욕스러움은 여전했다. 루소가 볼 때, 테레즈는 처가 식구들에게 볼모로 잡혀 있는 것처럼 보였다.

1749년 1월, 루소는 달랑베르의 부탁을 받아 《백과전서》의 음악 관련 항목들을 집필했다. 그해 7월에는 디드로가 뱅센느 감옥에 수감되었고, 10월에 루소는 파리 근교에 있는 그 감옥으로 면회하러 갔다. 그는 10킬로미터쯤 되는 길을 마차 탈 돈이 없어 빠른 걸음으로 걷다가 지치면 가로수 그늘에서 쉬곤 했다. 디드로는 얼마 전에 펴낸 《눈먼 자들에 관한 편지》[37]를 출판하여 무신론자라는 혐의를 받아 감옥에 감금돼 있었던 상황이었다.

디드로를 면회 가는 길에 루소는 들고 있던 신문에서 디종 아카데미가 낸 논문 주제를 발견했다. 〈학문과 예술의 진보는 도덕을 타락시키는가 아니면 승화시키는데 기여하는가?〉라는 제목이었다.

이 제목을 읽는 순간 루소는 "갑자기 수천 개의 불빛이 내 영혼을 비추는 것 같았다. 나는 술에 취한 것 같은 현기증을 느꼈다. 나는 그곳에서 반시간 동안이나 흥분에 휩싸인 채 그대로 있었다."라고 회고했다. 루소는 다음 해 디종 아카데미 논문상을 수상했고, 이어 그 논문을 다듬어 《학문예술론》[38]이란 책을 출간했다.

"이 논문은 참으로 이상한 방식으로 썼는데, 그 방식에 성공하고 나서는 다른 것도 그렇게 했다. 나는 밤에 잠을 못 이루는 시간에 그 일을 바쳤으며 눈을 딱 감고 침대 속에서 명상을 하며, 한 구절 한 구절 믿을 수 없을 만큼 애를 써가며 이리 저리 따져본다. 그리고 그것을 종이 위에다 옮겨 쓸 수 있을 때까지 내 기억 속에 저장해 둔다. 그렇지만 아침에 옷을 입을 때 벌써 기억 속에 담아 둔 글들이 달아나 버렸다. 그래서 나는 내 기억을 일어나자마자 구술하고 그것을 고스란히 받아쓰는 여비서를 한 명 고용했는데 그녀는 바로 테레즈의 어머니였다. 나는 논문이 탈고되고 곧바로 디드로에게 보여주었다. 그는 꼼꼼하게 고칠 곳을 지적해 주었다. 이 논문은 열정은 넘쳤지만 논리와 질서가 부족했다."

그리고 그는 갑자기 유명한 사람이 되어 있었다. 그는 갑자기 자기에게 쏟아지는 관심 때문에 생계수단이었던 악보 필사 작업을 할 수 없었다. 루소는 이때부터 정신적으로 불안감과 초조감에 떨어야 했다. 1752년 그는 오페라 작곡가로도 성공했다. 〈마을의 점쟁이〉를 작곡하여 호응을 받았다. 그래서 루이 15세 앞에서 공연이 예정되어 있었지만 그는 너무 소심한 편이라서 밤새 고민하다 공연 당일 왕을 알현하는 것을 피하기 위해 숨어버렸다. 그래서 왕을 알현하면 받을 수 있는 상당한 액수의 연금도 함께 날아가버렸다.

가장 예민한 문제를 건드린 작가

1753년 디종 아카데미는 또 다른 논제를 공시하고 논문 현상 모집했는데, 이번에는 〈인간 사이 불평등의 기원은 무엇이며, 불평등은 어떻게 자연법에 의해 허용되는가?〉라는 주제였다. 루소는 "사유재산이야 말로 인간불평등의 뿌리이며 불행의 근원이다. 대다수 국민은 생존에 필요한 것도 갖추지 못한 채 굶주리는데, 대부분의 재물을 갖고 있는 소수의 사람은 사치품이 넘쳐나서 주체를 못한다."라며 귀족들의 사치스러움과 대중들의 배고픔을 비교하며 글을 발표했다. 볼테르가 보기에는 가진 자들에 대한 적대적인 칼날을 드러냈다고 느꼈을 것이다.

이 논문은 수상은 하지 못했지만 다음 해에 《인간불평등기원론》이란 책으로 발간됐다. 루소는 드디어 마흔셋 나이에 작가로 이름을 알리기 시작한 것이다. 이 책을 보고 볼테르는 "이 책은 부자들이 가난한 사람들을 약탈하는 것으로 묘사된 거지의 철학을 담고 있다."며 루소를 비판했다. 《인간불평등기원론》으로 유럽 사상계는 물론 의회에서나 시민사회에서도 루소의 이름은 거론되기 시작했으며, 볼테르를 비롯한 사유재산 탐닉에 몰두하던 사람들에게 루소는 기분 나쁜 작가로 인지되었다.

1756년 4월 9일 루소의 후원자였던 데피네 부인의 도움으로 파리 도시를 벗어나 근교 시골에서 테레즈와 함께 거주하였다. 그곳에서 루소는 글만 쓴 것이 아니라 농사도 지었다. 파리의 사교계 사람들은 루소와 데피네 부인의 관계를 의심했다. 루소는 《고백록》에서 에피네 부인에 대해 '육체적 관계'는 일절 없는 누이와 동생 같은 순수한 관계였다고 밝혔다. 데피네 부인의 애인들에 대해 그가 연애상담을 해주어야 할 입장이었고, 그 문제로 골치를 앓다가 《신엘로이즈》[39]라는 작품을 쓰게 된 것이라고 해명했다.

1761년 발표된 《신엘로이즈》는 '알프스 산기슭의 자그마한 도시에 사는 두 연인의 편지'라는 부제가 붙어 있으며 독자들은 파리 여인들의 복잡한 연애이야기를 호기심 어린 마음으로 볼 수 있었던 책이었

▶ 두드토 백작부인과 만남

다. 하지만 내용은 파리 중산층 이상의 여성들의 호색적인 취향을 적나라하게 표현하여 독자들의 성적 자극을 유발하기에 족했다. 또한 어디까지가 상상이고 어디까지가 현실인지 사람들을 궁금하게 했다.

당시 파리 추기경은 "겉으로는 색정의 독을 비판하면서 은근히 그것을 부추기고 있다."고 비난했다. 이 책은 40년 동안 무려 72판을 찍은 당대 베스트셀러였으며 루소에게는 무수한 소문에 시달리게 한 책이다. 그러나 해적판이 유통되어 그에게는 경제적으로 큰 도움을 주지는 못했다. 오히려 그 책으로 인해 그를 오해하는 사람들이 그의 도덕성을 갖고 비난하는 바람에 루소를 곤란하게 한 작품이다.

디드로와의 절교 선언도 이 무렵이었다. 그가 왜 디드로에게 절교를 선언했는지는 다음과 같은 글에서 잘 나타나 있다.

"디드로가 1757년 쓴 《사생아》[40]라는 작품이 출간되어 내게 한 부 보내준 바 있다. 나는 그의 글을 읽는 가운데 '혼자 있는 사람은 악인 밖에 없다'라는 글을 읽고 충격을 받았다. 나에게 원색적인 비난이 충고라는 포장지에 담겨 있는 듯 보여 화가 치밀었다."

루소, 그를 이해한 사람은 아무도 없었다

볼테르 역시도 이 무렵 루소를 거세게 비난하고 나섰다. 루소는 데피네 부인과도 결별해야 했다. 남편이 헌병대장인 두드토 부인에게 깊이 빠져 있자 질투를 느낀 그녀는 루소와 그의 아내를 추방해버렸다. 두드토 부인은 데피네 부인과 친척 사이였는데, 남편이 없는 동안 외로운 여인은 루소가 머물고 있는 곳을 찾아왔다가 불륜에 빠진 것이다. 루소는 자서전에 그녀에 대한 인상을 다음과 같이 적었다.

"두드토 백작부인은 서른 살이었고 아름다운 편은 아니었다. 얼굴에는 마마자국이 있었고 살결도 곱지 못했으며 눈은 근시였다. 하지만 활기차고 명랑했으며 그녀와 대화를 나누다보면 나는 기분이 금세 좋아졌다. 그녀는 젊은 시절 자신의 의사와 상관없이 두드토 백작과 결혼했다. 서서히 나는 그녀에게 완전 몰입했다."

루소는 그녀를 정말로 사랑했음을 고백했다. 바랑 부인이나 테레즈와는 다른 사랑이라고 밝히기도 했다. 하지만 그를 아는 사람들은 감정을 솔직하게 글로 표현했겠지만 객관적으로 평생 가난한 작가를 먹여 살린 테레즈의 헌신적인 사랑이나 고아나 다름없는 천덕꾸러기 청년을 훌륭하게 키운 바랑 부인과 어떻게 이 백작부인과의 사랑이 비교될 수 있느냐고 비난했다.

두드토 부인과 헤어지고 루소는 《달랑베르의 편지》[41]와 《신엘로이즈》로 작가로서 짭짤한 수입을 올리고 있었다. 정기적으로 연금을 들 수 있었고 악보를 베끼는 일이나 돈 때문에 글을 쓰는 일은 하지 않아도 될 정도였다. 루소는 몽블랑 시 몽루이라는 작은 마을에서 5년 동안 머물렀다. 지금도 루소의 기념물들이 즐비한 그 도시는 스위스에서 아름다운 도시 가운데 하나다. 그곳에서 그는 대작 두 편을 완성하는데, 그것이 바로 《에밀》과 《사회계약론》이라는 책이었다. 특히 《에밀》은 루소가 3년 동안 정성을 들여 쓴 책이다. 1,000쪽에 달하는 이 대작에 루소는 모든 고민과 경험, 그리고 삶의 가치를 아주 솔직하게 표현했다.

"나는 아이에게서 가장 불행한 도구, 즉 책을 버리라고 말하고 싶다. 독서는 아이에게 재앙인데도 어른들이 시키고 있는 것이다. 아이들에게 제일 중요한 것은 자연이다."

루소는 《에밀》 첫 줄에서 "모든 것은 조물주의 손에서 떠날 때는 선하지만 인간의 손으로 들어오면 타락한다."고 주장했다. 아이들의 순수함을 지키려면 인간의 손때가 덜 묻어야 한다. 또한 《에밀》에서 루소는 인간을 타락시키고 고통에 빠뜨리는 불합리하고 비인간적인 사회 제도를 강력하게 성토했다. "스스로 벌지 않고 빈둥대며 먹고 사는 사람은 다른 사람의 노력을 훔치는 것과 같다. 그러므로 일을 하는 것은 사회적 인간에게는 필수 불가결한 것이다. 부자이든, 가난한 자이든, 강자이든 약자이든, 일하지 않고 놀고먹는 것은 모두 도둑이다." 이 과격한 문장이 30년 뒤 프랑스 혁명의 대자보 제목이 된다.

《에밀》은 총 5권으로 이루어져 있다.

1권에는 출생부터 말을 배울 무렵까지인 5세까지 아이들 교육 방법을 다루고 있다. 루소는 아이를 젖 먹이는 사람은 어머니이어야 하고, 아이들을 가르칠 교사 역할을 할 사람은 아버지여야 함을 천명한다. 그러면서 그는 자신이 5명의 아이들을 고아원으로 보낸 것에 대한 자책감을 털어놓는다. "그토록 신성한 의무를 저버린 자는 통한의 눈물을 쏟을 것이며 결코 그 무엇으로도 위로받지 못하리라."

2권에서는 5~12세의 아동기를 다루고 있다. 여기서 루소는 이 시기는 육체와 감각의 힘을 단련하는 때라고 강조하고 갖가지 운동을 하고 옷을 얇게 입고, 딱딱한 바닥에서 자는 육체적 단련으로 고통을 극복하고 강인한 정신을 길러야 한다고 주장했다. 그러면서 스파르타 사람들의 교육을 예로 들었다.

"스파르타인의 교육이 그랬다. 그들은 아이들을 책에 붙들어두는 대신 그들에게 자신의 저녁거리를 훔치는 일부터 가르쳤다. 그러나 그들은 거칠기만 했는가? 그렇지 않다. 그들은 수다스런 아테네인들보다 위엄스러운 존재였다."

3권은 12~15세 소년기를 다루고 있다. 이 시기는 이성적인 활동이 시작되기 때문에 공부가 필요한 때라고 주장했다. 직업교육이 필요하며 인간 상호 의존성과 평등, 노동의 필요성을 깨달아 갈 때라고 했다.

4권은 15~20세를 다루고 있다. 이 기간이 루소는 사람들의 제2의 탄생이라고 강조했다. 비로소 그냥 인간에서 남성과 여성으로 삶이 시작된다고 주장했다. 이 시기에 인간은 자기애와 함께 이웃에 대한 동정을 베풀어야 한다. 그리고 종교, 교육, 권위에 근거한 논증이나 계시 신학을 받아들이지 않을 의식이 있어야 하고, 유물론의 부정적인 주장을 물리칠 정도로 충분히 감성적인 영혼으로 성장해야 한다. 사부아 보좌신부는 주인공 '에밀'에게 양심의 소리와 내적 감정의 필요에 기초를 둔 '자연 종교'를 설교했다. 우주 만물은 서로 조화를 이루는 질서 안에서 자리를 잡고 이 질서를 지배한 의지는 신이다. 모든 것을 행할 수 있는 신은 그 속성이 선하므로 신에 의해 만들어진 인간

▶ 루소의 걸작 《에밀》은 근대 교육지침서라고 말할 수 있다. 아직도 많은 독자들은 그의 책을 읽고 아이들 교육을 생각한다.

도 선할 수밖에 없다. 악은 인간이 만들어진 사회에서 생긴 것이므로 인간이 바로잡아야 한다. 기존의 체계에서 종교적 도덕적 대답을 찾기보다 자기 내면의 목소리에 귀를 기울여야 한다.(이 문장이 문제의 발언이 된다)

제5권에서는 주로 에밀의 배필이 될 소피의 교육을 다루고 있다. 에밀의 교사는 그녀가 순종적이고 우아하며 주의력이 깊고 열정을 가진 동시에 덕성스럽고 가정생활을 좋아하는 현모양처이기를 바라며, 그녀는 선을 행하면서 자기 모든 것을 전부 바쳐 에밀에게 헌신해야 한다고 주장했다.(여성운동가들에게 기분 나쁜 루소의 사상이 바로 이곳이다) 에밀은 소피와 만나 결혼을 하고 여행을 하면서 어떠한 국가도 이상적인 모델에 부합되지 않는다는 것에 고통을 느낀다.

《에밀》을 완성하면서 루소는 《사회계약론》을 같이 출간했다. 프랑스 혁명 때 자코뱅당의 지도자 로베스피에르가 루소의 이론을 현실에 적용하려고 했으며 그의 책상 위에는 항상 《사회계약론》이 놓여 있었다고 한다. 첫 문장을 보면 비장감이 묻어 있다.

"인간은 자유롭게 태어났으나 도처에 족쇄로 채워져 있다"

루소는 로크의 사상과 홉스, 그리고 몽테스키외로 이어지는 사회사상을 통합하는 방대한 책을 저술하려고 했다. 그러나 1758년 그의 삶은 자신을 이해해주는 사람이 없는 고독함에 몸을 떨어야 했고, 심하게 자신감을 상실하고 있었다. 그래서 그동안 기록해 둔 창작노트들을 불태워버렸다. 그나마 그가 독자들에게 제공되길 원했던 몇 줄의 글을 다시 정리한 것이 바로《사회계약론》이다.

루소는 이 책에서 다음과 같이 주장했다. 자연 상태에서 자유롭고 행복한 생활을 했던 자연인은 문명의 발달에 따라 불평등이라는 상황에 놓이게 된 것이다. 이것은 한쪽에서는 사치와 허영을, 다른 한쪽에서는 빈곤을 낳았다. 그 결과로 강자와 약자, 주인과 노예가 생긴 것이고 인간이 타락하기 시작한 것이다. 이런 상황을 통제하기 위해서는 새롭게 무엇이 생겨날 것은 아니고, 힘을 서로 합쳐 통제를 해야 한다.

인민은 왕이나 다른 지배자에게 복종하는 것이 아니라 자기 자신에게 복종해야 하고 저마다 모든 사람과 결합하는 '연합계약'을 맺게 된다. 주권자는 자신을 대신할 무엇이 필요하며 그것이 바로 '정부'이다. 주권자인 인민은 정부가 주권을 찬탈하는 것을 예방하기 위해 정기적으로 집회를 열어야 한다. 이 부분이 가장 중요한데, 인민은 집회에서 현 정부를 지속할 것인가, 아니면 교체할 것인가를 결정해야 한다. 이것은 시위나 혁명을 통한 정부 교체를 의미한다. 그러므로 정부를 결정하는 것은 인민의 의지이자 자발적 참여라고 주장했다.

거의 끝부분인 '시민종교에 대하여'에서 루소는 "그리스도는 굴종과 예속만을 가르친다. 그리스도 정신은 압제에 너무나도 유리한 것이어서 압제는 항상 이것을 이용한다. 그리스도 군대는 훌륭한 군대라고 사람들은 말한다. 나는 그렇지 않다고 생각한다."라고 주장하면서 기독교에 대해 비수의 칼날을 던졌다.

가장 최악의 해, 바랑 부인도 죽다

1762년 파리에서 두 권의 책이 기독교 사상을 부정한다는 의미로 압수되었으며, 루소에게는 체포령이 떨어졌다. 루소는 고향 제네바로 가려다가 입국 금지라는 이야기를 듣고 화가 나서 제네바 시민권을 영원히 포기하고 말았다. 제네바라는 조국이 자신에게 무엇을 해 준 것이 있다고 지금 와서 다시 자신을 버리는지 그는 절망하고 분노했다. 그리고 루소는 무국적자가 되었다. 1762년 루소에게는 참담한 해로 기록되었다. 그가 도망자 신세로 이곳저곳을 배회하고 있을 때, 그의 영원한 연인이자, 어머니였던 바랑 부인이 세상을 떠났다. 루소는 평생 돈에 허덕이면서도 두 여자, 즉 아내 테레즈와 그를 키워 준 바랑 부인에게 평생 돈 걱정 하지 않고 편안하게 해 주는 것이 최대 희망이었다. 루소는 바랑 부인이 도망자 신세가 된 자신의 처지를 알지 못하고 편안하게 숨을 거둔 것은 그나마 하늘의 축복이라고 위안 삼았다.

루소는 자신에 대한 체포령이 금방 끝날 것 같지 않음을 직감했다. 특히 사상의 자유를 만끽했던 프랑스조차 그를 버린 것에 대해 불안해했다. 과거 볼테르처럼 입국 금지 정도가 아닌 체포령이 내려진 것이다. 그는 스위스와 프로이센의 시골들을 찾아다니며 몸을 숨기고 있었다.

루소가 가장 어려운 시기였던 이 때 그를 더욱 어렵게 한 사람이 바로 볼테르를 비롯한 백과전서 작가들이었다. 그들은 루소가 《사회계약론》에서 시민의 종교 부분을 다루면서 시민들은 애국적인 신앙심으로 자신의 의무를 실천하고 사랑해야 하며 또 전능하고 자비로운 신에 헌신하여야 한다고 주장한 것이 '앙시앵레짐-낡은 제도 청산'을 주장하는 그들과 대립하고 갈등하기 시작했다고 비난했다.《루소》로버트 워클러 지음/이종인 옮김/시공사

《사회계약론》의 위대한 상징성에도 불구하고 이처럼 당시에는 진보세력과 반동세력 양쪽 모두에게 비판을 받는 책이 된 것이다.

볼테르는《시민의 견해》라는 작은 책자를 찍어 루소의 생각을 조목조목 비판했다. 볼테르는 이 작은 책자에서 루소가 자기 아이들을 고아원에 버린 이야기부터 시작해서 그의 방탕한 여자관계로 매독이 걸려 온몸이 썩어간다고 허위사실까지 퍼트렸다. 볼테르 입장에서 보면 인간적으로 제네바 작은 마을의 시계 기술자 출신의 시골 무명작가가 갑자기 이상한 글을 써서 자신의 명성에 도전하는 것이 영 마음에 들지 않았던 것이다. 또한 자신을 직접 지칭하지는 않았지만 모든 부자들을 도둑으로 몰아 불쾌감을 갖고 있었다. 루소는 1763년 4월 포츠담으로 갔으며 그곳에서 식물학에 대한 정열을 쏟았다.

1765년 3월《산에서 쓴 편지들》[42]이란 책을 출간하려 했지만 불태워졌다. 1765년 9월 6일, 루소는 스위스 모티에라는 작은 마을에 숨어 있었는데, 그곳 주민들이 루소가 거처하던 작은 오두막에 몰려들어 돌을 던지는 일이 벌어지기도 했다. 한 달 뒤, 루소는 데이비드 흄의 초청으로 영국으로 갔다. 데이비드 흄은 처음에 루소를 대단히 겸손한 사람이고 사리사욕이 없는 감성적인 작가라고 평가했지만 헤어질 때 그는 오직 우주에서 자신만이 중요하다고 여기는 이상한 작가라고 비난했다. 루소는 당시 신경쇠약에 우울증, 편집증 등을 앓고 있었다.

극도의 피해망상과 편집증에 시달리다

　루소 역시 천재적인 작가들에게 나타나던 정신이상을 심하게 겪기 시작했다. 어느 쪽으로도 인정받지 못한 자기 작품에 대한 비난과 작가에 대한 인격적 비판을 참지 못한 루소는 스스로 자기 학대를 경험해야 했다. 그 무렵 루소는 10여 차례 자살을 시도했다. 1766년 2월 13일 루소는 세상 모든 사람이 손가락질해도 자신을 남편으로 생각하는 테레즈를 만났다. 1761년 6월 파리에서 헤어진 뒤 두 사람은 5년 만에 만났다. 그동안 테레즈는 고아원에 버린 자기 자식들을 찾으려고 했지만 뜻을 이루지 못했다. 아마도 루소의 뜻에 따라 아이들을 찾으려 했을 것이다.

　런던에서 영국 국왕 조지 3세로부터 50파운드를 받은 루소는 생활이 안정되자 《고백록》을 본격적으로 쓰기 시작했다. 하지만 루소는 정신이 오락가락 했다. 주변 사람들은 물론 테레즈도 믿지 못하는 피해망상증에 걸린 환자였다. 1767년 5월, 루소는 영국을 떠나 프랑스로 돌아와 조제프 르누라는 가명으로 책 쓰는 일에 전념했다.

　피해망상에 시달리던 루소는 자신의 입장을 아주 솔직하게 글로 남기기 위해 루소 최후의 걸작 《고백록》을 출간했다. 그는 이 책에서 아주 감추고 싶은 사생활의 내밀한 비밀까지도 모두 드러냈다. 어린 시절 도벽의 버릇부터 자신과 육체적이고 정신적으로 정분을 통했던 수많은 여인을 실명으로 거론했다. 물론 바랑 부인과 근친상간의 고백까지 언급했다.

　"글을 쓸 때는 극도로 힘이 든다. 지우고 뭉개고, 인쇄기에 걸기 전에 네

댓 번 다시 옮겨 쓸 필요가 없는 원고는 없다. 나는 펜을 들고 책상에 앉아 원고지를 대하면 결코 아무것도 할 수 없었다. 특히 언어에 대한 재주가 없는 나는 글 쓰는 일이 얼마나 느리고 힘든 일인가 여러분은 상상할 수 있으리라. 나는 내 글에서 무슨 사상을 표현할 때 힘이 들고, 뿐만 아니라 그것을 구상할 때도 힘이 든다."

루소는 파리로 돌아왔다. 그는 파리 시민들을 대상으로 《고백록》이란 책을 낭독했다. 그는 많은 사람을 상대로 며칠 동안 낭송을 하면서 자기 삶을 소개했다. 하루 10시간 이상씩 그는 살롱에 모인 사람들에게 자신의 글을 낭송했다. 사실 루소의 《고백록》은 환각과 환영에 사로잡힌 사람이 쓴 책치고는 아주 훌륭한 것이다.

그러자 과거 루소의 후원자였던 데피네 부인이 자신과의 이상한 이야기들이 언급될까 두려워 경찰청장에게 이 사실을 알렸고 청장은 루소가 대중을 상대로 자기 글을 낭독하는 행위를 금지시켰다.

루소는 다시 1776년 프랑스 사람들에게 말하고 싶은 글을 《고독한 산책자의 몽상》[43]으로 펴내 배포했다. 1778년 돈도 떨어지고 몸도 쇠약해진 루소는 7월 2일 아내 테레즈와 아침을 먹다가 쓰러져 그날 오전 11시에 뇌졸중으로 숨을 거두었다.

그가 죽은 뒤 유럽은 그의 저서인 《사회계약론》을 다시 읽기 시작했다. "인간이 자유를 포기한다는 것은 곧 인간의 자격, 인간의 권리와 의무까지 포기하는 것이다." 종교와 봉건제도로부터 억압받던 사람들이 자유를 부르짖으며 들고 일어선 것이다. 1789년 프랑스 혁명이 바로 그것이었다. 혁명이 시작되자 주도세력 자코뱅파는 루소의

《사회계약론》을 혁명의 정전으로 삼았다. 루소의 《사회계약론》은 마르크스의 《자본론》과 같았다. 그리고 프랑스 혁명 당시 사람들은 모두 루소의 사상에 감염되어 있었다.

이념 과잉시대,
혁명에서 무정부주의까지

볼테르를 좋아하고 숭배했던 애덤 스미스가 1776년에 《국부론》을 세상에 내놓

았다. 그 해는 미국이 독립을 선언한 해이기도 하다. 미국의 독립선언은 유럽의 혁명 사상을 더 빨리 전파하기도 했고, 산업혁명을 촉진시킨 역할도 했다. 유럽에서 생산된 많은 상품이 여러 식민지로 빠르게 유통되었으며 아메리카 대륙이란 커다란 시장에 진출하게 되었다. 스미스는 《국부론》에서 분업을 하는 제조공장을 살펴보고 감탄했다. 그는 핀 공장을 예로 들면서 18개 공정으로 열 사람이 하루에 4만 8천 개를 만든다. 다시 말해 한 사람이 4천 8백 개를 만드는 놀라운 성과는 분업이 아니었다면 이루어내지 못했을 것이라며 분업의 위력을 침이 마르도록 칭찬했다.

하지만 스미스는 생산성만 생각했지 인간이 노동에 소외되고 자본에 종속되는 현상을 간파하지는 못했다. 또한 산업혁명 이후 급격하게 몰락하는 농민층과 노동자들의 불안을 파악하지 못했다. 산업혁명은 부의 불평등을 가져왔고 사회사상으로는 급진적인 생각들이 전파되었다.

불평등에 대한 반기를 들고 혁명이 일어났지만 새로운 권력은 다시 민중의 기대와는 달리 그들의 권력을 기반으로 민중을 이용하기 시작한 것이다. 이에 실망한 사상가들 사이에 모든 일체의 권력에서 벗어나려는 움직임이 나왔다. 그것이 바로 무정부주의자, 아나키스트였다. 전제정치로 굶주렸던 민중이 새로운 공화주의 독재적 모습에 실망을 한 것이다. 로베스피에르는 루이 16세를 비롯한 봉건 세력들을 단두대로 보냈지만 그렇지 않은 많은 선량한 사람을 반혁명 분자로 몰아 죽였다. 그는 올리버 크롬웰보다 더 많은 피를 보았다. 그는 민중을 위한 독

재정치, 공안정치를 펼쳤다. 로베스피에르는 혁명의 순결주의에 너무 빠져 나중에 종교적인 색채로까지 변해갔다.

그의 광기로 인해 1789년 혁명 이후 약 4년 동안 반혁명 분자라고 처형된 사람은 프랑스에서만 3만 명이 넘었다. 혁명은 이상하게 변하고 있었고, 광기와 야만성이 사람들의 이성을 마비시키고 있었다. 역사는 항상 반복한다. 청교도 혁명 당시 올리버 크롬웰은 왕당파와 맞서 싸운 대가로 절대군주를 끌어내리고 의회 민주주의를 이룩했지만 청교도 혁명에 실망한 일단의 민중이 제럴드 윈스턴리를 중심으로 자치 집단거주지를 건설하자 무력으로 탄압했다. 또한 아일랜드 사람들이 감자 흉작으로 인해 폭동을 일으키자 즉시 무력으로 진압하기도 했던 인물이 크롬웰이다. 그는 민중주의라기보다는 국가우선주의 인물이다. 그가 죽자 곧바로 찰스 2세가 집권하면서 복고 시대로 회귀했다. 그리고 국장으로 치러졌던 그의 무덤은 파헤쳐지고 죽은 시신은 목이 잘리는 부관참시를 당하게 됐다.

1789년 프랑스 혁명 이후 파리에서는 일주일에 90종 이상의 혁명을 찬양하거나 반대하는 책자들이 쏟아졌다. 이 넘쳐나는 선전책자들은 이념의 과잉시대를 잘 보여주고 있었다. 혁명은 혼란스러웠고 그래서 생겨난 것이 모든 권위, 아니 혁명조차도 거부하는 생각이 나타난 것이다. 제럴드 윈스턴리의 생각을 다시 실천하고자 했던 사람들은 윌리엄 고드윈의 책에 열광했다.

하지만 그 반대 생각을 가진 사람들은 프랑스 혁명이 인류 역사를 후퇴시키고 있다고 맹공을 펼쳤다. 이때 보수주의자의 원조 에드먼드 버크가 나타났다. 그보다는 질적으로 좀 떨어지는 사람이 맬서스였지만 그는 고드윈을 통해 유명해지려고 한 사람이었다. 고드원은 루소가 말한 것처럼 노동을 하지 않은 소득은 전부 도둑질이란 생각으로 모두 공동의 노동으로 공동 소비를 하는, 그래서 궁극적으로 그들만의 사회를 구축해야 한다고 주장했다.

아나키즘을 흔히 지배 권력이 없는 무질서한 사회로 오해하기 쉽다. 하지만 무정부주의자도 여러 부류가 있으며 방법적인 면에서 여러 다른 형태로 발전을 하였다. 알기 쉽게 설명하면 고드원이 아

▶ 프랑스 혁명은 점점 광기의 혁명으로 변해가고 있었다.

나키스트 쪽에 있다면 바쿠닌과 같은 인물은 완전 그 반대편 쪽에 있는 것이다.

0 4

고드윈

고드윈 1756~1836

고드윈의 책 《정치적 정의에 대한 고찰》[44]이 출간되자 영국의 보수주의 정권은 술렁거렸다.
하지만 피트 수상은 "아니 노동자들 주급이 3실링밖에 안 되는데 어떻게 1기니나 되는 그 책을 사서 보겠어?"라고 낙관했다. 그러나 그 책은 그의 예상을 뒤집고 급진적인 사상가들에게 여러 가지 사상적 진화를 가져왔다.

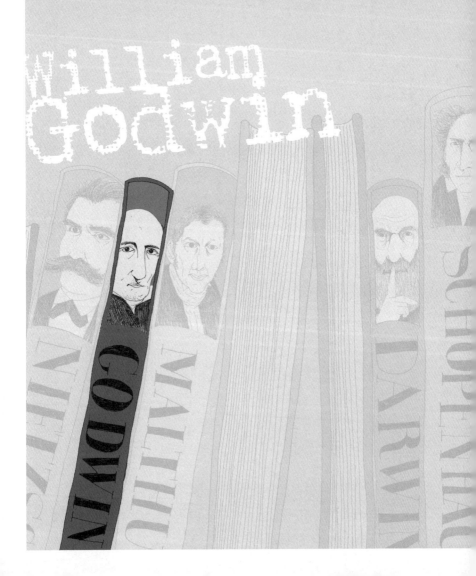

4_
고드윈

1789년 유럽 전역에서는 프랑스 혁명 영향으로 루소를 비롯한 계몽주의 사상가들의 자유로운 정신을 최고의 가치로 생각하는 분위기가 확산되고 있었다. 유럽은 다양한 학문들이 생겨났으며 사회는 새로운 지식층이 생겨났다. 특히 루소의 《인간불평등기원론》에 기초한 동등한 행복의 추구가 새로운 세상의 중요한 화두로 떠올랐다.

볼테르에게 가장 많은 영향을 받은 애덤 스미스는 시장을 가장 중요하게 생각했으며 "소비는 모든 생산의 유일한 목표이며 목적이다."라고 강조했다. 자본주의 최고의 이론가 스미스는 너무 빨리 세상을 떠났다. 그래서 그는 자본주의의 온갖 더러움을 보지 못했다.

1781년 포도주 가격이 절반으로 떨어지자 프랑스 농민들의 민심은 좋지 않은 방향으로 흘러갔다. 더구나 1787년까지 10년 동안 프랑스는 흉년을 거듭했다. 그런데 정부는 미국 독립전쟁을 지원하는 바람에 왕실 재정은 고갈되었고, 흉년으로 고생하는 농민들의 호주머니에서 더 많은 세금을 끌어내야 했다.

결국 1789년 4월 파리에서 폭동으로 발발했다. 절대왕정의 상징인

▶ 광기의 혁명시대 로베스피에르

바스티유 감옥에 불을 지른 파리 시민들의 마음에는 프랑스 왕실에 대한 적개심으로 불타고 있었다.

프랑스의 시민혁명은 결국 루이 16세와 그의 아내 마리 앙투아네트를 단두대로 올려 보내 사형시켜버렸다. 이렇게 시작된 혁명의 광풍이 영국에도 서서히 불기 시작했다. 영국에서는 루소의 책을 읽으며 자유사상을 공부했던 다음 세대들이 프랑스의 혁명사상을 영국에 전파하고자 애를 쓰고 있었다. 볼테르가 영국의 정신적 유산을 전파하기 위해 프랑스의 미움을 받아가며 글을 쓰던 상황과 반대 분위기가 되었다.

그토록 견고했던 봉건체제가 무너진 프랑스는 영국을 비롯한 다른 유럽의 나라들에게 민주주의를 수출하는 나라가 되었다. 여전히 영국은 반동적 분위기가 지배하고 있었고, 프랑스는 한없이 앞으로만 가려고 하였다. 공화주의를 넘어서 정부가 존재하지 않는, 정부가 필요하지 않는 무정부주의자, 바로 아나키스트들이 고개를 내밀고 있었다. 그 가운데 사회주의자이면서 동시에 무정부주의자로 사상적 계보에서 앞서 있는 윌리엄 고드윈이《정치적 정의에 대한 고찰》을 출간하였다. 이 책은 영국이 프랑스 혁명정부를 상대로 전쟁을 선포한 지 불과 2주 후에 출간된 책이라는 점에서 출간 타이밍이 아주 잘 맞아 떨어졌다.

책이 출간된 1793년은 또 중요한 인물의 등장을 알리는 해이기도 했다. 그가 바로 나폴레옹이었다. 그가 영국과 에스파냐 함대가 봉쇄하고 있던 툴롱 항구를 탈환한 것이다. 프랑스 국민은 영웅의 탄생을 정말 오랫동안 기다리고 있었다. 프랑스는 1789년에서 1799년에 이르는 10년 동안 무질서와 혼란스런 혁명이 횡행했고 민중은 강력한 리더십을 갖춘 지도자를 원했다.

혁명은 혼란만 야기한다는 절망들이 고개를 내밀기 시작할 때 나폴레옹이 나타난 것이다. 그는 1793년, 24살의 나이로 툴롱항구에서 겨우 5천 명의 병사로 혁명에 반대하는 왕당파 지지자 3만 명을 섬멸해 큰 공을 세웠다. 1789년 5월 베르사유 궁전에서 삼부회의가 열리고 여기에서 미국 독립전쟁의 영웅이었던 라파예트 등은 전체 국민 중 98%를 차지하는 3등급 시민들을 위한 헌법 제정을 요구하고 국민의회를 조직하였다. 프랑스 귀족들과 루이 16세는 국민의회를 인정하지 않고 탄압하려 하였다.

성난 파리 시민은 1789년 7월 14일 바스티유 감옥을 습격하고 이어 파리 전체를 접수하였다. "무기를 들어라, 시민이여. 너희의 군대를 만들어라. 나아가자! 나아가자. 더러운 피를 물처럼 흐르게 하자!" 프랑스의 국가(國歌) '라 마르세예즈'다.

1791년 마리 앙투아네트 왕비는 오스트리아로 도망을 가려다 국경 근방에서 붙잡혀 파리로 압송되었다. 왕비는 사치스런 여인이었고 민중의 굶주림을 알지 못했다. 민중이 빵을 달라고 하자 왕비는 "빵이 없으면 케이크를 먹지요?"라는 말을 해서 민중의 분노를 불러일으켰다. 연이은 흉작으로 농민들은 심각한 고통을 겪고 있었다. 이미 그들은 종자용 곡물까지 다 먹어 버려 희망이 보이지 않은 상황이었다.

프랑스 혁명은 영국에게도 불안감을 조성했다. 영국은 프랑스 시민

정부에 반대하는 봉건제 국가들과 동맹을 맺고 프랑스를 견제하기 시작했다. 그리고 두 세력은 공화제이냐 군주제냐를 놓고 전쟁을 벌인 것이다. 그 중심에 나폴레옹이 있었다.

당시 군사적으로 위축돼 있던 프랑스는 나폴레옹의 등장으로 유럽을 상대로 한 혁명전쟁에 주도권을 잡기 시작했다. 1799년 권력을 장악한 나폴레옹은 1815년 워털루 전투에서 패할 때까지 유럽의 전역을 지배했으며 자유주의 혁명사상을 각국에 수출했다. 대륙이 이렇게 나폴레옹에 의해 철저하게 변화를 겪고 있을 때, 영국은 강한 군주제를 유지하고 있었다. 그러나 대륙에서 불어오는 바람을 외면할 수 없었다.

영국에서는 아버지에 이어 24세 수상 자리에 오른 윌리엄 피트가 강력한 통치를 하고 있었다. 피트는 아버지의 영광을 이어 받아 프랑스 혁명이 영국으로 건너오는 것을 차단했으며, 나폴레옹 군대와 맞서 싸웠다. 그 무렵 고드윈의 《정치적 정의에 대한 고찰》의 영향으로 급진 좌익 정치단체들이 출현했다.

피트 수상은 고드윈을 반역죄로 다스리지 않았다. 단죄하는 것은 오히려 그를 영웅으로 만들어 준다고 생각했던 것이다. 고드윈의 《정치적 정의에 대한 고찰》은 당시 노동자들 3개월 월급에 해당하는 비싼 책이었다. 윌리엄 피트 수상은 "노동자들이 이 비싼 책을 어떻게 사겠어?"라고 대수롭지 않게 생각했다고 한다. 하지만 그 책은 전국적으로 팔려나갔고, 노동자들은 그 책을 필사하여 돌려보면서 토론을 하고 새로운 세상을 갈구했다. 고드윈은 1798년 노동자들이 부담 없이 읽게 하기 위해 저렴한 가격의 보급판 책을 찍어 판매를 하였다.

18세기 말 혁명과 반동이 악순환을 이루던 유럽에서 고드윈의 《정치적 정의에 대한 고찰》은 진보적 지식인들을 크게 자극하였다. 또한 군주제를 폐지해야 된다는 공감대가 퍼졌다. "아무리 입헌군주제라고 하더라도 왕은 5만 명의 노동자가 창출하는 재화에 해당하는 재물을 세금으로 받는다. 여기에 장관들, 귀족들, 그리고 그들의 식구들이 사

▶ 최초의 아나키스트 윌리엄 고드윈

용하는 재화를 계산해보자. 그들 때문에 하층민들이 결국 극심한 빈곤과 피로에 시달리는 삶을 살아갈 수밖에 없지 않은가? (중략) 많은 폐단이 사유재산제도에서 생겨난 것은 사실이지만 귀족정치에 의해 더욱 악화되었다." 고드윈은 재산의 공동소유, 즉 공산주의 사상의 밑그림을 그렸고 또한 정부의 통제 없는 자유로운 사회, 아나키즘을 꿈꾸었다.

아나키스트의 역사는 공산주의 운동과 그 맥을 같이하고 있다. 두 가지 이념의 처음 시작은 바로 청교도 혁명에 실망한 제럴드 윈스턴리라는 인물에 의해서였다. 랭커셔 출신의 그는 런던에서 의류업에 종사하다 왕과 의회의 싸움으로 촉발된 청교도 혁명 때문에 사업이 망했다. 그러자 토지도 없이 가난과 배고픔에 전전하고 있던 민중을 위해 1649년 4월 디거파 집단 거주지를 결성했다. 윈스턴리는 추종자들을 이끌고 잉글랜드 남부의 산기슭을 점령하고 공산사회를 형성했다.

1649년 1월 청교도 혁명으로 찰스 1세는 흥분한 런던 군중 앞에서

처형되었다. 그리고 그의 후계자 찰스 2세는 프랑스로 도망을 쳤다. 영국은 처음이자 마지막으로 국왕을 없애고 공화국이 된 것이다. 하지만 이 혁명이 민중의 삶을 크게 나아지게 한 것은 아니었다. 귀족 의회가 승리를 하였지만 민중의 삶은 나아지지 않았고 가뭄 등으로 생필품 값이 치솟고 있었다. 이때 생겨난 운동이 바로 '디거스 운동'이었다.

윈스턴리는 1649년 쓴 작은 책자 《정의를 위한 새로운 법》[45]에서 "신이 지구를 만들 때, 어느 누구에게도 땅을 소유하게 하지 않았다. 그러나 이기심이 인간을 부자와 가난한 사람으로 나누게 한 것이다." 라고 주장했다. '디거스(Diggers)'를 직역하면 '땅 파는 사람들'이란 뜻이다. 청교도 혁명의 한계는 혁명이 민중을 위한 혁명이 되지 못했다는 것이다. 그래서 귀족들의 토지 소유는 더욱 심해졌고, 농민들은 토지를 갖지 못해 농사를 짓고도 배고픔을 해소하지 못했다.

> "땅에서 생겨난 모든 것은 모든 사람의 공동생계를 위해 분배되어야 한다. 함께 일하라, 함께 빵을 먹어라! 신의 뜻이 아닌 인간의 뜻으로 재산은 사람들로 하여금 서로 훔치게 만들었고, 그로 인해 훔친 사람들을 처형하는 법을 만들었다."《혁명의 역사》 페터벤데 지음/권세훈 옮김/시아출판사

윈스턴리는 굶주린 농민들의 생각을 대변했다. 디거스 운동이 차츰 널리 퍼지기 시작했다. 지주들과 정부는 민중에 의해 자기들이 독점하고 있던 땅을 빼앗길 불길한 조짐들이 감지되자 무력으로 그들을 진압했다. 또한 1649년 가을에 크롬웰은 아일랜드로 군대를 이끌고 들어가 4천 명을 학살하고 토지의 3분의 2를 강제로 점령했다. 영국

인들에게 토지를 빼앗긴 아일랜드인들은 유랑민이 되었다. 결국 윈스턴리의 최초 공산주의 운동이자 무정부주의 운동은 1650년 3월 크롬웰 정부에 의해 강제 철거되었다. 모두 14가구의 어른과 아이들은 강제로 체포, 감금하고 그들이 알뜰하게 가꿔 놓은 삶의 터전을 완전 짓밟았다. 윈스턴리의 작은 책자 《정의를 위한 새로운 법》은 그런 시대정신을 담고 있었다.

고드윈은 두 가지 관점에서 볼 필요가 있다. 하나는 맬서스와 대립되는 그의 경제적 관념, 그리고 또 한 가지는 최초의 무정부주의자라는 사회사상 분류에서 차지하는 그의 위치다. 고드윈은 그의 아버지가 그토록 좋아했던 루소의 책을 보면서 성장했다. 그 무렵 유럽 전체가 루소와 볼테르에 열광했다. 그렇지만 고드윈의 아버지가 루소의 《에밀》을 읽고 그의 교육방법처럼 실천한 것 같지는 않다. 다만 그의 "자연은 결코 저능아를 만들지 않으며 천재는 태어나는 것이 아니라 만들어지는 것이다. 교육의 목적은 성공을 위한 경쟁이 아니고, 행복을 창출하는 데 있다."라는 이념에 공감했을 것이다.

◆ ◆ ◆

윌리엄 고드윈은 1756년 영국 케임브리지 주의 위즈비치에서 아버지 존 고드윈과 어머니 안네 사이에 태어났다. 부모는 13명의 자녀를 낳았다. 그 가운데 7번째로 태어난 고드윈은 어려서부터 영특해서 유난히 귀여움을 많이 받았다. 그가 태어나던 해 영국과 프랑스는 유럽 패권을 차지하기 위해 7년 전쟁을 막 시작하던 시기였다. 전쟁은 영국이 승리하였고, 해상 강국으로 나아가는 기반이 되었다. 고드윈의 아버지와 할아버지 모두 엄격한 칼뱅주의 목사였다. 이런 집안 분위기 덕분인지 엄격하지만 학문과 사상에 대해서는 상당히 관용적이었던 것 같다.

아버지 존 고드윈은 루소를 흠모했지만 자식들에게는 금욕과 절제를 중시한 엄격한 교육관을 갖고 있었고 아주 작은 잘못에도 심한 벌을 내렸다. 그의 아버지는 고드윈이 열한 살이 되자 새뮤얼 뉴턴 목사 밑으로 보내 공부를 하게 했다. 뉴턴 목사는 장로교에서 상당한 영향력을 가진 인물이었으며 독재자다운 면모도 있었다. 그는 극단주의 칼뱅주의자 로버트 샌더먼을 추종하는 인물이었다.

"뉴턴 목사는 황소를 때려눕히는 즐거움을 위해서라면 하는 일을 접은 채 50마일이나 되는 거리를 마다하지 않고 미친 듯이 달려가는 도살업자와 같았다."《최초의 아나키스트》 윌리엄 고드윈 지음/강미경 옮김/지식의숲 고드윈이 그의 스승인 새뮤얼 뉴턴을 평가한 글이다. 뉴턴 목사는 제자들을 자신의 가르침으로 이끌기 위해서는 회초리로 다스리는 엄격한 스승이었다.

고드윈은 스승으로부터 고지식한 신앙 부분은 걸러내고 그가 주장하는 사회사상과 경제이론만 수용했다. 뉴턴 목사도 "세상의 모든 재산은 가장 필요한 사람들에게 나눠주기 위해 잠시 맡겨진 위탁물에 불과하다"고 생각했던 사람이다.

고드윈은 17세가 되자 혹스톤의 장로교 대학에 입학했다. 그는 그 대학에서 존 로크의 경험론과 아이작 뉴턴의 과학, 프랜시스 허치슨의 윤리학에 심취했다. 1776년 미국의 독립전쟁이 일어나던 해, 고드윈의 나이는 스무 살이었고 그는 전쟁을 반대하는 휘그당에 가입했다. 그러나 국왕과 집권세력은 식민 지역과 전쟁을 일으켰다.

고드윈

루소와 페인의 책을 읽고

고드윈은 25세 때 루소와 볼테르를 비롯한 프랑스 백과사전파의 책을 읽으며 목사의 길을 포기하고 글을 쓰면서 살기로 결심했다. 결정적인 동기를 제공한 것은 루소의 책들과 프랑스에서 불어오는 혁명의 바람이었다. 1783년부터 고드윈은 휘그당 회보에 정치와 역사에 관련된 글을 쓰기 시작했고, 풍자모음집도 출간했다. 1783년에는 미국의 13개 주가 파리조약으로 독립을 달성했다.

당시 고드윈은 루소《에밀》의 영향을 받고 아이들의 순수한 본성을 살리기 위해 학교를 설립했지만 성공을 거두지는 못하고 빚만 졌다. 1786년, 고드윈은 힘들고 어려운 삶을 살고 있었다. 문필가로의 삶은 낭만적이지 못했고 가난과 고독을 그에게 안겨주었다. 끼니를 가지고 있던 책을 저당 잡히고 해결해야 할 정도로 궁핍했다. 마치 칸트가 먹을 것을 얻기 위해 갖고 있던 책을 모두 팔아서 생계를 이어갔던 스무 살 시절과 똑같았다. 1783년 미국이 독립전쟁에서 승리하였고, 혁명의 불길은 서서히 프랑스로 옮겨가기 시작했다.

1788년 서른 두 살의 고드윈은 토머스 페인을 만났다. 그와의 만남으로 고드윈은 루소주의자에서 아나키스트로 거듭나게 된다. 토머스 페인은 《상식》이라는 작은 책자를 발간했는데, 영국 정부로부터 국가를 전복하려고 한다는 죄로 수배자 신분이 되어 프랑스로 망명했다가 몰래 영국으로 입국해 고드윈의 도움을 받았다.《최초의 아나키스트》월리엄고드윈 지음/강미경 옮김/지식의 숲

▶ 토머스 페인

토머스 페인이 지은 《상식》이란 책이 1776년 1월에 발간되었는데, 나중에 미국 독립선언서의 직접적인 영향을 미쳤다. 이 책은 고작 47쪽의 소책자였지만 나오자마자 50만 명의 미국인들이 읽었다. 페인의 책은 나중에 고드윈의 책 《인간의 권리》를 출간하는 데 도움을 주었다. 그 책은 영국의 정치사상가 에드먼드 버크의 《프랑스 혁명에 대한 상념들》[46]이란 책을 비판하는 내용으로 채워졌다.

에드먼드 버크는 보수주의 원조라고 할 수 있다. 그는 자신의 저서에서 "프랑스 혁명은 미개한 문명으로 가는 징조"라고 비판했다. 토머스 페인은 버크의 주장을 비판하고 군주정치와 귀족정치를 폐지하고 공화제로 나아가야 한다고 주장했다. 토머스 페인은 또한 국가는 부의 재분배와 교육을 모두 책임져야 한다고 주장했다.

고드윈의 《정치적 정의에 대한 고찰》은 150년 전에 제럴드 윈스턴리가 쓴 《정의를 위한 새로운 법》을 기초로 쓰였고, 루소 역시 제럴드 윈스턴리의 영향으로 《인간불평등기원론》을 썼다. 고드윈은 법을 만드는 것조차 가난한 자들은 소외되고 부자들 자신들을 위해 만드는 것이니 불평등이 더욱 고착화된다고 주장했다. '불평등'이란 화두가 첫 번째였다면 두 번째 화두는 모든 권력에서 벗어나는 무정부주의가 그것이었다.

고드윈은 정치 자체를 부정적으로 바라봤다. "정치는 인간을 평화롭게 하는데 악을 수단으로 하고 있어 최대한 정치와 무관한 것이 행복하다. 그러니까 최대한 정치적으로 무관심하라!" 이런 그의 주장은 정치 자체를 부정적으로 바라보아 정치적 무관심을 유발했지만 정치적 무관심과 무정부주의와는 구분을 했다.

▶ 에드먼드 버크

고드윈은 정부의 역할을 가급적 줄여야 한다고 주장했다. 정부의 권력이 사람들을 불행하게 만드는 원인이 될 수 있다고 주장한 것이다. 고드윈이 주장한 권력과 재산에서 불평등을 바로잡고 정의를 실현하는 것, 이것이야말로 아나키스트들의 이상(理想)이었다.

고드윈이 주장한 평등이란 개념은 공산주의와 무정부주의자가 같은 뿌리에서 시작한 것이라는 사실을 잘 보여준다. 물론 우리는 한 권의 책이 탄생하기까지 그 작가가 겪은 수많은 사상적 변화의 스펙트럼을 모두 분석하고 소화할 수는 없다. 본인도 그것 자체의 경계를 명확히 구분할 수 없다. 하지만 학문적 진화과정을 찾다보면 그 나름의 시대적 이유들이 다 존재한다.

고드윈의 《정치적 정의에 대한 고찰》에 직접적인 동기를 부여한 토머스 페인의 책들은 《상식》과 《공익》, 그리고 《인간의 권리》[47]였다. 우선 《상식》[48]은 정부와 사회를 구별하지 못하는 사람들을 비판하며 사회는 개인의 행복을 최우선으로 하지만 국가나 정부는 개인보다는 정치권력을 우선 생각한다고 역설했다. 그래서 개인의 불행은 국가주의에서 시작한다고 주장했다. 토머스 페인의 이런 무정부주의 개념을 받아들여 최초의 아나키스트 고드윈이 탄생한 것이다.

페인은 《상식》에서 미국은 영국으로부터 독립해야 하고 그것은 오랜 관습에서 벗어나는 일이라고 강조했다. 관습은 편안하지만 발전을 기약할 수 없다고 주장했다. 더 나아가 비효율적인 연방규약을 수정하고 결속이 강한 대륙헌법을 만들어 강력한 중앙집권을 세워야 한다고 주장했다. 이 책은 수십만 권이 팔렸고 미국 독립운동의 사상적 기초가 되었다. 하지만 책값을 워낙 싸게 판매하여 페인은 오히려 재정적으로 빚을 안게 되었다.

토머스 페인은 1787년 유럽으로 이주를 했다. 그는 영국에서 프랑스 혁명을 지지하는 글을 익명으로 발표했다. 그것이 바로《인간의 권리》란 책이었다. 이 무렵 영국에서는 '노예제도 폐지에 관한 법률'이 통과되었다. 이런 시대적 상황에 맞춰 그가 쓴 이 책은 "인간은 모두 평등하다"는 숭고한 이념들을 전파하고 있었다. 그리고 사회가 올바로 돌아가기 위해서는 인간 생명을 존중하고 서로 권리를 존중해 주어야 한다고 강조했다. 영국 정부는 이 책의 판매를 금지시키고 출판업자를 구속시켰다. 또한 작가 토머스 페인을 반란죄로 체포하려고 하였다. 그는 영국 정부의 검거령을 피해 다시 프랑스로 탈출했다가 미국으로 건너갔다. 결국 그는 자기 조국에서 버림을 받은 채 굶어 죽고 만다.

모든 권위에 복종하기를 거부

1789년 프랑스 혁명이 시작됐지만 고드윈은 혁명이 권력에 의해 무참히 짓밟히는 순간을 목격했다. 혁명의 숭고한 뜻이 때로는 총구의 권력으로 오해되고 왜곡되는 것도 종종 목격했다. 혁명에 대한 피로감으로 인해 등장한 것이 에드먼드 버크의《프랑스 혁명에 대한 상넘들》이다. 버크는 이 책을 통해 프랑스 혁명은 미개 사회로 후퇴를 의미한다고 혁명가들의 폭력성을 공격했다.

혁명에 대한 보수주의자들의 냉담한 평가였다. 이에 반기를 든 것이 바로 1793년 윌리엄 고드윈이 쓴《정치적 정의에 대한 고찰》이다. 이 책이 나오자 영국 지식인 사회는 술렁거렸고 4천 권의 책은 순식간에 팔려나갔다. 영국이 프랑스 혁명정부에 선전포고를 한 지 불과 2주일 만에 출간되었고, 너무나 민감한 시기에 나온 책이었다. 고드윈은 책에서 모든 '이성의 명령을 제외한' 다른 모든 권위에 복종을 거부한다고 주장했다.

그는 또한 무신론적 입장을 취하면서 모든 종교는 인간의 편견과 무력함에 부합한 결과라고 주장했다. 무정부주의자이며 무신론자로 자신을 드러낸 것이다. 그는 정부의 개입은 불의를 억제하려는 목적이었지만 나중에는 오히려 소수의 사악함을 증가시켰다고 주장하였다. 고드윈은 가난하게 태어난 사람들은 노예나 마찬가지이며, 빈곤으로 사람들은 악덕 지주의 노예로 전락하고 만다고 주장했다.

사람들 간의 불평등은 서로 반목과 갈등을 넘어 전쟁까지 일어날 것이라고 주장했다. 그는 한 사람은 노동하고 다른 사람은 놀면서 다른 사람이 일궈낸 노동을 빼앗는 사회는 정의가 존재하지 않는 사회이며, 부의 축적을 반대하고 여가 시간을 늘려야 한다고 주장했다. 그는 이 책으로 일약 베스트셀러 작가로 떠올랐다. 그는 가는 곳마다 관심의 대상이 되었다.

1794년 영국은 밀 흉작으로 빵 가격이 폭등했고 1795년에는 전국에 걸쳐 식량부족에 항의하는 폭동이 일어났다. 정부에서는 아일랜드에서 감자를 들여와 빵값을 안정시키려고 했지만 영국 사람들은 '감자'는 아일랜드 사람들이나 먹는 천한 식품이라고 거부하고 정부를 비난하면서 반정부 운동이 벌어졌다. 심지어 구교도가 퍼트린 "감자는 악마의 과일이며, 먹으면 지옥에 떨어진다."라는 말을 믿은 농민들이 각지에서 반란을 일으켰다.

반란은 폭력적으로 변해갔고, 국왕 조지 3세가 국회로 가는 도중 그가 탄 마차에 돌멩이가 날아드는 일까지 벌어졌다. 당황한 피트 수상은 곧바로 모든 집회를 불허하였고, 언론·출판의 자유를 억압했다. 고드윈은 자신의 작품《정치적 정의에 대한 고찰》을 다시 꼼꼼히 손을 본 다음 1796년 개정판을 출간했다.

그는 개정판에서 오늘날 '학교폐지론자'들이 주장하는 것처럼 권위주의적 교육제도를 없애자고 주장했다. 그의 수필집《탐구자》[49]는 교육에 관련된 그의 생각을 따로 담아 출간한 책이다.

고드윈과 맬서스의 대결

1798년 고드윈의 인기를 등에 업고 논쟁을 시도하는 사람이 나타났다. 그가 바로 맬서스였다. 그는 고드윈의 낭만적 이상주의를 맹렬히 비판했다. 1798년 사회 분위기는 프랑스 혁명이 극단주의자들과 온건주의자들 사이 싸움으로 민중은 혁명의 피로감에 지쳐가고 있었다. 이런 혼란스런 상황에서 반동적인 이념들이 고개를 들이민 것이다. 처음에 고드윈은 맬서스와 논쟁을 하고 싶지 않았다.

하지만 맬서스는 자신의 책《인구론》[50]을 6번이나 개정하면서 고드윈의 주장을 아주 조목조목 비판했다. 물론 6번이나 개정판을 낼 정도로 그의 주장은 완벽하지 않았고, 초판 책은 너무 거칠었다. 고드윈은 맬서스의 주장은 상대할 가치가 없다고 무시했지만 맬서스의 책은 점차 대중, 특히 부자들과 보수주의적 사고를 가진 사람들에 의해 인기를 얻고 있었다.

맬서스는 고드윈이 "경작되지 않은 땅은 아직 많고 또한 출산을 조절할 방법은 얼마든지 있기 때문에 자연 안에서는 결핍이 존재하지 않는다."고 주장한 것에 대해 조목조목 비판했다. 맬서스는 여러 나라 사례를 들면서 경작할 수 있는 땅은 한계가 있으며 경작할 토지 증가보다 인구가 더 빨리 폭발할 것이라고 공격했다. 고드윈이 지구의 재화는 무궁무진하며 그것은 인구가 아무리 많아도 떨어지지 않을 것이란 지적에도 맬서스는 강도 높게 비난했다.

맬서스가 고드윈에게 심정적으로 동감했던 부분이 바로 결혼제도였다. 고드윈은 결혼제도 폐지를 주장했다. 고드윈은 "무절제한 욕망을 억제하고 감각의 쾌락보다 지성의 쾌락을 선호하는 사회분위기를 만들면 남녀 성적 교합은 줄어들고 인구가 줄어들 것이다"라고 주장했다. 맬서스 역시 결혼제도를 비판하였지만 그가 주장한 것은 결혼을 억제하는 정책이지 고드윈처럼 도덕적이고 이성적인 해법은 아니었다.

맬서스는 정부가 나서서 결혼을 억제하고 조혼 풍습을 막아야 한다고 주장한 것이다. 개인의 도덕심에서 해결할 수 없으며 빈곤은 오히려 성적 충동을 더 많이 부추긴다고 주장했다. 맬서스는 가난한 집일수록 자식이 많은 것은 바로 가난함에서 오는 스트레스를 성행위로 푼다고 주장했다.

맬서스는 고드윈이 주장한 평등을 위한 분배나 부의 소유를 금지한 것도 반대했다. 그는 가난한 자들에게 돈을 적선하는 것은 오히려 성적 욕망을 부추겨 인구를 폭발시킨다고 주장했다. 그들이 돈을 정부로부터 받아 일시적으로 행복한 시간을 갖게 되면 아이들이 더 많이 생겨 다시 빈곤해지고 사회 전체가 가난해진다는 논리다. 맬서스의 논리로 보면 인간은 행복하게 살기 위한 주체적 존재가 아닌 다만 국가의 부유함을 위해 존재해야 하는 작은 부속물이란 느낌을 지울 수 없다.

고드윈은 루소의 《사회계약론》에서 평등은 항상 가난한 자에게는 굶주림을, 부자에게는 약탈을 합리화시키는 교묘한 사상이라고 주장한 것을 국가나 정부라는 조직으로 확대 해석한 것이다. 그렇지만 루소는 그 부분에서 여러 번 말을 바꾸었다. 루소는 전체 의사가 전체 이익에 부합된다면 모두 따라야 한다는 전체주의적 생각을 강요하기도 했다. 고드윈은 그 부분에서 루소의 생각을 거부했다. 루소는 더 나아가 전체는 종종 잘못을 저지를 수 있다는 것을 인정하기까지 했다.

최초 여성해방론자 메리를 만나다

한편 1796년 고드윈은 그의 나이 서른 살에 최초의 여성해방론자 메리 울스턴크래프트를 만났다.

1759년 4월 27일 런던에서 태어난 그녀는 처음으로 여성의 인권 문제를 언급하기 시작한 최초의 여성운동가였다. 1792년 메리 울스턴크래프트는 《여성 권리의 옹호》[51]를 출판하면서 적극적으로 여성의 평등과 권리를 주장했다.

18세기 유럽은 왕과 귀족에게 빼앗긴 인권을 되찾기 위한 운동이 물결치고 있었고 1789년 프랑스 혁명이 그 절정을 이루고 있었다. 그러나 여성 문제에 대해서는 모두 침묵하고 있었다. 당시 가장 진보적인 사상가인 로크나 루소 같은 사람들도 여성은 자연적으로 남성보다 약한 존재이기에 남성과는 절대로 평등해질 수 없다는 생각을 갖고 있었다. 그녀가 평생 남성에게 짓밟히고 자유를 박탈당한 여성의 삶을 위해 헌신한 것은 그녀 삶 자체가 그녀를 그렇게 이끌었기 때문이다. 어린 시절 메리는 가산을 탕진한 채 아내에게 폭력을 휘두르며 자신의 불행에 대한 고통을 풀던 아버지 밑에서 자랐다.

그녀는 독학으로 공부를 했으며 어머니가 죽은 뒤 독립해서 살다가 친구들과 학교를 세워 자유로운 교육을 실천하고자 했다. 그러나 학교는 운영이 어려워 문을 닫게 되고 그녀는 본격적으로 글을 쓰기 시작했다. 출판사에 취직을 했다가 독립하여 자기 최초의 책《딸들의 교육에 대한 생각들》[52]이란 작은 팸플릿을 직접 만들기도 했다.

메리는 당시 여성들이 자녀 양육과 성적 대상 이외에 독립적 자아를 인정받지 못하는 현실을 올바로 파악하고 있었다. 그래서 그녀는 교육의 불평등이 가장 먼저 해결해야 할 과제라고 생각했으며 그것을 실천하기 위해 한때 학교를 운영하기도 했다. 프랑스 혁명이 일어나고 인권에 대한 관심이 증폭되던 시기, 메리 울스턴크래프트는 보수주의자로 유명한 논객 에드먼드 버크가 쓴《프랑스 혁명에 대한 상념들》에 대한 반론으로《여성의 권리 옹호》을 출판하면서 프랑스, 영국에서 혁명에 대한 찬반 논란 중심에 뛰어든 것이다.

그녀는 혁명이 진행되고 있던 파리로 건너가 그곳에서 많은 사상가와 교유를 하면서 최초의 여성운동가로 변신을 하고 있었다. 그리고

▶ **세계 최초의 페미니스트
메리 울스턴크래프트**

1792년 《여성 권리의 옹호》를 독일어와 불어 등 3개 국어로 번역 출판하여 유럽의 지식인들에게 여성의 인권 문제를 이슈화하였다. 고드윈이 《정치적 정의에 대한 고찰》을 출간하던 무렵, 영국이 프랑스에 선전포고를 하자 울스턴크래프트는 파리에 체류하고 있다가 적국의 시민이라는 이유로 구금을 당하기도 한다. 당시 미국 혁명군 출신 사업가 길버트 임레이를 알고 있던 그녀는 그의 도움으로 감옥에서 풀려나왔고 두 사람은 사랑에 빠지게 되었다.

그러나 메리는 학교 운영 때문에, 그리고 출판 때문에 많은 빚을 지고 있었고 길버트에게 자신의 빚을 떠맡게 하고 싶지 않아 청혼을 거절했다. 그때 메리는 그 남자의 아이를 임신하였지만, 길버트에게는 그 사실을 숨겼다. 길버트는 사업차 파리를 떠나 여러 곳을 여행했으며 1795년 파리로 돌아왔다. 길버트가 돌아왔을 때 메리는 다른 여자와 함께 서 있는 그를 봐야 했다.

세계 최초의 페미니스트 메리 울스턴크래프트라는 여인이 한 남자에게 버림을 받고 강에서 투신자살까지 시도했다는 이야기는 자못 흥미롭다. 그녀는 종종 여성들에게 사랑을 위해 이성이 흐려져서는 안 된다, 사랑은 원래 덧없는 것이기 때문에 영원한 사랑을 이룬다는 것은 허황된 일이라고 주장했던 그녀가 스스로 이성적이지 못한 자살기도를 했던 것은 아이러니다. 결국 그녀는 평생 페미니스트 작가로 살면서 길버트와 사랑으로 낳은 딸을 혼자 키우기로 결심한다. 그러다가 무정부주의자인 윌리엄 고드윈을 만난 것이다.

고드윈의 화려한 가족사

두 사람의 만남은 최초의 여성운동가와 최초의 아나키스트의 만남이란 점에서 세간의 관심을 끌기 충분했다. 남성과 여성은 평등하다는 공감을 전제로 고드윈은 그녀에게 사랑을 고백했다. 메리는 고드윈의 구애를 받고 오랫동안 고민한 끝에 받아들인다. 하지만 두 사람은 결혼 후에도 각자 자신의 공간을 가지며 상대의 일에는 간섭하지 않기로 한다. 결혼 뒤 메리는 딸 셸리를 낳고 열흘 후 사망하고 만다. 그 딸이 시인 퍼시 버시 셸리와 결혼한 메리 월스턴크래프트 셸리다.

고드윈은 아내와 꼭 닮은 딸을 그녀와 같은 이름을 지어 부르며 아내와의 추억에 잠기곤 했다. 시인 셸리는 고드윈을 흠모하면서 고드윈 집을 들락거리다 16살의 고드윈 딸과 사랑에 빠져 결혼을 한다. 부유한 지주의 아들로 태어난 셸리는 겨우 18세 나이로 고드윈의 영향을 받아 《무신론의 필요성》을 펴내 학교로부터 퇴학을 당하기도 했다. 고드윈은 두 사람의 결혼을 반대하였지만 두 사람은 프랑스로 도망을 갔다가 다시 스위스를 거쳐 독일 라인 강 부근에서 살았다.

그동안 셸리의 조강지처는 1816년 자살을 하고 말았다. 메리는 4명의 아이를 낳았지만 아들 퍼시 플로렌스만 살아남고 나머지 셋은 질병으로 숨을 거두었다. 셸리의 시적 재능은 탁월했지만 그의 삶은 너무나 자유스러워 건전함과는 거리가 먼 사람이었다. 누군가는 그가 바이런과 함께 메리를 비롯한 여러 사람과 '성생활공동체'를 체험하기도 했다고 한다.

시인 셸리는 고드윈보다 너무 앞선 생각을 갖고 있었다. 무정부주의자보다 한 걸음 더 나가 모든 권위체제를 무너뜨리고 파괴하는 데카당스를 시도한 인물이었다. 한편 고드윈의 딸 메리는 아버지의 글솜씨 재주를 물려받아서 《프랑켄슈타인》[53]이란 최초의 공상과학 소설을 창작했다.

아내가 죽자 고드윈은 그녀의 글을 정리하여 책을 펴냈으며 메리 제인 클레어먼트라는 이름을 가진 여자와 재혼하였다. 그녀 역시 결혼에 한 번 실패한 여인이었고, 두 사람은 7명의 자녀를 두었는데 이 여자에게는 남편의 지적 능력을 이해할 만한 지적 견실함이 전혀 없었다.

고드윈은 생활이 어려워지자 열심히 글을 썼고, 희곡도 썼지만 대중의 관심을 끌지 못했다. 고드윈은 출판사를 운영했지만 항상 파산의 두려움에 시달려야 했다. 그가 만든 아이들을 위한 책은 자신의 생각을 담았지만 많이 팔리지는 않았다. 나중에 사위 셸리와 화해를 하고 그의 경제적 도움을 받기는 했지만 둘 사이 경제적 거래는 서로에게 상처만 남겼다. 고드윈은 셸리의 집에까지 손을 벌렸고 빌린 돈은 갚지 않았다. 《벌거벗은 지식인들》 폴 존슨 지음/김영명 옮김/을유문화사

피털루 사건과 곡물법

1819년 8월 16일 영국 맨체스터에는 노동자들이 성 베드로 광장에 모여들고 있었다. 프랑스 나폴레옹 군대와 전쟁이 끝났지만 영국 민중의 삶은 더 어려워진 상황이었다. 주급 60실링을 받던 면직공장 숙련 노동자의 임금이 24실링으로 떨어진 반면 식량 가격은 두 배 가까이 올랐다. 지주의 이익보호를 위해 의회가 곡물수입을 법으로 금지

했기 때문이다.

광장의 시위대는 순식간에 6만 명으로 늘어났다. 미처 집회장에 들어오지 못한 노동자 3만 명은 광장 외곽을 돌았다. 집회를 주도한 급진주의자 헨리 헌트가 연단에 올라 특유의 연설로 시위대를 사로잡기 시작했다. 민중봉기를 두려워한 정부의 선택은 병력을 동원해서 막는 일이었다. 6천 명의 일반 병사와 1,500명의 왕립 포병대가 그들을 막고 있었다. 그런데 왕립 포병대가 갑자기 시위대에게 대포를 발포한 것이다.

나중에 밝혀진 일이지만 영국 정부는 워털루 전투 참전 용사들에게 술을 먹였다는 것이었다. 그들은 흥분한 군중에게 발포를 한 것이다. 광장은 시민들이 흘린 피로 붉게 물들었다. 이 사건으로 11명이 사망했으며 여자와 어린아이를 포함해서 7백 명이 부상을 당하였다. 현장에 있던 기자들은 이 사건을 '피털루 학살'이라고 보도했다. '워털루 전투 용사'들이 행한 만행을 꼬집어 지어낸 말이다.

피털루 학살사건은 워털루 전투(1815)에서 승리한 영국의 보수주의 정권이 맬서스 이론을 채택, 곡물법을 통과시켜 노동자 농민들의 삶을 극도로 피폐하게 만든 것에서 원인을 찾을 수 있었다. 맬서스와 리카도 두 사람은 곡물법에 대한 찬성과 반대로 극렬하게 논쟁을 벌이고 있었다. 프랑스 나폴레옹 군대를 물리치고 윌리엄 피트 정권은 부강한 영국을 건설하기 위해 새로운 식민지 개발에 박차를 가하면서 세계 지도의 26%를 영국의 영토로 편입시키고 있었다.

영국 정부는 맬서스주의에 입각한 국가를 운영하면서 가난한 사람들을 위한 정책보다 부자와 소수 귀족을 위한 정책을 펴다가 민중 봉기를 유발시킨 것이다. '피털루 학살'은 국가는 부강해지지만 노동자 농민들은 가난한 사회가 되자 이에 반기를 든 사건이었다.

피털루 사건은 결과적으로 영국의 정치 · 노동운동의 흐름을 바꿨다. 노동자들은 단결력이 더 강해졌고, 그들의 권리를 주장하는 신문들이 새로 창간되었고, 약자들을 위한 의식운동이 지속적으로 전개되었다. 악법인 '단결금지법'이 1824년 폐지되고 참정권 획득운동에도 불이 붙었다. 1833년에는 공장법이 제정돼 최소한의 산업안전과 아동 노동에 대한 정부의 규제가 시작됐다. 빈민들에게 가장 악법이었던 곡물법도 1846년 폐지되었다. 피털루 사건은 언제든지 권력자에 의해 무참히도 피를 흘릴 수 있는 노동자와 농민들이 단결해서 자신들의 권리를 스스로 지켜야 한다는 교훈을 남겨 준 사건이었다.

1820년 고드윈은 보수주의자들에게 옹호를 받고 있던 맬서스의 《인구론》을 공격하기 위해 《맬서스의 인구론에 관하여》[54]를 펴내고 그의 이론을 비판했다. 1828년 고드윈은 《공화국의 역사》[55]라는 4권의 책을 출간하는 데 4년의 시간을 바쳤다. 그는 군주제 폐지를 주장하며 크롬웰의 혁명 후 5년이 영국 역사에서 가장 영광스런 순간이라고 주장했다. 하지만 고드윈은 그 책을 펴내면서 출판사가 파산하는 불행을 겪고 만다. 그는 아내와 함께 작은 집으로 이사했다.

1822년 7월 28일, 고드윈의 사위인 셸리가 자신의 요트를 타고 바다에서 돌아오던 중 돌풍을 만나 익사했다. 키츠는 폐결핵으로 죽었고, 바이런은 셸리가 죽은 뒤 2년 만에 심한 출혈로 죽었다. 이렇게 해서 영국의 낭만주의 대표적 시인들이 섬광처럼 반짝이다가 사라졌다.

한편 고드윈의 딸 메리는 남편이 죽자 이탈리아에서 아버지가 있는 곳으로 왔다. 그녀가 돌아오자 고드윈의 삶에도 생기가 돌았다. 고드윈의 노년기 저서 중 가장 중요한 《인간에 관한 사색》[56]은 철학논문집이다. 그는 그 책에서 '인간은 그를 만든 신과 버금갈 수 있는 존재'라고 주장했다. 1836년 4월 7일 고드윈은 나이 여든 살에 숨을 거두었다. 고드윈은 스스로 아나키스트라고 자신을 그렇게 부른 적이 없지만 후일 사회학자들은 그를 아나키스트의 선구자로 평가했다. 고드윈의 뒤를 이은

▶ 피털루 학살 현장을 그린 그림

아나키스트들은 프루동과 바쿠닌을 들고 있다. 한 사람은 국제사회주의 운동 단체, 인터내셔널을 창설하는 데 주도적 역할을 했고, 다른 한 사람 바쿠닌은 그것을 해산시키는 데 결정적인 역할을 했다.

아나키스트 고드윈, 그 뒤를 이은 무정부주의자들

고드윈이 아나키스트 관점에서 이성을 믿는 반면, 프루동은 정의를 믿었다. 고드윈이 이상적인 아나키스트였다면 프루동과 바쿠닌은 혁명적인 인물들이었다. 그렇지만 스스로 아나키스트라고 자신을 칭했던 프루동은 고드윈을 잘 알지 못했으며 그를 그저 공산주의자로 알고 있었다. 프루동의 얼굴은 가난이 항상 떠나지 않았던 얼굴이다. 1809년, 술을 제조해서 생계를 유지하던 가난한 집안에서 태어난 프루동은 열아홉 살 때 인쇄소에서 일을 하면서 본격적으로 책을 보게 된다. 집안 형편이 어려워 학교를 다니지 못한 프루동은 늦은 나이까

지 독학으로 프랑스 사상가 대열에 끼게 된다.

　피에르 조제프 프루동이 처음 쓴 책은 《소유란 무엇인가》[57]이다. 그는 이 책에서 "재산은 도둑질의 산물이다."라고 외쳤다. 프루동은 노동이 아닌 재산은 모두 비도덕적이고 다른 사람의 재산을 빼앗는 도둑질이라고 비난했다. 1840년에 나온 이 책은 나폴레옹이 물러난 뒤 반동적 분위기가 지배하던 프랑스에 사상적 경종을 울렸다. 또한 진정한 정부 형태는 무정부 형태를 취해야 한다는 주장을 펴고, 아나키스트 사상가의 명단에 자신의 이름을 올린다. 그가 주장한 무정부주의는 '법의 부재'나 '무질서'가 아닌 '불평등에서 오는 혼란'이 근본 원인이라고 강조하며 자율적인 사회에서는 지배의 소멸이 이루어져야 한다고 주장했다. 그는 의회주의를 원칙적으로 거부하면서도 의회에 진출한 적이 있었고, 의회에서는 화폐와 자본이 사회적으로 얼마나 많은 병폐를 낳는지를 날카로운 웅변으로 대중을 선동했다.

　그는 사상적으로는 공산주의에 기울었지만 그들이 손을 내밀자, 자신은 모든 권력을 거부하는 무정부주의자라고 선언하면서 칼 마르크스와 노선을 달리했다. 1864년 프루동의 생각에 동조하던 노동자들과 런던의 사회주의 망명가들, 그리고 영국의 노동조합이 결성된 제1차 인터내셔널이 창설되었다. 그러나 프루동처럼 무정부주의적인 낭만적 사회주의 생각과 마르크스주의자들의 프롤레타리아 독재를 표방한 공산주의자들 사이 이념적 갈등이 표출되었고 결국 미하일 바쿠닌으로 제1차 인터내셔널은 해체가 되었다. 이런 분열은 결국 무정부주의자와 공산주의자의 결별을 가져왔다.

　고드윈의 생각을 다르게 전파한 사람이 있었으니, 그가 바로 전설적인 인물, 바쿠닌이다. 바쿠닌은 마르크스와 전혀 다르지만 프루동과도 역시 달랐다. 그는 생각보다 행동이 우선이었던 인물이었지만 그 역시도 국가권력에 의해 사회주의 혁명을 반대했다. 1814년 5월 18일 가난한 프루동과는 달리 러시아 귀족 집안에서 태어난 바쿠닌은 큰 키에 당당한 풍채, 대중을 사로잡는 웅변술로 시대가 원하는 혁명가의 모습을 보여주었다.

그는 1848년 프랑스 혁명이 발발하자 곧바로 파리로 달려가 혁명군대에 입대를 했다. 1849년 5월 드레스덴에서 반란을 주도적으로 이끌면서 리하르트 바그너를 만나기도 했다. 바쿠닌은 이때 체포되어 8년 감옥 생활을 한 뒤 러시아로 추방당했다. 국제공산당(인터내셔널)의 와해 책임을 물어 마르크스에게 쫓겨난 바쿠닌, 그를 따르는 사람들은 스페인, 이탈리아, 남프랑스 등지에서 노동조직을 다시 꾸려 무정부주의자의 전통을 살려 나갔다.

그의 저서 《정치적 정의에 대한 고찰》

고드윈의 책 《정치적 정의에 대한 고찰》은 "정의로운 사회는 정부가 존재하지 않는다."라는 명제에서 출발했다.

제1부 '정치적 제도의 중요성에 관해서'는 세계 각국의 정치제도는 은밀히 서로 재산을 침해하도록 하는 나쁜 제도들을 갖고 있다고 비난하였다.

제2부 '사회원리'에서 재산은 소유하는 것이 아닌 위탁이란 개념으로 보아야 하며, 원래 야생의 인간 사회에서는 평등의 의무가 원칙이었다고 주장했다.

제3부 '정치의 원리'에서 사람은 양심의 지배를 받아야 하며 고드원은 몽테스키외가 "자유국가에서는 모든 인간은 자기 자신이 입법자로 되어야 한다."고 주장했다며 참된 정치는 강권과 복종이 아닌 스스로 합리적 판단이 중요한 것이라고 생각했다. "나는 영국의 헌법이 인간의 마음을 가장 행복하게 했다고 보지 않는다. 프랑스 역시 마찬가지다. 그래서 저 존경할 만한 그리스와 로마 공화국의 법률 형태를 생각해 보았다. 그들에게는 형이상학적 이상이 실제하고 있었다." 고드원은 스파르타의 정치제도를 옹호했다. 이런 주장은 고드원이 루소에게서 영향을 받은 것임을 알 수 있다.

제4부 '여러 가지 원리'에서는 모든 사람은 정치적 강권에서 반항할 의무가 있다. 볼테르가 권력으로부터 부당한 박해의 대상이 되어 40년 동안 자기 조국을 등지고 도망 다닐 수밖에 없었던 것은 자기 양심의 자유 때문이었다고 분석했다. 그래서 고드원은 마지막으로 믿을 것은 '개인의 자유의지'뿐이라고 주장했다. 가장 선한 교육 역시 인간의 자유의지를 실현하는 것이라고 본 그는 미국 혁명과 프랑스 혁명은 참된 혁명의 모습을 보여주었다고 주장했다.

제5부 '입법권과 행정권에 대해서'를 보면 세습군주제 정치체제를 거부했다. "군주들은 타고난 신분 때문에 하등의 노력도 없이 모든 사람을 지배하고자 하는 욕망을 갖고 있다. 왕자들의 교육 역시 민중을 노예로 길들이는 기술을 배우고 있다. 그로 인해 그들의 정치는 심한 폭정으로 사람들을 피폐하게 만들었다. 올바른 정치제도를 갖기 위해서는 교육이 중요하다. 인간 심연의 깊은 곳에 자리 잡은 정의롭지 못한 생각을 끊임없이 개선할 수 있는 것은 교육밖에 없다."고 주장했다. 그는 모든 인간은 자기 이웃들과 정의를 이야기해야 한다고 말하

고, 노예나 가난한 사람들은 모두 똑같이 교육을 받을 수 있는 권리가 있다고 주장했다.

제6부 '정치제도에 대해서'는 대의민주제는 '소수가 다수의 생각을 대변하는 가장 악랄한 행위'라고 비난하고, 그래서 대의민주제는 정파의 이익만을 대변한다고 주장했다. 고드윈은 많은 사람이 의사당에서 한데 모여 열띤 논쟁을 벌이는 것은 진리를 논하기 어려운 구조라고 이야기하고, 프랑스 혁명이 폭력적으로 변질된 것은 혁명이란 광기가 독재와 다를 바 없는 횡포를 자행했기 때문이라고 주장했다. 그러므로 무장 투쟁을 반대하고 점진적인 개혁을 수행해야 한다며 나중에 바쿠닌을 비롯한 극렬한 무정부주의자들과 다른 시각을 나타냈다. 그러나 어쨌든 아나키스트들이 선거를 통한 변화에 한계를 느낀 것을 가장 잘 설명해 주고 있다.

제7부 '범죄와 형벌에 대해서' 고드윈은 모든 형벌은 개인을 억압하며 주체적인 자아를 상실케 한다며, 인간에게 숭고한 가치는 스스로 개인적 판단과 행동을 선택할 자유가 있으며 의무 규범은 없다고 주장했다. 고드윈은 "무정부주의자들에게 가장 흥미로운 주제로, 모든 형벌로써 사람이 교정될 수 없다. 인간을 교정하는 것은 그의 마음에 달려 있으며 편견과 습관에서 오는 모든 판결은 모두 거부한다."고 주장했다.

제8부 '재산에 대해서' 고드윈은 "한 덩어리의 빵은 누구의 것인가? 그것은 기아에 허덕이는 사람의 것이다. 재산이 지나치게 많은 것은 부정한 결과의 소산이다. 욕망과 허영과 쾌락의 만족을 중지시키지 않으면 범죄는 줄어들지 않을 것이고 폭력 역시 마찬가지다."고 역설했다. 부자들에게 가장 소름끼치는 대목이다. 종교는 사람들을

편견에 빠지게 만들었다고 보고, 종교가 인류의 평등과 정의로움을 가르쳐야 함에도 종교인들은 자신들만 믿게 함으로써 노예근성을 사람들에게 가르쳤다고 주장했다.

고드윈은 부자들과 정부의 밀월관계가 분배를 왜곡시켜 왔으며 그래서 사회 전반적인 구조가 이기주의로 전락해서 인류사회 재난을 안겨주었다고 주장했다. 그는 자발적 공산주의 형태를 제안했다. 그래서 프루동은 자신이 공산주의자라고 판단했을 것이다. 하지만 공산주의자와는 달랐다. 세상의 모든 재화를 공동으로 하여 필요한 것만큼 꺼내 쓰자는 것이다. 그러기 위해서는 도덕심이 가장 중요한 개인적 의무인 것이다. 이런 도덕심으로 무장시키기 위해서는 교육제도가 가장 중요하고 교육은 성공을 가르치는 것이 아닌 행복을 어떻게 실천하느냐를 가르쳐야 한다고 주장했다. 이것은 루소의 사상에 가깝다. 고드윈은 그러면서 "가정에서 가족 간의 화목함이 가장 중요하다."고 강조했다. 나중에 고드윈은 결혼은 일종의 사유재산, 그것도 최악의 사유재산이라고 주장하는 논리적 모순을 보여주기도 했다.

윌리엄 고드윈은 윈스턴리 사상과 루소 사상을 고스란히 이어받았다. 하지만 고드윈의 사상을 조목조목 따지고 든 책은 바로 맬서스의 《인구론》이다. 맬서스가 경제학자로 많은 공감대를 형성하지는 못했지만 그는 고드윈과 대립적인 생각들을 전파하면서 자신의 생각을 정리했다. 맬서스는 유럽 사람들의 주식인 빵의 원료, 밀 가격이 폭등하는 원인이 인구폭등에 있으며 정부가 가난한 사람들을 위해 구제법을 만들어서 빵 가격을 치솟게 했다고 주장하면서, 인구는 더욱 늘어나고 결국 부자들도 가난해진다는 논리를 폈다. 부자들이 고드윈에 대

▶ 1936년 바로셀로나에서 아나키스트들이 행진하는 모습

해 갖고 있던 마음을 맬서스가 대신 표현한 것이다.

프랑스 혁명으로 위축되고 억눌린 민중의 진보적 생각들로 넘쳐나던 시기, 맬서스주의가 그 반동의 개념으로 한 부분을 차지할 수 있었던 것은 기득권 세력의 이익과 정신을 가장 잘 대변하는 논리들로 무장되어 있기 때문이다. 그리고 맬서스의 생각은 지금도 복지와 분배를 주장하는 사회주의자들을 공격하는 보수주의자와 시장만능주의자들에게 중요한 이론의 틀로 작용하고 있다.

한편 유럽은 1990년대부터 실업과 고용불안에 불만을 가진 젊은이들 사이로 아나키즘 운동이 다시 일어났다. 그것은 소련의 몰락으로 자본주의 체제에 반기를 든 또 다른 돌파구의 표현이었다. 또한 유럽은 귀족 노조에 실망한 노동자들 역시 이들 대열에 가담하면서 세력이 확대됐다.

우리나라는 어떤가? 1970~1980년대 군부독재 투쟁을 거치면서 자연스럽게 투쟁의 주체세력들은 90년대 이후 환경과 농촌, 시민운동으로 발전했으며 이들 모두는 그 뿌리가 아나키즘의 사고에서 출발했다고 볼 수 있다. 2008년 봄과 여름, 대한민국 시청 앞 광장을 뜨겁게 달구었던 사람들 가운데 상당수는 이런 아나키스트들이 함께하고 있었다.

프랑스, 영국의 혁명과 반동시대

영국이 이미 1649년 찰스 1세가 의회권력과 싸우다 목숨을 잃었고, 프랑스는 종교전쟁으로 갈등이 심화되고 있었다. 루이 14세가 1715년에 숨을 거두었다. 그는 숨을 거두면서 후계자 루이 15세에게 다른 나라와 싸우지 말 것을 간곡히 호소했다고 한다. 루이 14세는 죽을 때 되어서야 다른 나라와 전쟁으로 결국 민중만 희생시켰다는 것을 깨달았다. 하지만 루이 15세도 오스트리아 계승전쟁, 7년 전쟁, 그리고 미국 독립전쟁 등으로 국가 재정 상태를 악화시켰다. 특히 7년 전쟁에서 패배한 프랑스는 아메리카 대륙의 많은 땅을 영국에게 넘겨주었고, 다른 식민지 지역도 영국에게 상당 부분 넘겨주는 치욕을 당해야 했다.

볼테르와 루소가 태어났을 때 프랑스에서는 종교적으로 특히 보수적이었다. 1572년 8월 27일, 신구교도 간의 갈등으로 신교도 약 6천 명이 살해되는 참극이 있었다. 앙리 4세는 오히려 신교도에 의해 암살당하기도 했다. 이런 종교적 갈등을 내부적으로 봉합하고 국가 권력을 왕 중심으로 바꾼 군주가 바로 루이 14세였지만 잦은 전쟁으로 민중은 고달픈 삶의 연속이었다. 변화하지 않던 프랑스는 너무 급진적으로 변화하고 있었다. 볼테르와 루소는 1778년 같은 해 숨을 거두었다. 두 사람이 죽었을 때 프랑스 시민들의 정치적 의식은 왕정을 타도할 정도로 성숙됐다. 루이 16세는 민의의 요구를 받아들여 민중의 정치참여를 위해 삼부회를 소집했다. 하지만 무능한 왕과 부패한 귀족들은 자신들의 기득권을 넘겨주려는 마음이 전혀 없었고 민중을 이용하려고만 했다. 1789년 4월 17일 바스티유 감옥이 불탔다. 식량이 고갈되자 화가 난 민중이 폭동을 일으킨 것이다. 1791년 6월 3일 교회재산이 몰수되었다. 그리고 3개월 뒤 헌법이 선포되고 제

헌의회가 공식 시작되면서 프랑스에서는 군주제가 폐지되었고 공화정으로 바뀌었다. 하지만 계속되는 흉작과 인플레이션, 민중의 무질서가 프랑스를 계속해서 혼란스럽게 하고 있었다. 1793년 1월 21일 루이 16세는 단두대에 목이 잘렸다. 다음 달 영국은 곧바로 프랑스에 선전포고를 했다. 바야흐로 공포정치가 시작된 것이다. 로베스피에르의 혁신정치는 민중의 지지를 얻었지만 상공업자들과 농민은 계속되는 혁명을 원하지 않았다. 1794년 7월 27일, 프랑스 혁명의 상징인물인 로베스피에르가 숙청됐다. 그가 숙청되자 1795년 국민공회는 헌법을 다시 제정하고 5명의 총재가 행정권을, 원로원 등이 입법권을 갖는 총재정부가 출범했지만 곧바로 반란이 일어났다. 다시 혼란이 지속되다 나폴레옹 보나파르트 장군에 의해 1795년 10월 5일 진압되었다.

한편 영국은 찰스 1세가 처형당하면서 사실상 봉건제 국가가 해체되었다. 한때 존 엘리엇은 국왕의 권위보다 국회의 권위가 우선이라고 주장했다가 왕에 의해 런던탑에 갇힌 적도 있었다. 그것은 찰스 1세 때 일이었다. 그는 현실감각이 부족한 왕이었다. 결국 의회를 대표하는 올리버 크롬웰에 패배하고 목숨까지 잃게 되었다. 1698년 런던 주식거래소가 개설되었으며, 1720년 주식 거품 현상으로 투자자들이 많은 손해를 보는 사건도 발생했다.

영국은 어느 국가에 비해 선진국이었다. 정치발전에서 얻은 자신감은 새로운 경제체제로 전환하는 데 원동력이 되었다. 볼테르가 영국으로 건너간 것도 영국은 프랑스에 비해 모든 것이 나은 국가였기 때문이다. 이미 영국은 몽테스키외와 존 로크, 뉴턴이 활동하던 나라였고, 자유로운 학문을 보장하는 나라였다. 나중에 마르크스가 독일을 떠나 프랑스에서 추방돼 영국 런던에서 마르크스주의가 꽃을 피운 것도 다 이런 전통 때문이었다.

하지만 기대했던 프랑스 혁명이 폭력적인 방향으로 흘러가자 진보와 반동 두 세력은 혁명을 달리 바라보기 시작했다. 윌리엄 고드윈은 모든 억압의 원인을 정부로 보고 거부했다. 이것이 최초의 무정부주의자 아나키즘의 출발이다. 그러나 이런 낙관적 미래에 대한 비판적 시각이 맬서스에게서 나왔다. 맬서스는 폭발적인 인구가 빈곤을 더욱 악화시키는 나쁜 고리를 끊으려면 분배보다는 인구 증가를 억제하는 정책을 펴야 한다는 반인권주의적인 주장을 편 것이다.

고드윈 이후 아나키즘을 주장했던 세 명의 생각

프루동	바쿠닌	크로포트킨
1809~1865	1814~1876	1842~1921
자본주의 착취체제를 뒤엎고 생산자 스스로 협동 체제를 만들면 국가는 자연 소멸할 것이란 낙관적 생각을 갖고 있었다. 프루동은 외부세계의 충격이나 폭력 없이 자본주의 체제의 내부 모순으로 자연 해체될 것이라고 보았다. 마르크스와 대립하여 사회주의 사상으로 변화.	바쿠닌에게 혁명은 자연발생적이다. 그리고 반란은 억압받는 인간들이 갖는 공유물로 본 것이다. 바쿠닌에게 지식인은 민중에게 지식 전달하고 민중 이익에 봉사하는 그것 이상은 없다고 생각하였다. 그래서 그는 조직된 혁명을 거부했다. 마르크스의 인터내셔널 역시 무정부주의 운동에 반대된다고 판단 해체하는데 노력했다.	크로포트킨은 프랑스 혁명의 실패에서 모든 교훈을 찾으려 했다. 그리고 혁명은 뜨거운 열정보다 냉정하고 치밀한 프로그램이 중요하다고 강조했다. 바쿠닌처럼 폭력을 선동하지 않고 테러는 최소의 수단으로 생각했지만 마지막 저항 수단의 가치를 인정했다. 마르크스를 비롯한 모든 권위주의 사상가를 비판했다. 톨스토이는 그의 생각을 실천한 인물이다.

0 5

맬서스

맬서스 1766~1834

맬서스주의는 가난한 사람들에게는 재앙과도 같은 이념이다.
그는 가난한 사람들에게 베푸는 복지나 빈곤퇴치를 위한 정부의 노력을 가장 싫어한 사람이다.
가난한 사람을 도와주는 것은 부자들조차 가난하게 한다고 생각했다.

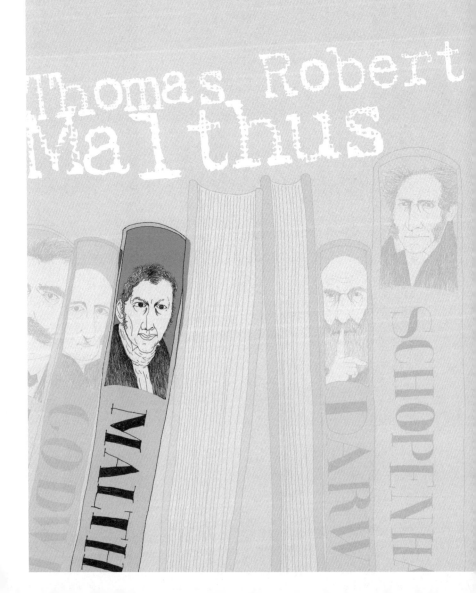

Thomas Robert
Malthus

5_
맬서스

맬서스는《인구론》을 처음으로 출간했을 때, 그 거친 문장과 이론으로 사회적 충격을 감당할 수 없어 자기 이름을 밝히지 않고 책을 냈다. 역시 예상대로 그 책은 뜨거운 비난 속에 몇몇 사람의 지지를 받으며 당시 영국 지식인 사회를 뜨겁게 달구었다. 맬서스의 애초 목표가 성공한 것이다. 반대로 스코틀랜드 출신으로 영국의 정치 평론가였던 제임스 매킨토시는 "나는 애덤 스미스를 좀 알고, 리카도는 잘 알며 맬서스에 대해서는 상세히 안다. 그것은 맬서스가 가장 위대하기 때문이다."라고 많은 사람이 비난하는 맬서스를 높게 평가했다.

당시 영국 보수주의 사상가로 가장 이름을 떨치던 사람이 바로 에드먼드 버크, 그는 원래 조지 3세의 무단통치에 반발해 자유와 인권의 실현을 위해 앞장섰던 자유주의자였지만 프랑스 혁명이 폭력적으로 변하는 것을 심각하게 비판하면서 보수주의 논객으로 정치적 노선을 바꾸었다.

에드먼드 버크는 휘그당의 당수로 있으면서 "혁명을 주장하는 사람들에게는 과거의 제도에서 폐해는 쉽게 보이지만 그 장점은 쉽게 보이지 않는 법이다. 지금은 분노와 광란이 백 년 동안 건설한 것들을 단 30분 만에 파괴하고 있다."고 주장하면서 혁명의 신중함과 진지함을 강조했다. 그리고 많은 자유주의자의 반발과 분노를 일으킨 《프랑스 혁명에 대한 상념들》을 출간했다.

이런 개혁과 보수의 이념들이 혼재하던 영국에서 맬서스의 《인구론》은 신선한 충격을 던져주었다. 그의 책 초판 4천 권은 쉽게 팔렸지만 칭송보다는 비난을 더 많이 들어야 했다. 하지만 맬서스는 처음에서 후퇴하지도 수정하지도 않고 다만 사례들을 첨가해서 계속 책의 분량을 더 늘려 나갔다.

맬서스 이론은 소수 특권층과 유럽중심의 산물이다

과연 《인구론》은 어떤 책이기에 찬양하는 사람보다 비판하는 사람들이 많은가? 맬서스는 "식량의 증가는 산술급수적인데 반해 인구는 기하급수적으로 증가한다."고 주장하면서 인구 억제를 주장했다. 그리고 각 나라의 인구 증가가 어떤 결과를 초래했는지 아주 적나라하게 밝히면서 인구 문제의 심각성을 사람들에게 알렸다.

그는 인구 억제의 방법 가운데 두 가지 방법이 있는데, 하나는 예방적 차원에서 법률적으로 일찍 결혼하는 것을 금하게 하고 청년들에게 성적 욕구를 다스릴 수 있는 도덕적 교육을 확대해야 한다고 주장했다. 그리고 다른 하나의 방법으로 적극적인 방법이 있는데, 그것은 가난한 사람들이 특히 성적 유혹을 이기지 못하고 자식을 많이 낳는데, 그들을 도시 빈민 소굴에 몰아넣고 질병과 가난에 시달리다가 죽게 만들어야 한다는 과격한 논리였다. 물론 두 번째 주장을 맬서스는 노골적으로 표현하지는 않았지만 전체적인 문장의 맥락을 살펴보면 그렇게 표현한 것이나 마찬가지다.

이처럼 가난한 사람들을 벌레처럼 여기는 《인구론》은 부자들과 보수적인 생각을 가진 사람들에게는 속이 시원한 책이었다. 그리고 앞으로 전개될 이야기이기는 하지만 두 다리 건너, 그러니까 이 《인구론》을 통해 다윈이 《종의 기원》을 저술했고, 마르크스가 《자본론》을 출판했으니, 참으로 아이러니한 지적 진화 과정인 셈이다.

부자들은 세금이 많다고 투덜거렸으며 그들의 생각을 대변한 책이 나온 것이다. 프랑스 혁명은 영국 사람들에게 청교도 혁명의 실패가 민중이 주체가 되지 못했다는 것에서 오는 한계점을 발견하는 계기는 됐지만 한편으로는 그 혼란스러움이 아래로부터의 혁명의 한계점도 깨닫는 계기가 된 것이다. 이런 혁명에 대한 피로감을 틈타 맬서스는 《인구론》으로 사람들의 마음을 건드린 것이다.

가난한 자들을 위한 '빈민구제법'이란 것에 불만을 갖고 있던 부자들은 맬서스가 가난한 사람을 위해 돈을 쓰는 일은 인구를 증가시키는 나쁜 결과를 초래한다고 주장한 것에 같은 입장을 갖고 있었던 것이다. 지금 굳이 비교한다면 복지 예산을 늘리는 것은 경제 성장률을 감소시키는 것이나 다름없다는 성장 제일주의자들의 주장과 비슷한 맥락을 보인다.

맬서스는 가난한 사람들이 정부의 도움으로 돈을 얻고 행복하게 되면 다시 성적 욕구가 늘어서 인구가 늘고 화폐가 많이 발행되어 화폐 가치는 떨어지고 그렇게 악순환이 반복되면 부자들도 가난해진다는 주장을 편 것이다. 그래서 지금의 복지예산과 같은 가난한 자들을 위한 정부 지원이나 보조금 지급을 강력 반대했다. 이런 논리로 보면 맬서스는 명백히 사회주의자나 공산주의자들에게는 적대적인 인물이며 서민들에게도 마찬가지로 적대적인 인물이었다.

그는 '평등'이란 개념을 인간 개개인의 노력에 동기를 주지 않고 사회 전체가 가난해질 수 있다는 비약적 논리를 편 것이다. 그야말로 가진 자들의 논리를 그대로 대변한 것이다.

맬서스의 《인구론》으로 충격적인 영감을 받은 사람은 '진화론'을 주장한 다윈이다. 그는 《종의 기원》이란 책을 쓰려고 준비 중이었으며, 또한 안정된 삶을 위해 결혼하려고 마음먹고 있던 그 무렵, 결혼에 대해 무척 고민하던 그에게 이 책은 충격적으로 전해졌을 것이 분명하다.

"결혼생활을 원만히 해 나갈 수 없으면 결혼 하지 말라." 맬서스는 결혼적령기를 법으로 정해야 한다고 주장하기도 했다. 맬서스의 주장대로 오늘날 대부분의 나라들은 법적으로 허용하는 결혼 적령기가 있다. 맬서스 이론이 만든 구시대 악법인 셈이다. 맬서스는 결혼을 하기 시작하면서 가난한 사람들은 빈곤의 악순환이 증가되고 가난이 대물림 된다고 주장했다.

이처럼 불쾌할 정도로 인간적이지 못한 맬서스주의 논리는 사람들에게 잘못된 영향을 끼쳐 불행한 사건들이 벌어지기도 했다. 특히 1846년 3월 13일 아일랜드에서 일어난 사건은 경악스런 일이었다. 그 날 영국 제49연대 병력이 아일랜드 서부 밸린그래스 마을을 에워쌌다. 이들은 마을을 전부 불질러버렸고 저항하는 마을사람을 모두 학살했다.

아일랜드는 엄청난 기근으로 소작농들이 지주에게 소작료를 내지 못하였고 강제 퇴거당하기 시작한다. 지주들은 '구빈세(救貧稅, 가난한 사람을 구하자는 세금)'를 내느니 차라리 고소득 작물을 재배하겠다고 결정했고 그래서 소작인들을 정부의 도움으로 쫓아낸 것이다. 이 사건이 일어나고 아일랜드 30만 명의 사람들은 고향을 버리고 미국 대륙으로 이민을 떠났다. 그러나 영국 군대가 아일랜드 사람들을 강제로 퇴거하면서 잔인하게 다룬 것은 그들 밑바닥에 민족적 우월감과 맬서스주의가 깔려 있어서 그런 것이다.

맬서스주의는 가난한 사람들에게는 재앙과도 같았다. 인구 증가를 억제하기 위해 "빈민가를 더 좁고 더럽게 만들어 전염병이 돌도록 해서 자연적으로 인구가 감소하게 해야 한다."는 맬서스적인 사고로 인해 영국인들은 감자 기근으로 고생하는 아일랜드인의 불행을 눈감았다. 이 '밸린그래스 마을 사건' 이후 아일랜드 인구는 5년 만에 900만 명에서 660만 명으로 줄어들었고 1870년 무렵에는 인구의 절반 이상이 미국으로 이민을 떠났다. 그의 이론이 현실화된 것이다.

그러나 이민자들의 유럽 대륙 탈출은 역사적으로 보면 오히려 인류 발전에 기여했다고 볼 수 있다. 물론 이처럼 많은 이민 대열에 합류한 직접적인 이유는 1848년 프랑스 혁명이 다시 시작되고 기근이 심각했던 상황에 미국 캘리포니아에서 금광이 발견된 것이다. 금광의 발견은 아일랜드 사람들에게는 마지막 기회이자 꿈의 무대가 된 셈이었다. 그래서 모두 서둘러 미국 신대륙을 향해 긴 항해의 길을 떠난 것이다.

그럼 가난한 자들에게 악몽과도 같은 지독한 맬서스의 이론은 아직도 유효한가? 이 물음에 대한 대답은 여전히 진행 중인 잔인한 문제이며 인간 내부에 숨어 있는 잔혹함의 상징이라고 말할 수 있다.

세계의 빈민 국가들은, 꼭 빈민 국가들만이 아닌 선진국에서도 빈부격차의 심화는 새로운 방식의 맬서스주의가 등장하는 여건을 마련하고 있다. 그들은 빈곤층 확대를 적극적으로 방치하는 전략을 쓴다. 《슬럼의 행성》을 쓴 마이크 데이비스에 따르면 나이지리아 도시 인구 80%인 4천1백만 명이 도시 슬럼가에서 살고 있다. 인도 역시 전체 도시 인구의 56%인 1억 5천8백만 명이 슬럼가에서 살고 있다.

이들 나라의 정부는 좁은 도시에서 많은 인구를 몰아넣고 주민들의 위생과 보건에는 신경을 쓰지 않는다. 가난한 사람들은 세금을 낼 형편이 되지 않으니까 보건의료도 받지 못한다. 그리고 빈민가 주변으로는 높은 담과 철조망이 부유층들과 경계를 이룬다. 부유층들이 사는 지역은 국가가 설치한 무인경비시스템은 물론 필요하다면 허락받지 못한 자는 출입이 금지된 지역, 가난한 자들의 출입이 통제된 라인을 형성하고 있다. 이런 상황은 점점 불평등과 양극화로 상징되는 신자유주의 시스템이 가져온 또 다른 맬서스의 유령들이 아닌가?

◆ ◆ ◆

토머스 로버트 맬서스는 1766년 2월 14일 영국 서리 주(州) 루커리에서 태어났다. 그가 태어나서 《인구론》을 출간할 때까지 그의 삶은 영국 국왕 조지 3세(1760~1820) 집권 기간이었다. 왕은 집권기간 내내 정신착란으로 고생했으며 주로 측근들을 수상으로 두고 프랑스의 나폴레옹 혁명세력과 대결을 벌였다. 수상이 정치의 모든 권력을 쥐고 흔들던 전통은 이 무렵 영국에서 굳어졌다. 한편 맬서스의 아버지

다니엘은 자신의 아이들을 일정한 나이까지 학교에 보내지 않고 스스로 가르쳤다.

아버지 다니엘은 철학자이자 회의주의자인 데이비드 흄과 개인적으로 친한 사이였으며 루소의 열렬한 제자이기도 했다. 그는 루소의 《에밀》을 읽고 아이들을 자유주의적인 사상이 스며들도록 교육한 것 같다. 맬서스의 아버지는 아들을 위해 가정교사를 붙였으며 그 지역 교구 목사에게 라틴어를 공부하게 했다. 당시 맬서스를 가르쳤던 가정교사는 "그는 심성은 부드럽지만 논쟁하길 좋아했고, 친한 친구와도 종종 말다툼을 했다."라고 회상했다.

맬서스는 십대 중반에 이미 동방가톨릭교회 대표 목사인 길버트 웨이크필드와 논쟁을 벌일 정도로 학문적 교양 수준이 높았다. 웨이크필드는 케임브리지 대학의 지저스 대학 특별연구원이었고 그의 눈에 맬서스가 띈 것이다. 웨이크필드는 프랑스 혁명을 강력하게 지지했으며 선동적인 몇 개의 글로 감옥까지 갔던 사람이다. 웨이크필드 목사는 이 뛰어난 젊은이가 자기 제자로 성장하길 기대했다. 그러나 기대는 그저 그 자신의 바람으로 끝이 났다.

맬서스는 1785년 케임브리지 대학의 수학과 학위 시험에 9등으로 합격했으며 4년 만에 대학을 우등으로 졸업했다. 그는 대학 시절 애덤 스미스 사상에 많은 영향을 받은 것으로 알려져 있다. 맬서스는 케임브리지 대학의 지저스 칼리지 특별연구원으로 피선되었으며 석사학위도 받았다. 그는 그 무렵 주로 경제학과 정치학 연구에 많은 시간을 할애했다.

맬서스는 1789년 빈곤에 허덕이던 영국 서리 주의 오케우드 지역

▶ 토머스 맬서스

의 작은 교회당에서 경제학 강의를 했다. 그는 당시 프랑스 혁명을 인류 자유평등 사상으로 바라보지 않고 다분히 경제적 시각으로만 바라보았다. 그리고 그런 관점을 《인구론》이란 책에 담아내기 위해 가끔 케임브리지 대학을 들르기도 했으며 다른 나라를 여행하기도 했다. 4년 뒤 케임브리지 대학의 지저스 칼리지 연구원으로 피선되었다. 1793년 윌리엄 고드윈의 《정치적 정의에 대한 고찰》이라는 책이 출간되었고, 영국의 학계는 시끄러웠다.

고드윈은 앞으로의 사회는 전쟁과 범죄도 없고, 사법부와 정부도 없어질 것이라고 낭만적 유토피아의 미래를 제시했다. 또한 개인들도 질병과 심신의 고통, 우울증과 분노도 사라질 것이라고 주장했다. 고드윈은 이 세상에 태어나자마자 부모 덕분에 막대한 재산을 물려받는 사람이 있는가 하면 어떤 사람은 궁핍한 부모를 만나 빵 한 조각도 먹지 못하고 비참하게 목숨을 연명하는 사람도 있다는 점을 들며 정의로운 입장에서 보면 이는 도저히 묵과할 수 없는 일이니 사유재산은 철폐되어야 한다고 주장한 것이다.

고드윈은 소유는 반드시 필요한 사람에게 그것이 돌아가야 한다고 주장했다. 소유를 원치 않는 세상, 자연에서 모든 것을 가지는 세상을 꿈꾸었다. 그의 주장처럼 미국 아메리카 대륙에서는 인디언들이 오랫동안 그렇게 살고 있었다.

그런데 맬서스는 《인구론》에서 인디언들을 미개한 사람들로 보고 인디언들이 소유욕이 없는 것은 게으르기 때문이라고 비난했다. 똑같은 모습을 놓고 어떤 시각으로 바라보느냐에 따라 전혀 다른 생각이 나타나는 것이다.

아버지의 권유로 고드윈의 책을 읽은 맬서스는 아버지의 긍정적인 평가와는 달리 조목조목 반박하는 글을 장문의 편지로 아버지에게 올렸다. 맬서스는 고드윈이 다룬 주제, '사회의 빈부격차'에서 소수의 인구가 사회의 부를 독차지하고 절대 다수는 빈곤을 면치 못하는 현실에 대한 대안으로 국민소득을 평등하게 분배함으로써 빈부격차를 해소할 수 있다고 주장한 것에 반기를 들었다. 맬서스는 "인간은 원래 나태하고 사려가 깊지 못한 경향이 있으므로 사회가 개인의 나태함까지 책임지려 한다면 모두 빈곤해질 것이라고 주장했고, 부자의 부담으로 하층 노동자 생활을 보장하려는 빈민구제법은 근면한 사람들의 수입을 나태한 빈민에게 나누어주는 것."이라고 주장했다.

맬서스는 맨더빌의 전략을 따라하다

토머스 맬서스의 주장을 듣고 있던 아버지는 아들에게 "그럼 네가 주장하는 것을 책으로 써봐라!"라는 제의를 했고, 그래서 탄생한 책이 바로 《인구론》이다. 맬서스는 고드윈의 책을 읽기 전에 한 편의 흥미로운 우화를 읽은 적이 있다. 그는 그 우화를 통해 자신의 생각을 정리할 수 있었다.

그게 바로 1705년 네덜란드 출신의 영국 의사 버나드 맨더빌이 지은 《꿀벌의 우화》[58]다. "그 옛날 벌의 왕국이 있었네. 왕과 귀족들은 사치를 일삼고, 판결은 뇌물로 결정되었네. 어느 날 벌들은 뉘우쳤지.

▶ 꿀벌의 우화 표지

정직하게 살자고. 그래서 그들은 그동안 잘못된 삶을 뉘우치고 그때부터 깨끗하게 살았네. 그러자 법관도 군인도, 요리사도 모두 일 자리가 없어지고 말았지. 그래서 벌들은 굶어 죽었다네." 가난한 자들에게 게으르게 만드는 자선보다 고용을 유발하는 사치와 부정한 관습이 훨씬 낫다는 풍자적인 내용의 우화다.

1670년 네덜란드에서 태어난 맨더빌은 성직자이자 경제학자다. 그는 영국에서 문필가로 이름을 날렸고, 1714년 《꿀벌의 우화》를 작은 책자로 만들었다. 맨더빌의 책이 일반인들의 도덕적인 관념들을 무너뜨리는 위험한 생각이라는 비난과 함께 공공의 안녕에 피해를 준다는 이유로 종교단체와 사법부에 고소를 당하기도 하였다. 하지만 이런 공격은 오히려 이 책에 대한 일반인의 관심을 불러일으켜 베스트셀러가 되었다.

맨더빌의 주장은 역설적인 미학으로 평가받기도 했지만 그의 글은 좋지 않은 사상가들의 지저분한 논리, 성공을 위해서는 무슨 수를 써서라도 부자가 되어야 한다는 마키아벨리즘의 경제관에 시동을 건 것이다. 그런 성공사례에 힘입은바, 맬서스 역시 맨더빌의 전략을 그대로 따른 것이다.

처음에는 겨우 5천 단어에 불과한 《인구론》, 그 책의 처음은 '인구가 장래 사회개선에 미치는 영향에 관한 인구의 원리'라는 논문 같은 긴 제목이었다. 맬서스는 고드윈을 공격했고, 다소 어설픈 원고였지만 일단 관심을 모으는 데는 성공했다. 1797년 작은 책자로 출간된

《인구론》은 작자미상(作者未詳)으로 출간되었다. 책을 무심하게 읽는 사람들은 다양한 나라의 이야기들이 있어 박물학자의 여행기로 착각하기도 했다. 하지만 책을 계속 읽다보면 소름끼치는 주장들로 인해 아연 긴장하지 않을 수 없다.

맬서스는 고드윈의 낙관적 유토피아의 허구성을 비판하기 위해 인간의 가장 우울하고 불행한 현재의 모습을 아주 솔직하게 표현해 자신이 가장 위험하게 생각하는 인구 증가가 모든 악의 근원이라고 말하고 있다. 맬서스는 서문에서 "인구의 지나친 증가로 인한 참상은 이미 플라톤과 아리스토텔레스가 살던 시대부터 관심의 대상이었다. 그런데 이 문제가 지금 세상 사람들에게 주의를 환기시키지 않는 것은 참으로 놀라운 일이다."라며 자신이 《인구론》을 집필하게 된 동기를 밝히고 있다.

그의 기대와는 달리 맬서스는 많은 사람으로부터 아주 심한 혹평을 들어야 했다. 베스트셀러에 대한 욕심 때문일까? 맬서스는 그들이 자신에게 도덕관념이 전혀 없는 인물, 혹은 악마의 화신이라고 비난하는 소리가 커지자 자신의 논리를 합리화하려고 여러 사례를 부지런히 모아 개정판을 준비했다.

1799년에는 독일, 스웨덴, 노르웨이, 핀란드, 그리고 러시아 일부 지역을 여행하였다. 그 여행은 《인구론》이란 책의 수정과 자기 이론에 대한 증거들을 찾기 위한 것이었다. 그런 가운데 고드윈과도 논쟁을 계속 하였다. 하지만 맬서스에게는 좋지 않은 명성들이 자꾸 쌓여갔다. 1800년 1월에 그의 아버지가 사망하자 《저장된 식량의 가격에 대하여》라는 소책자를 발간하였다. 1803년 6월 그는 《인구론》 2판을 통해 초판의 거친 결론들을 완화하려고 시도하였다. 인구에 대한 사람들의 관심 때문인지 1801년 영국은 최초로 광범위한 인구조사를 실시했다. 그리고 인구통계가 발표되자 맬서스의 이론이 상당 부분 사실이라는 점에 많은 사람이 놀라워했다.

허술한 책을 끊임없이 보완하다

영국 정부는 맬서스의 이론을 정책에 반영하기 시작했다. 6년 동안 맬서스는 초판의 과격하고 정제되지 않은 원고를 각고의 노력 끝에 수위를 조절하고 내용을 많이 보완하고 첨가하여 두 권의 책으로 출간한다.

그는 결혼을 억제하고 법으로 금지시키면서까지 출산을 줄이지 않으면 지구는 잉여인구로 인해 비극을 초래할 수 있다고 주장했다. 심지어 그는 '노예제도'와 '소아살인'조차 풍습과 관습으로 행해지는 인구 억제책이라는 주장을 펼쳐 사람들로부터 잔인하고 비인도적인 인물이라는 비난을 들었다. 특히 계관시인 로버트 사우디 같은 사람은 "맬서스는 영국비평가들, 사춘기적 감상주의에서 벗어나지 못한 수준의 작자들 사이에 대단한 인기를 얻고 있다. 나는 이 불량한 얼간이를 만나면 하루 저녁 흠씬 짓밟아 주고 싶다."고 흥분을 감추지 못했다.

《죽은 경제학자의 살아있는 아이디어》 토드 부크홀츠 지음/이승환 옮김/김영사

1804년 4월 12일 맬서스는 조혼을 반대한 사람답게 38세, 바쓰 주(州) 크래버톤 하우즈에 살던 존 에커잘의 딸 해리어트 에커잘과 결혼하였고 아이 셋을 낳았는데 딸 둘과 아들 하나를 두었다. 당시 한 가정에 평균 4명 이상을 낳는 가정이 대부분이었으니까 많은 아이를 낳

▶ 맬서스는 동인도 회사가 운영하던 동인도대학에서 교수로 있었다. 오른쪽은 구빈법을 풍자한 포스터

은 것은 아니었다. 1805년 맬서스는 동인도 회사가 설립한 동인도대학에서 정치경제학 교수가 되었다. 가난한 사람들은 결혼을 제한해야한다는 과격한 주장을 한 사람답게 교수라는 안정된 직업을 가졌다.

그가 대학에서 강의를 맡은 것은 그의 《인구론》이 식민지 개척의 첨병들을 양성하는 동인도 회사가 운영하는 식민지 정책 개발에 의미있는 주장들을 담고 있기 때문이었다.

맬서스는 '빈민구제법개정안'에 관해 그 법안을 철회할 것을 주장하기도 했다. 이 법은 부자들을 희생시켜 게으른 자들을 증가시키는 결과만 가져온다는 이유에서다. 또한 부자들은 사치품에 대한 수요를 창출해 적극적으로 사회전체의 이익에 부응하는 데 반해, 빈곤층은 출산과 필수품에 대한 가격 상승에 영향을 미쳐 사회의 해를 끼친다고 주장을 펼쳤다.

맬서스는 1833년까지 사진 찍는 것을 좋아하지 않았는데, 그것은 입천장이 올라간 보기 흉한 모습이 싫었기 때문이다. 그 후 성형수술을 받은 맬서스는 훌륭한 모습으로 대중들 앞에 나타날 수 있었다. 맬서스 아버지도 언청이였다고 한다. 그러나 그의 아버지는 정확하지 않은 발음으로도 뛰어난 설교 솜씨를 자랑했다고 한다.

1814년과 1815년 사이 맬서스는 〈곡물조례에 관한 고찰과 수입제 안정책에 관한 기초적 의견〉이란 주제로 논문을 썼으며 1817년《인구론》제5판을 출간하였다. 1819년 그는 왕립학회에 회원이 되었으며 1821년 경제학 클럽을 창설했다. 그때 회원 중에 제임스 밀과 데이비드 리카도가 있었다. 1823년 맬서스는《가치의 측정》이란 작은 책자를 출간하였고 1926년에는《인구론》의 마지막 개정판인 제6판을 출간하였다. 1798년 초판 발행 후 28년 동안 개정판을 출간했다. 사악했던 초판의 내용들은 살이 붙고 수정을 거치면서 다소 부드러워지긴 했어도 전체적인 내용들은 제국주의와 가난한 사람들에 대한 멸시로 가득했다. 그는 가난한 사람들의 빈곤문제를 사회적 문제로 생각하기보다는 개인적인 습성과 게으름이라는 편견을 갖고 글을 쓴 것이다.

리카도와 케인스의 도움

맬서스는 1834년 12월 29일 배스에 있는 성 캐더라인 집에서 심장병으로 사망했다. 죽기 전까지 맬서스는 리카도와 친분을 유지하면서 토론을 즐겼다. 맬서스는 리카도의 심도 있는 공격을 오히려 즐겼으며 자기 연구를 더욱 깊이 있게 하는 방편으로 삼았다. 맬서스는 거의 저주를 퍼붓는 악평들에는 두려워했지만 리카도의 따뜻한 충고와 토론은 오히려 우정으로 생각했던 것이다. 그렇지만 두 사람은 비슷한 것이 전혀 없는 친구였다.

맬서스가 유서 깊은 영국 가문에서 태어난 것에 비해 리카도는 유

태인 이민자의 아들로 태어났다. 또한 맬서스
가 케임브리지 대학에서 엘리트 교육 코스를
밟은 것에 비해 리카도는 대학 문턱을 넘지 않
고 독학으로 자신의 학문적 깊이를 쌓은 인물
이었다. 리카도는 오히려 아버지를 따라다니
면서 익힌 투자 요령을 실천해 이미 20대에 많
은 돈을 벌었다. 그는 스물여덟 살 때 애덤 스
미스의 《국부론》을 읽고 경제학 공부를 했다.

▶ 데이비드 리카도

그는 애덤 스미스 사상을 계승 발전시킨 고전주의 경제학자로 꼽힌
다. 그는 독학으로 10년 동안 경제서적들만 팠다. 그리고 1809년부터
주목받는 인물로 떠오른다. 이미 40세 때, 영국의 100대 부호로 손꼽
힐 만큼 돈도 많았다. 그는 1823년 9월 11일 51세 일기로 사망했다.

리카도는 세상을 떠나기 전에 자신의 유산의 상당 부분을 친구인
맬서스에게도 남겨 주는 우정을 과시하기도 했다. 경제적 도움이 얼
마나 소중한가를 나중에 깨달은 맬서스는 친구의 우정을 받고 "내 가
족을 제외하고 일생을 통해 나를 영원히 사랑해준 사람은 리카도였
다."고 회상했다. 하지만 리카도 이외 맬서스를 찾아 준 사람은 별로
없었다.

하지만 맬서스가 죽고 그의 이론은 어둠 속에 묻혀버렸다. 많은 경
제학자가 리카도의 이론을 공부했지만 맬서스라는 이름은 언급조차
하지 않았다. 그런 맬서스를 어둠에서 구출한 사람은 케인스였다.

존 메이나드 케인스는 마르크스가 죽은 해인 1883년 6월 5일, 케임
브리지에서 태어났다. 철저한 부르주아 출신인 이 경제학자의 탄생과

공산주의 사상을 세상에 전파한 사상가 마르크스의 죽음이 모두 같은 해 일어난 것은 역사의 의미 있는 장면으로 생각할 수 있다. 상류층 집안에서 풍족하게 자란 케인스는 가난한 사람들의 마음을 모르는 학자였다. 그는 사회활동에 적극적이었던 어머니 영향을 많이 받고 자랐지만 그렇다고 그가 사회봉사에 참여한 것은 아니었다.

케인스는 케임브리지 대학에서 수학을 전공했지만 졸업하기 전에 자기가 공부해야 할 것은 경제학이란 것을 뒤늦게 깨달았다. 그는 튀어나온 입술 때문에 급우들 사이에서 유인원이란 별명을 들어야 했는데 이 때문에 더욱 공부에 집착했다. 외모에 대한 이런 불행은 맬서스와 닮은 점이다. 하지만 맬서스와 달리 케인스는 이런 외모에도 불구하고 워낙 낙천적인 성격이라 친구들을 이끌고 다녔다. 그는 영국의 식민지 인도에서 관리로 잠시 근무하다 경제학자 마샬의 도움으로 화폐론을 가르치는 대학 강사 생활을 한다. 그리고 계속해서 경제학과 관련된 연구를 하였다. 통계에 정통했던 케인스는 사회과학자들과 논쟁을 벌여 일약 유명한 스타가 되었다.

그는 엘리트주의만이 올바른 민주주의를 이끈다고 생각했으며 이런 신념은 그가 영국 재무성 관리로 일을 할 때 여러 정책에서도 나타났다. 케인스의 생각은 맬서스의 이론에서 많은 영향을 받았다는 것을 엿볼 수 있다. 케인스는 맬서스가 공황의 가능성을 예견한 점을 높이 평가했다. 대공황에 맞서느라 고심하던 케인스는 "만일 리카도가 아니라 맬서스가 19세기 경제학의 뿌리였다면 오늘날 세계는 더 지혜롭고 풍요한 곳이 되었을 것이다."라고 주장하기도 했다.

1930년대 세계 경제는 공황으로 서의 깊명에 빠져 있었다. 국민 총생산은 절반으로 떨어지고 실업률은 25%를 치솟고 있었다. 젊은 시절부터 케인스는 맬서스의 이론을 중시했다.
그리고 맬서스의 주장이 언젠가는 적중하리라
고 본 것이다. 맬서스의 이론들 가운데 통계를
상당히 중시한 것을 본받아 그 역시 통계수치
를 중시했다. 케인스의 통화량을 증대시켜 소
비를 확대하고 생산을 늘려야 한다는 주장은
세계 경제가 공황의 늪에서 허우적거릴 때 좋
은 처방이 되었다.

▶ 케인스의 젊은 시절

　케인스는 대학 시절 알프레드 마셜로부터
심도 있는 화폐이론을 배웠으며 대공황 시절 그는 고전학파들의 이론
으로 해결하지 못한 문제들을 해결한 인물이 되었다. 그는 자신은 맬
서스와 마셜 등을 좋아하고 고드윈과 마르크스를 가장 경멸한다고 종
종 말했다. 특히 고드윈으로 시작된 무정부주의자들은 가장 위험한
자들이라고 손가락질 했다.

　이처럼 케인스에 의해 맬서스의 주장이 세계 경제에서 잠시 빛을
발했지만 여전히 그는 많은 사람에게 사악한 존재로 평가받고 있다.
케인스는 자칫 마키아벨리즘의 시각을 갖고 있는 인물로 오해를 받기
도 했다. 도덕을 무시한 경제이론, 부자를 위한 경제이론을 주장한 그
의 말을 들어보면 이렇다. "나쁜 기업가보다 돈을 벌면 쓸 줄 모르는
구두쇠가 경제를 더 망친다." 하긴 맬서스나 케인스 입장에서 보면 구
두쇠가 아끼고 아낀 돈으로 장학금을 쾌척하는 것이 경제에 무슨 도
움이 되느냐, 차라리 《꿀벌의 우화》처럼 나쁜 돈이 시장에서 돌고 도
는 것이 경제에 도움이 된다는 주장을 하고 싶을 것이다.

　맬서스는 부자들을 위한 경제학의 대표주자로 1815년 리카도와 벌

▶ 곡물조례 법안을 반대하는 포스터

인 '곡물법파동'에서 가진 자의 생각을 대변해 논쟁을 벌였다. 1815년 제정하려고 했던 '곡물법' 법안은 밀 가격이 떨어지지 않게 수입을 일정 수준 제한하는 조치를 말한다. 당시 영국 정부는 농민이 만족할 만한 곡물가격을 보장함으로써 경작을 장려하려고 했다. 하지만 이 의회를 장악한 지주들 입장에서는 밀 가격이 올라야 이익이라는 속셈이 깔려 있었다.

밀 가격이 오르면 더 많은 소작료를 챙길 수 있는 지주계급은 곡물법에 찬성했지만 임금이 오르면 지출 비용이 많아지는 제조업자나 노동자들은 자유무역을 지지한 것이다. 리카도는 곡물가가 올라도 노동자들에게는 별 이익이 되지 않는다고 주장했다. 그는 지주들을 제외한 모든 계급이 손해를 본다고 주장했다. 하지만 리카도의 반대에도 지주들의 이익이 걸린 이 법안은 통과되었고, 리카도는 맬서스와 논쟁을 계속했다.

리카도의 이론을 고전학파의 정통으로 생각하는 것은 대체적이며, 마르크스는 리카도의 여러 이론을 심도 있게 연구했지만 맬서스에 대해서는 학자적인 소양이나 능력이 부족한 인물이라고 혹평을 했다. 몇몇 학자는 맬서스의 이론이 상당 부분 다른 책을 표절한 흔적이 역력하다고 비판하는 사람도 있다.《경제학의 역사》홍훈 지음/박영사

잘못된 편견으로 가득한 책

맬서스의 주장에는 심각한 몇 가지 오류가 있다. 그 가운데 토지 문제는 사실을 정확히 파악하지 못한 것에서 오는 것이 많다. 자본주의의 심장인 영국은 1790년대에 들면서 지주들이 경작지 75%를 소유하게 된다.《자본의 시대》에릭 홉스봄 지음/김동택 옮김/한길사 하층민들은 토지 접근 자체가 불가능한 상황이었다. 문제는 토지의 독점적 현상이 더욱 가속화되고 그런 토지의 소유 불평등에서 오는 왜곡된 경제 문제가 더심각했다. 그렇지만 그는 그 문제에는 외면했다. 맬서스는 모든 경제적 문제를 인구 문제로 확대 해석하는 잘못을 범했다. 인구 억제 정책에서 그는 너무 과격하고 안이한 주장을 펼쳤다. 14세기 흑사병은 영국 인구의 40%를 죽였다. 그는 인구 감소를 위해서는 질병의 억제보다 방치를 주장하는 위험한 글을 썼다. 맬서스가 죽고 그의 무책임한 주장은 정책적으로 채택되지는 않았지만 히틀러의 '인종청소'와 두 번에 걸친 세계대전에서 그 광기를 떨치기도 했다. 또한 신자유주의 물결이 전 지구를 뒤덮고 있는 지금 세계 절반의 인구가 굶주림으로 고통 받고 있는 현실을 놓고 볼 때 맬서스의 유령은 아직도 세계를 떠돌고 있는 것이다.

1838년 10월, 그러니까 《인구론》 초판이 나온 지 정확히 40년 만에 다윈은 그 책을 읽으면서 강한 영감을 받았다. 물론 초판이 아닌 1826년 맬서스가 마지막으로 손을 본 여섯 번째 개정판의 《인구론》을 읽었지만 그 충격은 컸다.

다윈은 맬서스의 《인구론》을 읽고 "나는 유용한 동식물의 종자를 만들어내는 데 있어서 '자연도태'가 인간에게도 적용된다는 것을 알

고 있었다. 그런데 그것을 어떻게 책으로 담아내느냐는 고민을 계속
하고 있었다. 그런데 맬서스의 《인구론》을 읽고 나는 드디어 《종의 기
원》[59]을 원고지에 그리기 시작했다."라고 말했다.

맬서스 《인구론》의 주요 내용

《인구론》의 제1편 내용은 각국의 인구 억제에 관한 이야기들이 실
려 있다. 아프리카와 터키와 페르시아, 인도와 티베트, 중국과 일본,
그리스 로마의 인구 억제 내용들을 담고 있다. 흥미로운 이야기가 많
이 실려 있고 어떤 것은 사실을 의심할 만큼 충격적인 내용들도 있다.
맬서스는 많은 자료를 수집하여 마치 박물학자다운 면모를 과시했다.
북아메리카 어떤 지역은 유럽이나 다른 어떤 나라보다 생존수단은 풍
부하지만 조혼(早婚) 풍습이 있어 25년 만에 인구가 두 배로 늘어났
다. 농업이 유일한 직업이고 다른 악습이나 해로운 직업이 없는 정착
민들은 15년간 2배로 인구가 증가된 것으로 판명되었다. 아무튼 평균
적으로 인구 증가에 아무런 억제책이 없는 한 25년마다 배가되어 기
하급수적으로 인구가 증가할 것이다.

자연적 억제책은 자연적으로 수명을 단축시키는 것으로 일체의 원
인이 포함된다. 어린아이의 영양실조, 페스트, 전쟁, 일체의 질병 등
등. 억제책으로 그는 두 가지를 말했는데, 예방적 억제책과 적극적 억
제책이다. 그는 예방적 억제책으로 도덕적 억제를 들었다. 다시 말해
성적인 억제와 조혼금지를 의미하는 것이었다.

적극적인 억제책은 '빈곤'이다. 예를 들어 1,100만 명을 부양할 식량으로 1,150만 명을 부양해야 한다면 가난한 사람은 늘어날 것이며 노동자의 입장에서는 임금도 떨어질 것이며 노동자는 전과 같은 수입을 얻으려면 더 많은 노동을 해야 한다. 그러면서 그는 적극적인 억제 방법은 인구가 식량보다 더 많아질 경우, 항상 인류는 빈곤과 살인을 비롯한 죄악에 빠져든다. 맬서스는 식량이 모자라 최악

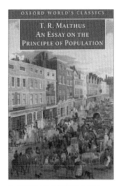

▶ 맬서스의 《인구론》 표지

의 모습을 보이고 있던 터라 델 푸에고 주민들이나 반 디이멘 섬 토착민들, 안다만 군도 원주민들의 사례를 예로 들었다. 식용식물이 극히 줄어들자 그들은 서로 먹을 것을 놓고 싸움을 벌였다. 그리고 고무나무 줄기에서 커다란 구더기를 잡아먹으면서 연명했다. 그들은 꿀을 따든가 또는 날다람쥐와 주머니쥐를 잡기 위해 높은 나무에 기어오르지 않으면 안 되었다.

가지가 없는 경우는 한 발자국씩 돌도끼로 발판을 만들어 가며 위로 기어 올라가 겨우 먹이를 챙긴다. 하지만 그들 야만인들 풍습 가운데 인구를 억제하려는 자구책들이 있는데, 그것은 임신한 여성이 아이를 분만할 때 폭력을 행하는 행위다. 또한 불행하게도 어미는 죽고 아이만 잉태된다면 그 아이 역시 어미와 함께 생매장 당한다. 이런 풍습은 한 나라 인구에 그렇게 큰 영향을 미치지 않으나 자녀 기르는 일이 얼마나 어려운 일인가 뚜렷이 보여주는 사례다.

맬서스는 아메리카 인디언에 대해 다음과 같은 잘못된 생각을 기술했다. "아메리카 인디언들은 인구가 희박한 것으로 알려져 있는데, 이

는 그들의 냉담한 기질과 척박한 환경 때문인 것으로 보인다. 그들 생활은 성욕을 느낄 정도의 여유도 없다. 그래서 인디언 여성들은 노역이라 말할 정도로 힘든 일을 한다. 그래서 어떤 어머니는 자신의 딸을 그와 같이 비참한 노예적 운명에서 구해 주려고 죽여버린다. 또한 어떤 인디언 풍습에는 어린이에게 젖을 먹이는 동안 남녀 동거생활을 하지 않는 것으로 알려져 있다. 그것도 인구를 감소시키는 원인일 것이다. 인디언들은 전쟁을 인구 억제 수단으로 쓰고 있었다. 아메리카의 다른 지방, 미시시피 연안이나 루이지애나 지방, 남미 여러 지방은 비교적 인구가 조밀한데 이는 환경이 그렇게 만든 것으로 보여 진다. 풍족한 물고기, 비옥한 토지가 인구를 급속도로 증가시켰고, 여자들은 성욕의 증가로 아이를 많이 낳았다.” 맬서스는 이렇게 모든 것을 인구라는 문제에 초점을 맞추어 자신의 궤변을 갖다 맞추었다. 그래서 서구 유럽을 제외한 다른 나라 사람들에게 갖는 편견과 잘못된 기술들이 너무 많았다.

흥미로운 것은 '고대 북유럽의 인구 억제에 관해서' 구절에서 그는 마키아벨리 저서 《플로렌스 역사》[60] 서문을 인용한다. “라인 강과 다뉴브 강 사이에 위치한 주민들은 쾌적한 기후 덕분에 건강하고 풍요로운 일상으로 인구가 증가되었다. 그러나 엄청나게 많은 인구가 증가하자 그들은 할 수 없이 다음과 같은 방법으로 인구 증가를 억제했다. 우선 그들은 인구를 평민과 귀족, 노예를 똑같은 비율로 3개 조 편성한 다음, 제비뽑기를 했다. 그래서 제비뽑기에 걸린 조는 조국을 떠나게 했고, 나머지 두 개 조는 고향에 남게 했다. 이렇게 해서 남은 2개 조는 더 많은 풍요를 누릴 수 있었다.” 이 글은 맬서스가 주장하는 《인구론》의 핵심사상이기도 하다. 유럽 인구의 팽창으로 돌파구를 마런한 것이 아메리카 대륙이란 이야기라면 맬서스의 마키아벨리의 글 인용은 시의적절한 것이었다.

《인구론》의 2편에서도 노르웨이와 스웨덴 등 북유럽 사람들의 인구 억제에 관해 기술하고 있다. 이들 나라는 추운 나라로 농사를 짓는 시기가 다른 나라에 비해 적기 때문에 낮은 출산율과 높은 근면성으로 사망률 또한 낮다는 것이다. 맬서스의 여러 사례 가운데는 흥미로운 주장들도 있다. "스웨덴 사람들은 1779년 극심한 기아를 비상한 인내심으로 참았지만 그 후 정부가 술의 제조를 금하는 법을 만들었을 때, 국가가 큰 혼란에 빠졌다. 이 법은 인민을 위한 법이지만 국민들의 태도는 자연 법칙으로부터 생기는 재난을 참아내는 유일한 돌파구가 술이었다는 것을 간과한 것이다." 맬서스는 이처럼 가끔 자신만의 독특한 해석으로 사람들의 흥미를 유발시켰다.

맬서스의 《인구론》에는 각 나라의 풍습과 사고방식, 역사적 사례 등이 풍부하게 담겨져 있다. 그는 러시아 사례에서 각 도시의 출생률과 사망률을 도표로 나타나고 있다. 여러 사람의 논문을 인용하면서 러시아의 토지제도에 대한 문제점을 지적하기도 하였다. 그가 제기한 토지문제는 결국 레닌이 1917년 러시아 혁명을 일으키는 데 기초적 자료가 되기도 했다. 중부 유럽과 스위스, 프랑스, 영국, 스코틀랜드와 아일랜드의 인구 억제에 관한 내용들이 기술되어 있다. 특히 프랑스는 전쟁 기간이 오래 지속되어 인구의 변화가 심하며, 남자들은 징병을 피하기 위해 조혼하는 풍습도 생겨났다고 주장했다.

맬서스는 《인구론》의 2편에서 식민지 건설로 급격한 인구 증가를 보일 것으로 예상했다. 영국의 열병은 가난한 사람들의 위생개념이 없어서 발생했다고 보고 그것에 대한 대안보다는 빈민들은 굶어 죽게 내버려두어야 한다는 뉘앙스를 풍겨 사람들을 경악하게 만든다. "인구 증가는 기근을 발생시킨다. 하층민이 간신히 생명을 유지해 갈 수 있는 최소량의 음식물로 버티다가 간혹 풍년이 들 때 그리 반가운 것은 아니다. 왜냐하면 먹을 게 풍부하면 결혼을 촉진시켜 다시 식량 부족이 생기기 때문이다."

《인구론》의 3편은 주로 평등에 관하여 콩도르세, 고드윈의 주장을 반박하고 있다. '평등의 제도에 관하여' – 동물에 있어 새끼들 가운데 어떤 것은 어미보다 더 좋은 소질을 가지고 발전한다. 그렇다고 동물이 무한히 진보한다고 볼 수 없다. 동식물 모두 진화가 무제한적으로 일어날 것이라고 보는 것은 잘못된 판단이다. 카네이션과 아네모네는 아무리 재배를 잘한다고 하더라도 양배추 정도로 크게 생장하는 일은 없을 것이다. 동물이든 식물이든 인간이든 불변한 진리는 결국 모두 사멸한다는 것이다. 인간도 동식물처럼 어느 정도 개량되고 진화할 수 있지만 한계가 있는 것이다.

맬서스는 "콩도르세의 저서는 개인의 견해가 아닌 혁명 초기 프랑스 학자들의 견해를 대표하는 저서다. 그는 인류는 완전 행복해질 수 있는 스스로의 능력을 갖고 있다고 주장했다. 하지만 허구적인 가설로 인류 장밋빛 청사진을 제출하는 것은 과학적 사색의 기초가 아니다."고 비판했다. 또한 고드윈은 세상에는 아직도 개간되지 않은 채로 버려진 땅이 전체 절반 이상이 그냥 있다고 주장하지만 수백만 명의 인구가 끊임없이 증가해도 쓰지 않은 땅을 개간하기란 불가능하다고 비관적 전망을 내놓았다.

맬서스는 한 사람이 먹을 수 있는 음식의 양은 정해져 있다며 그래서 먹고 남은 것은 배고픔에 허덕이는 사람들에게 노동으로 교환될 수 있지만 그렇다고 음식물의 여분으로 늘어나는 인구를 감당할 수 없다고 주장했다. 그는 평등사상이란 경험상으로나 이론상으로 보아 인간의 노동을 자극하지 못하고 이로 인해 빈곤과 불행이 더욱 심화된다고도 주장했다. 맬서스는 고드윈의 사상은 지나친 낙관주의라고 비판했다. 고드윈은 재산을 평등하게 분배한다면 모든 사람

▶ 마르퀴 드 콩도르세

은 하루에 30분만 노동을 해도 행복하게 살 수 있다고 했지만 맬서스는 그것은 인구증가를 전혀 고려하지 않은 한심한 계산이라고 비웃었다.

맬서스는 영국은 빈민구제 법안이 너무 많다고 지적하고 가난한 사람들의 형편이 나아지지는 않고 있다고 주장하면서 더 많은 돈을 그들에게 준다고 해도 그들 밥상에는 고기가 올라오지 않는다고 말했다. 그는 가난한 사람들이 고기를 더 많이 원하면 가격은 올라갈 것이고 보조금을 더 준 것은 효과가 없다며 "독립심이 없는 자에게는 개인적으로 잔인하게 보일지 모르지만 치욕스런 모습으로 그냥 내버려 두는 것이 낫다."며 가난한 자들에게는 자극이 그들 행복을 증진시키는 유일한 대안이라고 주장했다.

《인구론》의 4편은 그동안 주장했던 내용들을 요약하고 정리해 다시 강조한 것들이다. 맬서스는 "인구의 폭발에 대해 인류는 그동안 너무 방관하고 방기했다. 이제 의무적으로 2명의 자녀만 키울 수 있는 사람이 4명을 키우는 것은 도덕적으로나 법률적으로 금해야 한다. 이것이 예방적 억제인 것이다. 사춘기 순결을 지키지 못한다면 그것은 반드

시 해악을 낳게 될 것이다. 순결이라는 미덕은 인위적 사회의 강제적 산물이 아니라 자연과 이성에 가장 진실하고 공고한 기초를 두는 것이다. 그러기 위해서 기독교가 앞장서서 이런 도덕적 순결주의를 강조해야 할 것이다. 후계자를 남기지 않고 이 세상을 떠나는 것이 사회에 대한 중대한 의무를 게을리 한 것이라고 생각하는 사람들이 아직도 많은 사회에서는 먼저 가족부양이 얼마나 어려운가를 이성적으로 가르쳐야 한다."고 주장했다.

맬서스의 《인구론》이 등장하게 된 사회적 배경에는 자본가와 노동자의 대립이 뚜렷하던 시기였다. 기계발달로 인해 산업혁명은 가속화되고 있었지만 도시 빈민 노동자들의 삶은 나아지지 않고 있었다. 더구나 식량부족으로 인해 극도의 혼란한 상황이 이어졌고, 농촌을 떠나 많은 사람이 도시로 몰려들면서 도시는 비위생적 환경문제로 전염병이 돌았으며, 더욱 고통스러운 것은 계속되는 흉년으로 식량가격이 폭등했다. 영국 정부에서는 이런 빈민들을 구제하기 위해 '빈민구제법'을 제정했지만 별 효과가 없었다. 이런 상황에서 고드윈의 낭만적 무정부주의를 맬서스가 비판한 것이다.

맬서스와 고드윈으로 대표되는 보수와 진보의 논쟁은 시대를 한참 앞으로 돌려도 마찬가지고 뒤로 돌려도 마찬가지인 인류의 영원한 숙제인 것이다. 한쪽은 왜 인류는 모두 행복해질 권리가 없는가에 대한 고민이고, 다른 한쪽은 다 같이 불행해지는 것을 막자는 의미이다. 세상은 경쟁을 통해 죽거나 병들거나 도태되는 것들이 생길 수밖에 없는 구조라는 사실을 꾸준히 들어온 사람은 맬서스의 솔직한 주장에 솔깃할 것이다.

맬서스의 무서운 논리

맬서스의 이론은 너무 과격했다. 그는 가난한 사람들이 대책 없이 자식들을 낳는 것은 공공의 이익에도 해가 된다고 생각했다. 그는 인구 억제를 위해 두 가지를 주장했다. 하나는 가난한 사람, 능력 없는 사람들은 아이를 낳지 마라. 아니 결혼을 하지 말 것을 주장했다. 이것이 예방적 억제책이고 다른 하나는 적극적 억제책으로 가난으로 생긴 기아, 전염병 어린이들의 영양실조, 전쟁 등으로 인한 사망률 증가다. 그것은 신이 알아서 하는 문제이니 인간이 나설 일이 아니라는 주장이다.

맬서스는 적극적 억제책, 즉 인구를 감소시키기 위해 정부가 나서서 빈민을 구제할 필요가 없다는 무서운 논리를 펴고 있다. 그는 이모두가 빈곤 때문이고, 빈곤의 원인은 인구증가라는 주장을 계속해서 펼친다. 그래서 결론은 가난이고 가난을 구제하려는 사회복지 정책이 오히려 더 많은 가난을 가져온다는 주장한 것이다.

맬서스의 책에는 다윈이 《종의 기원》의 영감을 얻었다고 생각될 수 있는 문장들이 곳곳에 진을 치고 있다. 맬서스는 처음 도입부터 다윈이 오랫동안 고민해 왔던 문제들을 언급하고 있다. "동식물들이 모여 살면서 서로 살기 위해 경쟁하는 일은 자연적인 현상이다. (중략) 자연은 그들 종자를 아낌없이 뿌려댔지만, 그러나 그들을 양육시키는 것에는 인색했다. 식물과 동물들도 그렇고 인간 역시도 종족 번식을 위한 욕구는 강렬하지만 양육을 어떻게 해야 하는지에 대해서는 스스로 알지 못한다."

그의 책에 나타난 여러 가지 인구 억제 사례 가운데 그가 가장 잘못된 시각으로 바라본 것은 너무 서구 유럽인들의 시각으로 세계 여러 나라 사람의 삶을 재단했다는 데 있다. 그는 인디언들의 생활 모습에서 특히 여성들의 삶은 남성들에게 노동력을 착취당하는 것으로 보았지만 실제로 인디언들은 남성과 여성이 노동이나 아이들 육아, 기타 모든 생활 태도에서 남녀평등을 일찍부터 실천하고 있던 사회였다. 그렇지만 맬서스는 여자들이 노동을 하는 것만 보고 여성착취 운운했다. 오히려 유럽인들은 여성을 집 안에 가둬두고 아이들을 양육하는 일에만 한정시켜, 남성의 성적 노예로 여성들의 삶을 억압했다. 여성 입장에서 보면 더 심한 성적착취이며 인권의 구속인 셈이다. 하지만 인디언들은 남성과 여성이 모두 동등한 권리와 의무를 누렸다. 인디언들의 여자들은 남성을 선택할 권리가 있고, 의무를 다하지 않는 남성은 버릴 권리도 있었다.

아시아인들의 인구 억제 사례로 맬서스는 중국과 일본을 이야기했는데, 주로 중국을 많이 언급했다. "유럽에서는 가난한 사람은 나태하기 때문이며, 만일 일할 마음만 있다면 어떻게도 먹고 살 수가 있다. 그러나 중국이란 나라는 그렇지 않다. 그들은 새벽부터 밤늦게까지 때로는 무릎까지 올라오는 물속에서 일을 하고 하루 종일 땅을 파지만 저녁에는 겨우 작은 숟가락 하나로 쌀밥을 먹으며 그것도 부족해 쌀을 끓인 물을 떠먹으며 목숨을 부지하고 있었다. 그런데도 그들은 천성이 낙천적이어서 그런 상황을 숙명적으로 받아들였다. 또한 이런 가난 때문에 어머니는 자기 자식을 물속에 빠트려 죽이는 일이 흔했다. 그리고 이런 유아 살해는 법적으로 아무 제재를 받지 않고 있다." 이런 논리를 편 것은 맬서스의 시각 자체가 쌀을 주식으로 하는 아시아인들을 멸시했기 때문이며, 이러한 표현들이 문장 곳곳에 은근하게

맬서스

깔려 있다.

유아살해를 법적으로 묵인한 사례는 어디에도 그 근거를 찾을 수 없다. 또한 일본 사례를 들면서 그는 몽테스키외의 말을 그대로 전한다. "일본에서 인구가 많은 것은 여자가 남자보다 월등히 인구수가 많다는 데 있다. 그리고 그들 인구가 조밀한 것은 중국처럼 인내력과 근면성이 천성으로 자리 잡고 있기 때문이다." 아무튼 맬서스의 글에는 유럽 이외의 다른 지역을 바라보는 시각이 굉장히 왜곡되어 있으며, 철저히 백인우월의식적인 모습이 보인다.

천박한 인구론, 자본주의 병폐

맬서스가 《인구론》을 쓸 무렵 영국 런던의 거리는 불결한 노동자들로 가득했다. 산업화 영향으로 고향을 등지고 도시로 몰려든 사람들은 열악한 환경에서 고통을 겪어야 했다. 맬서스의 《인구론》은 이런 시대적 아픔을 속에 나온 책이다. 1769년 제임스 와트는 끓는 주전자를 보다가 갑자기 증기기관을 생각하고 특허를 얻는 데 성공한다. 그리고 1780년 상업화에 성공하면서 산업혁명의 기적소리를 울렸다. 이 증기기관의 발명 덕분에 영국을 비롯한 유럽 사회는 비약적인 공업화를 이룩하면서 높은 생산성으로 잉여 생산물을 만들어냈다. 이에 대한 판로의 방안으로 식민지를 개척했고 그렇게 해서 시장이 늘고 자본주의 체제가 본격화됐다.

자본주의 시장경제를 소리높이 외쳤던 애덤 스미스와 제임스 와트 모두 스코틀랜드 출신이다. 스코틀랜드는 잉글랜드보다 더 개방적이고 지적이었다. 다윈이 의과대학을 다니던 스코틀랜드의 에든버러는 정말 깨끗하고 정교한 도시의 모습을 하고 있었다. 이곳 출신 가운데 잊지 말아야 할 사람이 또 있다. 맥스웰은 변호사 아들로 태어났다. 상류층 사회에서 태어난 맥스웰의 어린 시절 관심은 발명과 역학 실험에 온통 쏠려 있었다. 그는 14살 어린 나이에 과학 논문을 발표하였고 17살인 1848년 에든버러 대학에 입학했다. 그러나 뉴턴을 흠모한 나머지 뉴턴이 다니던 케임브리지의 트리니티 칼리지에서 다시 대학을 다녔다.

맥스웰의 가장 큰 업적은 전기와 자기(磁氣)를 한데 묶은 '전자기 이론'을 탄생시킨 것에 있다. 맥스웰의 이런 업적은 같은 스코틀랜드 사람인 패러데이가 있어 가능했다. 패러데이가 맥스웰보다 마흔 살이나 나이가 많지만 항상 물어보는

쪽은 패러데이였다. 열세 살 나이부터 인쇄제본소에 근무하면서 생계를 위해 열심히 일을 해야 했던 패러데이, 아버지 직업은 대장장이였고 10명의 자녀를 먹여 살리기에 그의 수입은 턱없이 부족했다. 그래서 패러데이는 열 살도 되기 전에 여러 일을 해야 했다. 패러데이는 인쇄제본소에 근무하면서 당시 제작되던 《브리태니커 백과사전》[61]을 읽으며 공부를 했고, 과학에 흥미를 갖고 강연회 등을 좇아다니면 공부를 했다. 패러데이는 전류가 자기장을 만들고 전류에 의해 자석이 힘을 받는 것을 발견했다. 또한 코일 근처에 자석을 움직였을 때 전류가 생기는 것을 발견했다. 전기가 인류문명에 얼마나 많은 발전을 가져오게 했는가? 패러데이는 이 놀라운 전기의 모습을 대중을 모아놓고 직접 보여주는 것을 좋아했다. 사람들은 이 놀라운 과학 실험을 보기 위해 몰려들었다.

증기기관처럼 기계발달이 자본주의 문제점들을 노출시키기 시작했다. 초기 자본주의에서 노동력이 많이 필요하자 농촌 사람들까지 도시로 몰려들었다. 하지만 도시는 그 많은 노동자를 수용할 기초 시설이 열악했다. 노동자들은 도시 뒷골목 빈민가를 형성하고 각종 오물과 악취를 쏟아냈다. 기계발달로 사람보다는 기계가 하는 일이 더 많아지자 임금이 떨어지고 빈곤층이 많아졌다. 정부는 빈곤층을 구제하기 위해 가진 사람들에게 더 많은 세금을 요구한 것이다.

이때 맬서스의 책이 나왔으며 맬서스와 다윈의 진화론이 만나면서 생각의 진화는 폭력성을 더 강하게 띠게 되었다. 맬서스주의에서 인구 억제를 위한 전쟁의 정당성은 나중에 다윈주의의 인종 순결주의와도 연관성이 있다. 두 개념들 모두 전쟁과 폭력을 최선의 수단으로 생각했던 것이다. "만약 전쟁이 사라진다면, 열등한 민족이나 인종의 생산을 억제할 기제가 없기 때문에 인류는 더 이상 진보하지 않을 것이다." 이처럼 위험한 생각이 사회적 다윈주의의 기초가 된 것이다. 다윈은 흑인이나 백인이나 인류의 조상은 하나였을 것이라고 말했지만 흑인들은 백인들보다 덜 진화된 인종이라고 백인우월주의 생각을 자기 책에 종종 드러냈다. 이런 생각은 유럽의 제국주의가 식민지 국가 건설을 정당화했으며 원주민들을 문명화시키는 데 기여한다고 주장하고 있었다. 19세기는 이념의 과잉시대, 혁명의 시대, 제국주의 시대였다. 다른 한편으로는 과학의 시대였다. 뉴턴이 하늘과 지구의 움직임을 성실한 신의 노력으로 움직이는 것이 아닌 자연의 법칙으로 움직인다고 주장했고, 다윈은 사람과 다른 여러 동식물을 들여다보았다. 그리고 인간은 신의 특별한 혜택을 받고 태어난 것이 아니라 동물, 예를 들면 고릴라와 비슷한 동물에게서 진화되었을 것이라고 해서 사람들을 놀라게 했다.

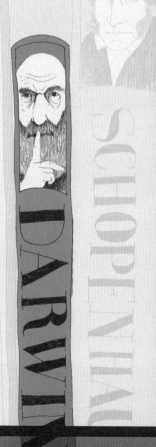

06
다윈

다윈 1809~1882

뉴턴의 과학혁명 이후 다윈의 《종의 기원》은 19세기 가장 위대한 저작물로 평가 받고 있다.
2009년은 다윈 탄생 200주년이고, 《종의 기원》이 출간된 지 150년이 되는 해이다.
하지만 다윈의 '진화론' 은 여전히 위험한 이론으로 비판 받고 있다.

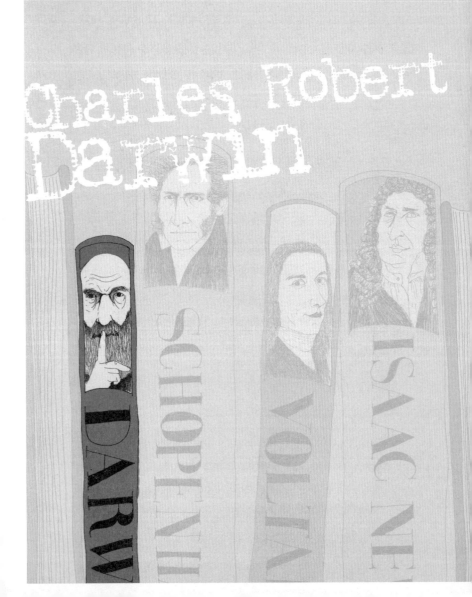

6_
다윈

성경 창세기 1장에 "태초에 하나님이 천지를 창조하였을 때, 특별히 인간만큼은 당신의 형상대로 만드셨다."라는 구절은 과거에도 절대불변의 진리였고, 기독교 교리를 믿는 많은 사람에게는 앞으로도 영원 불변할 진리였다. 그런데 다윈의 《종의 기원》이란 책은 이 절대불변의 진리를 의심한 책이다. 물론 다윈 이외에도 '진화론'을 이야기한 사람들은 많았다. 그렇지만 다윈처럼 충격적인 말을 한 사람은 없었다. "인간의 조상은 원숭이였을까?" 그의 이런 의심은 그가 이룩한 많은 과학적 업적을 상실하고 말았다.

그러나 다윈의 《종의 기원》만큼 과학적이고 명확한 근거를 제시한 책은 그동안에 없었다. 그래서 다윈의 책은 수많은 기독교인의 저주를 받으면서도 꾸준히 팔렸고 19세기에 발간된 책 가운데 가장 혁명적이고 가장 관심이 가는 책으로 꼽혀왔다. 1857년 네안데르탈인 화석이 발견되자 사람들은 이 유인원의 두개골이 원숭이와 아주 흡사하다는 것에 놀랐다. 그럼 인간의 조상은 원숭이란 말인가? 그런 기분 나쁜 생각에 기름을 부은 것이 다윈의 《종의 기원》이었다.

다윈이 이처럼 진화론으로 세상을 깜짝 놀라게 한 것은 그 집안 내력에서 엿볼 수 있다. 이미 찰스 다윈이 태어나기 7년 전에 그의 할아버지 에라스무스 다윈은 죽었다. 그는 의사이면서도 식물학자이며 또한 인기 있는 시인이었다. 《주노미아》[62]라는 책을 써서 동식물을 연구하는 후학들에게 귀중한 자료를 제공했다. 그 책에서 에라스무스는 창조주가 만든 종은 절대 변함이 없다는 점을 의심했다. 모든 생물은 변한다는 주장, 바로 진화론의 시작이었다. 다윈의 열정은 할아버지 에라스무스의 열정을 그대로 물려 받은 것이었다. 다윈 할아버지의 그 책은 사람들에게 논란을 던져주었다.

1831년 12월 7일, 비글호라는 27미터짜리 영국의 배는 플리머스 항구에서 출발을 준비하고 있었다. 그 배에는 바로 진화론을 주장했던 에라스무스의 손자 찰스 다윈이 승선하고 있었다. 비글호는 남아메리카에 다음 해 2월 29일에 도착했다. 브라질과 아르헨티나 동해안들을 돌면서 다시 서해안을 훑고 1835년 9월 5월 태평양 적도 부근의 갈라파고스 제도에서 약 45일을 정박했다. 갈라파고스 제도는 다윈의 진화론이 태어난 곳으로 유명하다. 다윈은 항해 중에 라이엘이 쓴 《지질학의 원리》[63]를 읽고 있었는데 그 책 속 내용을 확인할 수 있는 여러 가지 화석이 그곳에 널려 있었다. 화산섬 몇 개는 정말 원시 상태의 모습을 그대로였다. 그는 지구가 탄생할 때 처음 모습이 아마도 이런 것이 아니었을까라고 짐작했다. 다윈은 갈라파고스 섬에서 다양한 종류의 동물을 관찰하고 기록했다. 태평양을 횡단한 비글호는 뉴질랜드를 거쳐 인도양, 그리고 아프리카 희망봉을 돌아 1836년 10월 2일 출발한 플리머스 항구로 돌아왔다. 정확히 4년 10개월의 긴 항해였다.

다윈은 긴 항해를 마치고 돌아와서 한동안 그가 기록한 두꺼운 노트 18권과 다양한 채집 자료를 정리하고 있었다. 이 귀중한 관찰 자료는 그가 평생을 어떻게 살아야 하는지를 보여주는 결과물이었다. 아버지는 더 이상 아들에게 무엇을 할 거냐고 물어보지 않았다. 그때 문득 다윈은 할아버지 때부터 물려받은 많은 책이 진열된 서가에서 10년도 더 지난 맬서스의 《인구론》이란 책을 꺼내 읽었다. 이 책에서 다윈은 한 가지 섬광처럼 스치고 지나가는 영감을 얻는다.

책을 읽던 다윈은 '적자생존'이란 한 단어를 읽고 번개처럼 생각이 스치고 지나갔다. 맬서스는 책에서 인구 폭발로 인해 세상이 멸망할 것이란 다소 과격한 주장을 담았다. 그의 주장에서 다윈이 착안한 것은 '환경에 적응하는 종(種)은 살아남을 것이고 그렇지 못한 종은 사라질 것(적자생존)'이라는 주제였다. 이것이 다윈의 책 《종의 기원》을 낳게 한 것이다.

1872년 《종의 기원》의 6판에서 다윈은 자신의 생각을 이렇게 정리했다. "나는 이 책이 사람들의 신앙심을 뒤흔드는 이유를 잘 모르겠다. 인류 역사에서 가장 위대한 발견인 만유인력 법칙 또한 라이프니치가 '자연을 파괴하고 그 결과 신성한 종교를 파괴했다'며 비난했다. 그러나 지금은 누구도 뉴턴을 비난하지 않는다. 이런 것을 놓고 보면 지금 나를 비난하는 일이 시간이 지나면 얼마나 덧없는지 일이었는지 알게 될 것이다." 하지만 다윈의 장담은 장담으로 그쳤다. 지금도 그의 진화론은 논란과 비난의 대상이다. 뉴턴의 주장은 시간이 지나면 밝혀질 문제였지만, 다윈의 진화론은 인류 기원의 신비를 푸는 문제이고 어쩌면 영원히 밝혀지지 않을 수수께끼일지도 모른다. 인간이 정말 그의 주장대로 고릴라나 혹은 그와 비슷한 하등동물에서 진화했을까?

▶ 라마르크는 최초로 생물체 진화론을 체계적으로 설명한 과학자다.

　우리는 다윈을 이야기하기 전에 불쌍한 과학자 한 사람을 이야기해야 한다. 그는 여러모로 다윈보다 불행한 사람이지만 그렇다고 그가 다윈보다 능력이 떨어진 사람은 절대 아니다. 다윈이 《종의 기원》으로 인류 기원의 비밀을 들여다보기까지 뉴턴의 말처럼 그에게 어깨를 빌려준 사람이 두 사람 있었으니 그 중 한 사람이 다윈의 할아버지 에라스무스였고, 또 한 사람이 바로 라마르크였다. 에라스무스는 진화론을 처음 제기하였지만 체계적으로 설명한 사람은 라마르크다. 그가 진화론을 설명한 《동물철학》[64]이란 책을 출판하던 해는 공교롭게도 다윈이 태어난 해이다.

　다윈은 프랑스의 과학자 라마르크보다 한 세대 뒤에 태어났지만 라마르크보다 훨씬 운이 좋은 학자였다. 그렇게 말할 수 있는 것은 라마르크의 삶이 그만큼 불행했다는 것을 기억할 필요가 있기 때문이다. 귀족 가문에서 태어난 라마르크는 아버지가 돌아가시고 급격하게 가세가 기울어 말년에 친구도 없었고 그저 두 딸이 유일한 삶의 벗이었다. 그는 자신이 주장하는 '진화론'을 인정받고자 자비로 많은 책을 출간했지만 어느 누구에게도 인정받지 못했다. 라마르크는 말년에 눈까지 어두웠고, 그래서 그 불편한 몸으로 연구를 계속하다 결국 궁핍한 삶을 마쳐야 했다. 그의 딸은 비석에 "아버지! 후세 사람들이 반드시 아버지의 학설을 칭찬할 것입니다."라고 적었다. 하지만 부와 명성은 오직 다윈의 몫이었다. 라마르크의 딸은 뒤늦게 아버지의 학설을 인정하고 동상이라도 세워진 것에 감사해야만 했다.

▶ 8살 때 다윈 모습. 어머니 가 돌아가시자 위로 누나 두 명이 그를 보살폈다.

다윈은 1809년 2월 12일 영국 서부 슈루즈 베리에서 2남 4녀의 다섯째로 태어났다. 할아버지 에라스무스 다윈은 의사이면서 동시에 생물학에 조예가 깊은 시인이었으며, 일찍부터 동식물의 다양한 변화를 관찰하고 글을 쓴 인물이었다. 다윈의 어머니 스잔나 다윈은 영국에서 도자기 제조로 유명한 집안에서 자랐다. 아버지 로버트 다윈은 덕망 있는 의사로서 왕립과학협회 회원이었다. 다윈은 할아버지와 아버지에게 과학자적 자질을, 어머니에게는 감성적인 기질을 물려받았다. 그러나 다윈의 나이 겨우 여덟 살 때 어머니가 돌아가시자 그는 정서적으로 불안한 유년시절을 보냈다.

다윈은 다소 산만하고 한 가지에 집중하지 못하는 아이였다. 다른 형제들보다 특별히 뛰어난 구석도 없었고 오히려 뒤처진 아이였다. 다윈은 자서전에서 다음과 같이 추억했다. "학교에 다니던 시절 나는 수집하는 것을 좋아했고 눈에 보이는 모든 식물의 이름을 알려고 했다. 그리고 좀 특별하다 싶은 조개와 광물질 등을 모았다. 이런 행동은 누구에게서 배운 것이 아니라 그저 타고난 본능이었다."

다윈은 1818년 여름 슈루즈베리에 있는 사무엘 버틀러 박사의 기숙학교에 입학했고 7년 동안을 다녔다. 슈루즈베리는 중세 유럽의 모습이 아직도 남아 있는 고풍스런 도시다. 영국의 풍자작가로 유명한 소설가 버틀러의 할아버지가 운영했던 이 기숙학교는 너무 엄격하고 고전주의적인 학풍이었다. 다윈은 그곳에서의 생활이 인생에서 가장

▶ 다윈이 다니던 에든버러 대학. 당시 에든버러는 세계적인 학문의 중심지로 인정을 받고 있었다. 사람들은 이곳을 '북부 아테네'라고 불렀다.

어두운 기억들이 존재하는 시간이었다고 회고했다. 이런 혹평 때문인지 작가 버틀러 역시 다윈의 《종의 기원》은 다른 사람들의 창작물들을 베껴 쓴 짜깁기의 책이라고 비난했다.

다윈의 아버지는 190cm의 장신이고, 통찰력과 사람에 대한 믿음이 강한 분이었다. 가난한 사람들에게 무료로 시술을 해주기도 하고 돈이 필요한 사람에게는 돈을 잘 꿔준 양반이라고 다윈은 기억했다. 아버지는 대대로 내려오는 의사라는 가업을 잇게 하기 위해 두 아들 에라스무스(할아버지와 이름이 같아 '라스'라고 불렀음)와 다윈을 에든버러 대학 의학부에 입학시켰다. 에든버러는 스코틀랜드 지방에 있어 잉글랜드보다는 학문의 자유가 보장된 곳이다. 당시 에든버러는 '북부의 아테네'라는 별명을 들을 정도로 유럽 학문의 중심지라는 평가를 받고 있었고, 지식인들의 교류가 활발하던 곳이었다.

하지만 다윈은 2년 만에 학교를 그만 두었다. 다윈은 에든버러 대학 병원에서 수술에 두 번 참여하였지만 자기의 길이 의사가 아니라는 것을 확인하는 기회였을 뿐이라고 회상했다. 그는 종양이나 염증 등 환부를 직접 잘라내는 수술을 지켜보다 거의 실신할 정도로 놀라 실습실을 박차고 나왔다. 환자들의 비명소리, 여기 저기 피가 튀는 현장에서 다윈은 자기가 가야 할 길이 아니라고 판단한 것이다. 의학공부에 자신이 없어진 다윈은 공부에는 별 관심을 보이지 않았고 도박과 사냥, 동물 박제를 하며 세월을 보냈다.

아버지는 아들이 의사로서의 삶을 포기한 것을 눈치채고 그렇다면 차라리 성공회 신부가 되기를 바라는 마음에 케임브리지 신학대학으로 전학을 시켰다. 케임브리지 대학에 들어가기 위해 그는 두 달 동안 가정교사의 도움을 받아 그리스어를 배웠다. 케임브리지 신학대학으로 입학을 한 뒤에도 다윈은 신학 수업에는 별 관심을 보이지 않았고 오히려 영국 성공회 교회의 성직자이자 식물학 교수였던 존 스티븐스 헨슬로우와 지리학 교수였던 애덤 세지윅과 친하게 지냈다. 그리고 그들이 하는 현장학습에 참여하면서 동식물과 곤충을 모으는 일을 계속했다. 스물두 살까지 그는 그저 평범한 대학생, 아니 오히려 무슨 일을 할지 목표도 방향도 정하지 못하는 방황하는 젊은

▶ 존 스티븐슨 헨슬로우

▶ 애덤 세지윅

이였다. 그가 대학 시절 열정적으로 시간을 투자한 것은 딱정벌레를 모으는 일이었다. 아버지 입장에서는 이런 아들의 모습이 참 한심하게 보였다. 다윈은 자서전에서 대학 시절 유일하게 기억되고 보람된 일은 스티븐슨 헨슬로우 교수의 추천으로 애덤 세지윅 교수와 북부 웨일스 일대 지질탐사를 한 일을 가장 보람 있는 일로 회상했다.

1831년 봄, 대학을 졸업한 다윈은 그 해 여름 운명을 바꾸는 일이 생긴다. 영국 해군성에서 2년 예정으로 남아메리카, 태평양, 말레이제도 등의 수로를 조사하고 여러 지역을 정찰하기 위해 영국전함 비

글호에 탑승할 사람을 모집하고 있었다. 실증할 자료를 수집할 사람이 필요한 비글호 선장은 처음에는 스티븐 헨슬로우 교수에게 동행을 요청했지만 교수는 자신이 갈 수 없게 되자 다윈에게 그 사실을 알려주어 그가 동행하게 된 것이다. 아버지는 다윈이 목사의 길에서 벗어나기 위해 비글호에 탑승해 도피한다고 완강하게 반대했다. 하지만 숙부의 지지를 받은 다윈은 아버지를 설득하여 그의 인생뿐만 아니라 인류사적으로 중요한 탐험의 길을 떠난다.

비글호 항해

비글호의 선장은 찰스 다윈보다 4살 위인 로버트 피츠 로이였다. 그는 귀족 출신으로 성경을 철저하게 신봉한 사람이었다. 그는 여행에서 두 가지 임무를 갖고 있었다. 하나는 조국 영국이 여러 지역의 식민지 건설에 필요한 섬과 해안의 지리 조사를 위한 것이고, 다른 하나는 종교적으로 성경에 쓰인 대로 지구가 창조됐다는 것을 눈으로 확인할 증거를 수집하는 것이었다. 그래서 이 막중한 임무를 잘 수행할 박물학자가 필요했던 것이다.

그러므로 다윈과 선장의 만남은 애초 서로 잘못 선택한 만남이었다. 이 선장은 나중에 광적으로 다윈의 진화론을 반대하고 나선다. 한편 영국의 지질학회에서는 비글호 항해에 많은 관심을 갖고 있었다. 이미 영국의 젊은 지질학자들은 더 이상 보수적인 학자들이 지구 나이를 성경에 맞추려는 생각들을 믿지 않았다. 제임스 허튼 같은 학자는 당시로는 상상할 수 없을 만큼 지구 역사를 아주 길게 잡아 놓고 보았다. 그는 "바다는 서서히 말라가고, 수천 년이 지나면 융기해서 새로운 산맥을 형성했다. 지층의 여러 바다 퇴적물들이 그 증거"라고 주장했다. 제임스 허튼은 지구가 갑자기 변한 것이 아니라 천천히 변했다는 '균일설'을 주장했다.

반면, 프랑스 생물학자 조르주 퀴비에는 사라진 포유류들을 근거로 우리가 살고 있는 지구는 이미 여러 번 대재앙으로 파괴되었고 다시 건설되었다고 주장했다. 이를 '격변설'이라 불렀으며 성경에 나온 노아 홍수는 여러 격변 과정에 제일 나중 일을 말한 것이라고 주장했다. 그러니까 다윈이 비글호 항해를 할 무렵 지질학계에서는 이미 지구가 어떻게 시작되고 변화했나에 많은 논란이 일고 있었다. 물론 다윈의 이번 항해를 가장 기대하는 사람은 스티븐슨 헨슬로우 교수와 애덤 세지윅, 그리고 찰스 라이엘 교수였다. 특히 찰스 라이엘 교수는 누구보다도 다윈의 이번 항해에 기대를 많이 하고 있었다. 그는 자신의 책《지질학의 원리》라는 책 내용이 확실하게 확인되기를 기대하고 있었다.

다윈은 항해 기간 밀턴의 《실락원》[65]과 라이엘 교수가 펴낸 《지질학의 원리》를 가장 열심히 읽었다. 1831년 12월 7일 플리머스 항구를 출발한 배는 한 달 뒤 카보 베르데 제도의 세인트 야고라는 섬에 도착했다. 다윈은 그 섬에서 라이엘의 책 내용과 일치한 광경을 직접 눈으로 확인할 수 있었다. 섬은 화산이 폭발해서 생겼으며 주변에는 산호와 조개류들이 검게 탄 채 널려 있었다.

다음에 정박한 곳은 브라질 리우데자네이루였다. 다윈과 선원들은 이곳에서 3개월을 정박했다. 정글은 마치 에덴동산을 연상케 했다. 다윈은 항해 중에 라이엘 교수와 헨슬로우 교수에게 자주 편지를 보냈다. 편지 내용은 대개 지질학과 관련된 화석 이야기나 다양한 동식물들의 이야기였다. 다윈의 편지는 항상 영국 지질학회의 화젯거리였다.

다윈은 비글호가 정박한 곳에서 원주민들 모습을 소상하게 기록했다. 특히 다윈은 남아메리카의 인디오들 마지막 모습을 전하고 있다. "나는 바이아블랑카를 돌아보면서 인디오들의 활동 영역이 얼마나 광대한지 감을 잡을 수 있었다. 하지만 그들 인디오들은 아마도 반세기만 지나면 역사에서 사라질 것이다. 스페인 침략자들이 저들을 얼마나 끔찍이 학살하는지 상상도 못할 정도이다." 하지만 그런 비난 속에서도 그는 로사스 장군의 호의로 바이아블랑카에서 부에노스아이레스 군인들의 보호를 받으며 이동했다고 적고 있다. "이 황량한 평원에서 죽은 짐승의 고기를 먹는 독수리들이 사람을 계속 따라다닌다. 새들은 속으로 '인디오들이 나타나면 우리는 실컷 배불리 먹을 수 있다.'라고 생각하는 듯하다." 다윈은 바이아블랑카에서 부에노스아이레스까지 장장 640킬로미터를 육로로 여행했다. 1833년 9월 20일, 항해일지 내용이다. "부에노스아이레스 도시에 도착했다. 이곳은 세계에서 가장 잘 정돈된 도시 가운데 하나일 것이다. 모든 도로는 수직으로 만나고 집들은 '콰드라'라고 불리는 정사각형 안쪽에 모여 있다. 시 중심부에는 광장이 있고 관청과 성당 등이 모여 있다."

하지만 우리가 그의 노트를 보고 알 수 있는 것은 그의 관심 상당 부분은 지질학에 두고 있음을 알 수 있다. 그가 《종의 기원》의 중심 테마인 생물들의 변이 관심은 사실 항해가 끝나고 맬서스의 《인구론》이란 책을 읽고 나서부터였다. 그가 지질학에 그렇게 관심을 둔 것은 출발부터 《지질학의 원리》라는 책을 끼고 있어 예상됐던 일이다.

1834년 5월 비글호 항해는 남아메리카 최남단 티에라델푸에고를 돌아 서해안을 가고 있었다. 안데스 산맥은 지구의 변화를 아주 잘 증명해주는 여러 모습으로 가득했다. 다윈은 라이엘 교수에게 "안데스 지역은 확실히 최근에 탄생한 것이 맞습니다. 안데스 봉우리들은 평평해서 팜파스 평원 같지만 그 아래는 땅속에서 올라온 모습이 역력합니다."라고 편지를 띄웠다. 또한 다윈은 라이엘 주장처럼 안데스 산맥이 올라왔다면 다른 곳은 내려갔을 것이라고 생각했다. 다윈은 직접 화산 분출과 지진을 목격하기도 했다. 1835년 1월 15일 비글호가 칠로에 섬에 정박했다. 며칠 뒤 다윈은 코르디예라 산맥 오소르노 산에서 화산 활동을 목격했다. 1835년 2월 20일, 발디비아 해안에 도착한 다윈은 처참한 지진의 참상을 목격했다. 지진 이후 몰아닥친 무서운 해일까지 본 다윈은 역사상 가장 처참했던 리스본 대지진을 연상할 수 있었다.

1835년 9월 15일, 다윈 일행은 갈라파고스 제도에 도착했다. 12개의 섬으로 이루어진 이곳은 적도 부근에 있다. 갈라파고스 섬은 다윈에게 아주 깊은 인상을 심어준 곳이다. 이 고립되고 인적이 없는 화산섬에서 다윈은 다른 지역에서는 멸종되어 화석으로만 존재하는 동물들을 발견한다. 갈라파고스 군도는 에덴동산의 축소판이라 할 만큼 다양하고 아름다운 동식물들이 가득했다. 607종의 식물, 29종의 육지새, 19종의 바닷새, 484종의 물고기가 서식하는 12개 섬의 동식물들을 다윈은 꼼꼼하게 기록하고 채집했다.

1836년 1월, 시드니 만 안쪽에 닻을 내렸다. 항구 안쪽 선착장을 들어가니 큰 배들이 많이 정박해 있고, 선착장 주위에는 창고가 늘어서 있다. 저녁 무렵에는 시내를 걸어서 쭉 둘러보았는데, 전체적인 풍경을 보고 가슴 벅찬 감동을 안고 돌아왔다. 이곳은 영국 국민의 힘을 보여주는 매우 위대한 증거라 할 수 있다. 《비글호 항해기》 찰스 다윈 지음/권혜련 옮김/샘터

피츠 로이 선장은 탁월한 리더십으로 인해 다윈을 비롯한 66명의 승무원을 데리고 큰 사고 없이 무사하게 긴 항해를 마칠 수 있었다. 선장과 다윈은 종종 항해 기간 중 가벼운 언쟁을 하였다. 그것은 선장이 말하는 '노예제도 옹호'에 대해 다윈이 가볍게 반론을 제기하는 것에서 시작되었다. 하지만 피츠 로이는 귀국한 뒤 말년에는 정신병을 앓다가 자살했다고 한다. 다윈은 이십대 초반 항해를 떠난 뒤 이십대 후반의 나이가 되어 고향에 돌아왔다.

다윈은 자신이 이미 유명한 사람이 되어 있다는 것을 알게 됐다. 다윈을 마중 나온 라이엘 교수는 그가 이미 영국 지질학회 저명인사로 평가받고 있다는 사실을 상기된 표정으로 전했다. 라이엘을 비롯한 영국 지질학회 회원들은 다윈을 특별회원으로 맞이하려고 했다. 하지만 다윈에게는 할아버지가 다 마치지 못한 '진화론'에 대한 명쾌한 답을 이끌어내야 한다는 책임감이 있었다. 그것이 바로 다윈의 숙제였던 것이다. 다윈은 자신이 경험한 5년 동안 비글호 항해기를 꼼꼼하게 적었지만 자기가 모르는 이야기들은 당시 함께 항해를 했던 선원들을 만나 아주 소상하게 묻고 추가로 기록했다.

왜 《실낙원》을 들고 갔을까?

다윈을 잘 아는 사람들은 그가 비글호 여행을 하면서 5년 동안 한 번도 손에 놓지 않은 《실낙원》이란 책에 주목을 한다. 그가 1831년 12월 영국 군함 비글호에 탑승할 때 두 권의 책을 갖고 갔는데, 하나는 라이엘의 《지질학 원리》였으며 다른 하나가 바로 밀턴의 《실낙원》이었다. 왜 하필 《실낙원》이었을까? 사람들은 흔히 파라다이스를 노래한 존 밀턴을 그저 우아한 귀족 작가로 생각한다. 그러나 그의 삶을 들여다보면 그렇게 순탄한 삶이 아니었음을 알게 된다. 밀턴은 청교도 혁명 시절 찰스 1세의 처형을 주장한 혁명가이기도 했다. 하지만 혁명이 그를 배반하고 언론·출판의 자유까지 침해하자 말년에 그는 거의 실명 상태에서 인간 영혼의 깊은 노래 바로 《실낙원》을 쓴 것이다. 다윈은 12권의 《실낙원》을 읽으며 목숨을 건 위험한 항해를 기도하는 마음으로 보냈을 것이다. 다윈보다 200년 전에 살다간 밀턴의 삶에서 종교개혁과 혁명으로 혼란한 시기 '인간의 이성'을 가장 소중하게 생각했던 영국 인문주의자의 대부 밀턴을 그는 마음으로부터 깊은 존경심을 갖고 있었다. 항해에서 돌아온 다윈은 처음 얼마 동안 지질학회 사람들에게 이끌려 이곳저곳을 다니며 자신의 경험담을 들려주었고, 그가 기록한 노트들을 보여주었다. 그리고 몇 가지 의심나는 사항은 같이 항해를 했던 선원들을 찾아 묻기도 했다. 그리고 1838년 9월 어느 날 가을 햇볕이 내리쬐는 서재 창가에서 다윈은 할아버지가 물려준 많은 책 가운데 문득 맬서스의 《인구론》이란 책을 뽑았다.

그 책은 다윈이 에든버러 의과대학을 2년 만에 포기하고 절망에 빠져 있을 때 이것저것 산 책 가운데 한 권이었지만 그때 읽었을 때는 맬서스의 여러 나라 문화와 풍습들을 기록한 것에 흥미를 느꼈을 뿐이었다. 다윈은 그 책을 읽고 여러 지방을 돌아다니는 박물학자나 지질학자를 마음에 꿈꾸고 있었다. 그런데 10년 만에 다시 꺼내 책을 읽다가 다윈은 그만 큰 충격을 받았다. 그의 머릿속을 맴돌던 자연도태설, 바로 '생존경쟁에서 살아남지 못하면 도태된다.'는 문장이 머리를 한 대 친 것이다. 자기가 지금 해야 할 일은 할아버지가 끝내지 못한 인류의 기원을 밝히는 일이라는 것을 깨달은 것이다. 다윈은 곧바로 '진화론'과 관련된 책을 쓰기 위해 여러 자료를 찾고 관련 책들을 읽기 시작했다. 한편 1839년은 다윈에게는 좋은 일만 일어났다. 외가에 놀러 갔던 다윈은 그곳에서 아내가 될 엠마 웨지우드를 보고 첫눈에 반했다. 그녀를 본 순간 다윈은 영혼이 깨끗한 여인에게 마음을 빼앗겼다. 다윈은 서툴게 청혼을 했고 몇 번의 거듭된 도전 끝에 승낙을 받았다. 결혼한 지 몇 달 뒤 《비글호 항해기》[66]라는 책이 출간됐다. 식민지 건설과 새로운 미지의 땅에 대한 호기심이 팽배했던 당시 영국 사회 분위기로 볼 때, 이 책이 많이 팔린 것은 당연했다. 하지만 계약 조건을 불리하게 하는 바람에 재정적으로 큰 도움이 되지 못했다.

1840년 4월, 다윈은 갑자기 체중이 9킬로그램이나 빠지면서 몸이 좋지 않았다. 아내 엠마는 첫 아기 윌리엄을 낳았다. 다윈은 엠마와 결혼한 뒤 열 명의 자녀를 얻었다. 맬서스의 인구폭발은 다윈에게 그렇게 심각한 자기 일이 아니었다. 부모님을 잘 만난 다윈은 평생 경제적 시련이란 것을 모르고 살았다. 그것은 그의 타고난 복이며 《종의 기원》이란 대작이 나올 수 있게 한 제일 중요한 토양이었다. 라마르크가 다윈보다 더 똑똑하고 재능 있는 사람이었지만 그는 가난 때문에 그의 학설을 완성하지 못했다.

다윈에게는 마음씨 착하고 이해심 많은 아내가 있었다. "아내는 내게는 어머니와도 같은 사람이었고, 그녀는 내가 살아 있는 동안 단 한 번도 내게 서운하게 말을 한 적이 없다. 언제나 애정을 가지고 나를 대해주었으며 아프다며 불평하는 나를 한없는 인내로 받아주었다."

▶ 다윈의 아내 엠마

학자에게 이보다 더 좋은 조건은 없다. 다만 아쉬운 것이 다윈은 건강이 좋지 못했다. 결혼 후 얼마 있다가 다윈은 런던에서 좀 떨어진 교외에 거주 공간을 마련했다. 그곳은 다윈 사상의 완성을 이룬 중요한 연구소였고 그곳에서 그는 저술과 연구를 거듭했다. 다윈은 가끔 손님들이 찾아오면 응접실에서 맞이하거나 연구하는 시간 틈틈이 휴식하면서 아내의 피아노 소리를 감상하기도 했다. 다운하우스는

▶ 다윈의 장남 윌리엄

1842년부터 1882년 그가 죽을 때까지 40년을 머물렀던 곳이다. 가로세로 2킬로미터나 되는 넓은 집의 정원에서 그는 철저하게 자신의 일정표에 맞춰 살았다. 1842년 6월 다윈은 자신의 진화론을 요약하고 정리했다. 35쪽에 달한 이 내용은 1844년 10월에는 230쪽으로 다듬어졌다.

1844년은 마르크스가《경제학 철학 초고》[67]라는 책을 쓰고 있었던 때이기도 하다. 같은 시기 다윈은《종의 기원》에 관한 230쪽짜리 원고

를 마치고 있었다. 그해 10월 누군가 자기 이름을 숨긴 채《창조의 자연사적 흔적》[68]이란 책을 출간하였다. 그 책에는 우주와 생물의 진화론적인 내용들이 담겨 있었다. 저자는 나중에 언론인 로버트 체임버스라고 밝혀졌다. 책값은 무척 비쌌지만 날개 돋친 듯이 팔려나갔다. 하지만 책은 얼마 안 있어 엄청난 비판을 받아야 했다.《세상을 바꾼 12권의 책》 멜빈 브래그 지음/이원경 옮김/랜덤하우스

다윈은 자기의 진화론이 얼마나 사회적으로 충격을 줄 것인가에 대한 두려움과 건강이 좋지 않은 관계로 20년 넘게 같은 주제에 매달리며 시간을 보내고 있었다. 체임버스의 사례는 다윈을 더욱 위축시켰다. 하지만 1846년 아일랜드에서 대재앙이 일어났다. 이른바 '감자 마름병'이란 것이 일어나 아일랜드 감자 생산량의 40%가 감소했다. 인구 800만 명의 아일랜드 사람 가운데 100만 명이 기아로 죽었다. 그리고 150만 명이 아메리카 대륙으로 이민을 떠났다. 다윈은 더 좋은 유전형질의 감자를 개발하면 인류의 배고픔을 해소할 것이란 막연한 생각을 하면서 그 해를 보냈다.

1848년 유럽은 혁명으로 몸살을 앓고 있었지만 다윈에게는 침묵의 시간이었다. 그해 11월 13일 아버지마저 돌아가셨다. 다윈은 건강이 너무 좋지 않아 아버지 장례식에도 참석하지 못했다. 몇 권의 책을 쓴 것 말고 다윈은 아버지에게 이렇다 할 것을 보여주지 못한 것을 내내 한스러워했다. 젊은 시절 "나비나 곤충 채집 이외 잘 하는 것 없는 너는 우리 집안에서 부끄러운 존재다."라는 말을 해서 다윈의 가슴에 대못을 박은 아버지였지만 죽기 전에는 자식에게 한없이 자상했던 사람이었다. 1848년에 다윈의 영원한 지지자이자 후원자였던 라이엘이 왕실로부터 과학자로 명예스런 작위를 수여받았다. 또한 월리스는 다

원의 《비글로 항해기》를 읽고 감명을 받아 동남아시아 탐방에 나섰다.

다윈의 건강은 점점 좋지 않았고 신의 뜻에 반하는 일을 품고 있어 그런 것인지 다윈 주위에는 좋지 않은 일이 계속 일어났다. 1851년 4월 23일, 다윈이 그토록 소중하게 아끼던 큰 딸 앤이 장티푸스 증세로 시름시름 앓다가 사망했다. 그녀의 나이 불과 열 살이었고 눈에 넣어도 아프지 않은 자식이었다. "우리 유일한 위안이었던 앤은 짧지만 즐거운 삶을 살았을 거야. 우리 다음에 만나면 더 오랜 시간을 함께하자!" 이런 안타까운 메모가 그의 책상위에 한동안 걸려 있었고 아내와 함께 그 슬픔을 이기려고 부단히 노력했다.

화석 발견으로 결단을 내리다

모든 망설임과 주저함 뒤에는 결단의 시간이 필요하다. 1856년 독일 뒤셀도르프 지방 근처 네안데르탈 계곡에서 인류의 조상인 화석이 발견됐다. 다윈은 이 화석이 인간과 침팬지 중간 일거라는 확신하에 지체하지 않고 그동안 수집해 놓은 많은 자료를 가지고 '진화'와 '자연선택'이란 주제로 글을 쓰기 시작했다.

1858년 다윈은 알프레드 러셀 월리스라는 학자로부터 논문 한 편을 받고 깜짝 놀란다. 월리스가 다윈에게 문제의 그 논문을 보여준 것은 그가 이미 다윈의 연구가 자신의 주제와 겹친다는 사실을 알았기 때문이다. 1858년 여름 인도네시아 말레이 제도에 있던 월리스는 다윈에게 〈원형에서 벗어나려는 변종의 경향에 대하여〉라는 논문을 보내면서 사회적 파장을 우려하여 다윈의 생각을 물었던 것이다. 논문의 내용은 깔끔했고 자신이 그토록 준비했던 '자연선택론'을 잘 설명하고 있었다. 실망한 다윈은 월리스에게 "논문 한 부를 라이엘 선생에게도 좀 부쳐주시오."라고 답장을 보냈다. 그리고 곧바로 라이엘에게 "선생님 제가 해 온 지난 20년 동안의 일을 월리스가 간단하게 처리했어요. 이제 저는 할 일이 없습니다."라고 편지를 보냈다. 더 이상 작업을 할 의욕이 없었던 것이다.

하지만 라이엘은 두 사람 공동으로 린네학회에서 발표하라고 다윈에게 조언을 하였고 다윈은 월리스와 함께 '자연선택에 관한 진화론'이란 주제로 학회에 논문을 제출했다. 그러니까 다윈의 《종의 기원》은 책에 대한 영감은 맬서스의 《인구론》에서 얻었고 내용을 요약하고 마무리한 것에는 월리스의 도움을 받은 것이다.

다윈의 《종의 기원》을 출간해 줄 출판사로 에든버러 사의 존 머레이가 나섰다. 처음에 머레이는 원고를 검토하고 고민했다. 그러나 곧 용기를 냈다. 그의 머릿속에는 체임버스의 《창조의 자연사적 흔적》이란 책의 성공이 자리하고 있었다. 책이 거의 마무리 교정 작업이 한창 진행될 무렵 다윈은 여름 내내 두통과 구토, 그리고 알 수 없는 질병들로 고통을 받고 있었다. 드디어 몇 달 동안 걸친 교정과 수정을 반복해서 드디어 책이 발간되어 1859년 11월 24일 서점에 깔렸다. 초판은 1,250부를 찍었고, 가격은 15실링이었다. 그런데 책 발간 소식이 알려지자 하루만에 《종의 기원》은 모두 판매되었다. 2판은 3천부 발행되었는데 그것 역시 나오자마자 다 팔렸다. 원래 이 책은 '자연선택에 의한 종의 기원과 생존경쟁에 있어서 유리한 종족의 존속에 관하여'라는 긴 제목이었지만 세월이 흐르면서 짧아졌고 줄여서 《종의 기원》이라고 불렀다. 이 책은 미국뿐만 아니라 유럽 각 나라의 언어로 번역되었으며 마르크스 역시 그 책을 읽고 《자본론》 집필 동기를 얻었다.

그는 진화론을 드러내지 않았다

다윈은 처음에는 '진화'라는 말을 쓰지 않았고 여섯 번이나 책을 고쳐 쓰다가 마지막에 이 단어를 쓴 것이다. 최종판은 1872년에 나왔는데, 그때까지 그의 책은 2만 4천부가 판매되었다. 한편 그의 책은 종교인들에게 분노를 일으켰으며, 철학자들에게는 감동을 주었다. 《종의 기원》에 대한 당시 언론의 반응은 "건초가 가득한 헛간이 번개를 맞은 것 같은 큰 화재"라고 비유했다. 이 책으로 성경에서 창조이야기는 받아들여질 수 없게 되었다. 그러나 그에 대한 동료 과학자들의 반응은 극과 극이었다.

천문학자 존 허셜은 다윈의 책을 읽고 "뒤죽박죽된 법칙으로 묘사되어 있어 무슨 말인지 모르겠다."고 비판했다. 다윈의 스승이었던 애덤 세지윅 교수도 "이 이론은 틀린 것이며, 매우 장난기 어린 것"이라고 말했다. 그러나 지질학자 찰스 라이엘, 생물학자 토머스 헉슬리, 식물학자 조셉 후커, 미국의 유명한 식물학자 에이서 그레이 등은 아주 적극적으로 다윈을 지지하고 옹호했다.

라이엘은 그들 가운데 가장 많은 도움을 준 인물이다. 다윈은 책을 끝내고 사람들에게 라이엘이 이 책의 절반 정도는 공헌했다고 말하고 다녔다. 비글호 항해 기간 동안은 물론이고 지난 20년 동안 라이엘의 조언은 다윈이 길을 찾지 못하고 방황할 때마다 가야 할 길을 제시해

▶ 찰스 라이엘 교수

준 인물이었다. 찰스 라이엘은 스코틀랜드에서 태어났고 옥스퍼드 대학에서 법률을 공부했지만 지질학에도 관심을 가져 프랑스와 이탈리아 등지를 순회하면서 변호사 일을 하면서 지질학 연구를 했다.

'현재는 과거를 푸는 열쇠다.'라는 유명한 말을 남긴 그는 지질학의 아버지로 불린다. 다윈은 그를 통해 지질학회 사람들은 물론 많은 과학자를 알게 된다. 다윈처럼 라이엘도 대단히 소심한 사람이었다. 다음과 같은 이야기를 들으면 그가 얼마나 소심한 사람인지 알 수 있을 것이다. "라이엘은 보통 연구를 위해 어떤 사람이 자신을 식사에 초대하면 그 모임에 참석할지 말지를 고민하는데 보통 일주일을 생각하고 결론을 내렸다. 그래서 그는 미팅 약속을 싫어했다." 라이엘의 이런 소심한 성격은 다윈에게도 그대로 전달되었다.

하지만 자기 분야에서 성공한 학자들 기질이란 게 거의 다 비슷하게 소심한 성격들이다. 다윈도 자기 연구에 몰입하기 위해 일주일에 3일 이상 약속을 잡지 않는다는 원칙을 지켰다. 집중력을 흐리게 하지 않기 위함이었다. 라이엘의 지질학에서 업적은 다윈과 비교될 만하다.

"라이엘은 건전한 판단력과 독창성이 풍부한 사람이다. 그는 내 견해에 대해 모든 반대 가능성을 제시하여 그것을 충분히 따져보게 하였다. 처음 비글호 항해를 마치고 집으로 돌아와서 산호초에 대한 내 생각을 이야기하자 그는 상당히 놀라워했으며 아주 열정적인 관심을 가져주었다. 그는 내게 새로운 학설은 항상 기존 학설에 반기를 들면서 생겨난다고 용기를 주었다."《나의 삶은 서서히 진화해왔다》찰스 다윈 지음/이한중 옮김/갈라파고스

다윈에게 중요한 사람이 또 한 사람이 있는데 그가 바로 토머스 헨리 헉슬리다. 그는 스스로 '다윈의 충복'이라고 말할 정도였으며, 논쟁을 좋아하지 않은 다윈 대신 진화론을 들고 공격적으로 논쟁을 즐겼다. 다윈이 본 헉슬리는 면도날처럼 빠르고 날카로운 지성을 가진 인물이었다. 그는 무엇을 표현할 때 결코 평범하게 서술하지 않았다. 그는 토론을 하면서도 상대를 눌러 이기는 데 탁월한 소질을 갖고 있었다. 그는 가난 때문에 많은 교육을 받지 못했지만 독학하여 다방면에 과학적 업적을 남긴 인물이다. 그는 어느 누구도 성실하지 못하면 위대함을 인정받을 수 없다는 말을 할 정도로 천재성보다는 성실성을 더 중요하게 생각한 인물이다.

특히 1860년 옥스퍼드에서 열린 학술대회는 다윈에게는 위기이자 기회였다. 그해 학술대회 주제는 다윈이 발표한 '진화론'이었다. 다윈의 이론을 옹호하는 헉슬리에 맞서 반대편의 대표 인물은 옥스퍼드의 윌버포스 주교였다.

"헉슬리 교수에게 묻습니다. 우리 조상이 유인원이라면 조부 쪽입니까? 아니면 조모 쪽입니까?"라며 냉소적인 질문을 던졌다. 이에 헉슬리는 이렇게 대답했다. "인간이 유인원을 선조로 두고 있다고 해서 수치스러워할 이유는 없습니다. 나는 수치심을 느끼지 않습니다. 오히려 나의 다재다능함을 물려준 것에 감사할 따름입니다. 과학적인 문제를 종교적 편견으로 바라보지 말아야 합니다. 매사 종교적으로

논쟁을 하는 사람들은 항상 논점을 흐리는 탁월한 재능을 갖고 있습니다."

그는 34명 학자들의 생각을 인용했다

다윈은 《종의 기원》이란 책을 완성하는 데 여러 사람의 도움을 받았다. 우선 할아버지 에라스무스, 라마르크, 그리고 《종의 기원》이란 책에 영감을 준 맬서스는 앞서

▶ 토머스 헉슬리는 면도날처럼 날카로운 사람이다. 그는 다윈의 진화론을 전파한 싸움꾼이었다.

언급했다. 또한 당시 스코틀랜드 출신 지질학자 제임스 허튼, 물론 라이엘과 월리스 역시 그 명단에 들어 있다. 다윈은 마지막 개정판에서 이들 학자 이름 24명을 모두 언급했다.

다윈이 그처럼 오랫동안 책 한 권에 몰두할 수 있었던 것은 오히려 건강이 좋지 못해 큰 욕심을 내지 않은 것에 있었다. 그는 비글호 여행을 다녀온 뒤부터 건강이 좋지 않았다. 학자들은 그가 풍토병을 얻어서 그럴지도 모른다고 했다. "내 건강은 갑자기 찾아오는 흥분과 극심한 전율, 발작적 구토가 동반됐다. 그래서 그토록 사람들을 만나 토론하고 파티를 즐기는 내 성격이 점점 변해갔다. 가족들을 만나는 것 이외에 다른 사람들과 이야기하다보면 한 시간도 되지 않아 피곤함이 엄습했다."

다윈의 아내 엠마는 종교적으로 독실한 기독교 신자였다. 그녀는 남편의 일을 이해하고 격려했으며 또한 남편이 신의 존재를 의심하면서 두려워할 때 따뜻한 편지로 서로의 생각을 나누고 격려를 아끼지

않았다. 같은 공간에서 항상 살을 맞대고 살았던 부부였지만 두 사람의 진정한 대화는 편지로 이루어졌다. 다음 편지는 다윈이 지옥에까지 갖고 가고 싶다고 할 정도로 소중하게 아끼는 아내의 편지다.

▶ 다윈의 말년 모습

"당신의 진리탐구가 고민하고 노력한 만큼 잘못될 리는 없습니다. 당신은 책에 대한 열정으로 가득 차 있어요. 하지만 걱정스런 아내는 당신에게 한마디 하고 싶군요. 무엇이든 증명될 때까지 절대 믿지 않는 과학적 연구에 몰두하다 보니 당신의 마음에 그런 습관이 너무나 크게 미쳐, 증명할 수 없는 다른 분야에 대해서도 같은 태도를 취하는 것은 아닌지요? 당신이 연구하는 일이 신의 존재를 믿는 일의 반대편이라도 그분의 계시와 은총까지 저버리는 일을 하면 안 됩니다. 당신이 하는 일은 한쪽에서는 긍정적인 측면이 있지만 다른 한쪽에서는 동의할 수도 없고 무척 비난할 것입니다. 당신을 귀찮게 하지 않기로 한 제 약속을 잊었다고 당신은 사랑하는 그분에게 불평할까 그것이 두렵습니다. 저는 그분을 정말로 사랑합니다. 날마다 제 삶을 행복하게 해 주시는 그분의 사랑에 저는 늘 감사할 뿐입니다."

다윈의 욕심은 너무 방대했다. 그래서 아마 월리스가 나타나지 않았다면 그 역시 마르크스처럼 자기 생전에 그 책을 출간하지 못했을 수도 있었다. 1838년 9월 맬서스의 《인구론》을 읽고 자료수집에 들어가 1859년 11월 24일 출판이 되었고 다시 끊임없는 내용 수정과 자료 보완을 통해 1872년 마지막 개정판까지 그는 34년을 꼬박 이 책에 정성을 쏟았다. 하지만 독자들은 이 책을 너무 어렵다고 생각한다. 오히려 이 책보다 비글호 항해를 마치고 딱 2년 만에 출간한《비글호 항해기》를 읽는 것이 더 편하다고 이야기한다.

다윈에 대해 종교인들은 거의 정신병자처럼 취급하기 시작했다. 다윈을 비난하는 신문 칼럼에는 항상 원숭이 몸을 한 다윈의 모습이 등장했다. 2009년은 다윈이 탄생한 지 200년이 되는 해이고 진화론이 나온 지 150년이 된 해이다. 하지만 아직도 이 책은 논란의 중심에 있다. 창조론을 주장하는 사람들은 여전히 다윈을 미친 사람 취급하고 있다.

《종의 기원》이란 책은 어떤 것인가?

《종의 기원》이란 책은 다윈의 인내심이 없다면 읽기 힘든 책이다. 그 책은 나온 지 벌써 150년이 지났지만 여전히 논란이 되는 책이다. 또한 읽기가 힘들다. 국내 번역된 책들은 독자들이 읽기 힘들다. 그것은 다윈의 글쓰기 자체가 결코 독자를 배려한 글쓰기가 아니란 점도 있다. 그의 문체는 따분하다. 또한《종의 기원》이란 책은 6번이나 개정판을 냈다. 그러면서 내용은 명료하기보다 더 복잡하고 무슨 말인지 모를 문장들이 많아졌다. 그래서 우리는 가끔 논란이 있는 책들은 초판을 한번 읽어볼 필요가 있다. 다윈에게 영감을 주었던 맬서스의《인구론》도 역시 마찬가지다.

다윈은 책의 서론에서 라마르크를 언급한다. 그의 '용불용설'이 모든 것을 다 설명하지 못하고 있음을 지적하면서 자신이 주장하는 것과의 차이점을 설명한다.

　제1장은 '사육되는 종의 변이'란 제목으로 시작한다. "나는 거의 모든 영국산 닭 품종을 길러 교배시킨 뒤 그들의 골격을 조사하고 인도산 야생닭 '갈루스 반키바'의 종에서 유래된 것임을 밝혀냈다." 다윈이 적은 것처럼 그는 사육사처럼 닭뿐만 아니라 오리, 토끼, 개 등 집에서 사육하는 많은 동물의 '종의 변이' 과정을 관찰하고 메모하였으며, 다윈은 변이현상이란 "생물을 비교하면 날 때부터 이미 똑같은 것은 없다. 같은 종류의 동물이라도 사육하는 것과 자연 상태의 것은 다 차이가 있다."는 주장에 도달했다. 그리고 그것을 다윈은 실제로 실험을 통해 증명한 것이다. 포인터의 사례를 들었는데, 영국산 포인터와 스페인 토종 포인터는 확실히 구별된다고 주장했다.

　제2장에서는 '야생종에서 나타나는 다양한 변이'를 설명하고 있다. 이 장이 가장 예민한 부분인데, 종은 개별적으로 창조되지 않았다고 주장했다. 이것이 창조론자들과 대립되는 주장인 것이다. 그는 종은 강한 것이 살아남고 약한 것은 도태된다. 그래서 우세한 생물은 계속 진화된 자기 자손들을 낳아 더욱 고등생물로 발전했다는 주장이다. 그래서 변종이란 종과 종 사이 구분을 없게 했다. 이것은 하느님이 생물 간의 차이를 만들었다는 주장을 정면으로 반대한 것이고 인간의 조상이 고릴라가 아니냐는 추측을 가능하게 하고 있는 것이다.

　창조론을 믿는 사람들은 한 가지 형질의 생물을 다른 생물로 대치시킨 것은 창조자의 의도에 따라 바뀐 것이라고 설명했다. 그러나 다윈은 신의 뜻이 아닌 자연의 뜻이라고 보았다. 자연은 스스로 생존능력이 있는 종에 의해 스스로 변화해서 자신의 수를 늘리고 자연적 조건으로 진화 발전했다고 주장했다. 이 모든 것은 신이 잘못 만든 것이 아니라 원래에서 환경에 따라 퇴화와 생성을 거듭한 것으로 볼 수 있다는 주장이다.

제3장은 '생존경쟁'이다. 생존 경쟁은 같은 종 사이 가장 심하고 그것은 마치 전쟁과도 같다. 그는 모든 생명에는 이런 비정한 자연법칙이 존재한다고 말하면서 매우 위험한 결론을 이야기한다. "생존경쟁에 대해 생각할 때 우리는 자연의 전쟁은 끊임없는 것이며, 공포가 느껴지지 않고, 대체로 죽음이 돌발적인 것이며, 유력하고 건강하며 행복한 개체만 살아남는 것이 확실하다. 우리는 그것에 자위해야 한다." 이 주장이 나중에 마르크스나 히틀러가 인용하고 사회적 다윈주의로 변화하게 된다.

제4장 '자연선택' 역시 3장의 이론을 보완한 이론이다. "자연의 선택은 강한 것만을 고집한다. 그래서 항상 생존경쟁에서 보존되는 가장 좋은 종만 이어질 것이다. 그렇지 못한 것들은 자연 도태된다.

제5장은 '변이의 법칙'을 설명하고 있다. 체질상 특이한 것을 만들어내는 습관과 사용하지 않은 것은 퇴화하는 것이 특징이다. 열등한 동물은 고등한 동물보다 더 변이하기 쉽다. 많이 변화한 자손은 그것이 오랜 시간 경과를 하면서 완만하게 변화했을 것이다. 또한 상관변이도 있어 어느 한 부분이 경미하게 변이가 일어나면 그것이 다른 부분에도 영향을 미친다고 주장했다.

제6장은 쉬어가는 면에서 논란이 많은 부분을 언급하면서 '이 이론의 난점'이라 제목하고 설명했다. 다윈은 종은 원래 변화하는 것이며 그 대표적인 증거들은 많다고 주장했다. 물에서 살지 않는 거위가 좋은 예라고 설명했다. 포유류인 박쥐의 날개는 날지 않지만 달려 있다. 이것은 그들이 지금 변화하는 중간임을 설명하고 있다.

제7장 '자연도태설에 대한 여러 가지 이론'은 화석에서 보면 지금은 볼 수 없는 것들이 많은데 또 어떤 것은 갑자기 생긴다. 새나 박쥐의 날개가 갑자기 생기고, 히페리온이 갑자기 말로 변한 것 등 그들 태아를 보면 과거 조상들을 알 수 있다. 가령 조상인 늑대로부터 물려받은 개의 공격 본능이 좋은 예일 것이다. 습성은 또한 길러지기도 한다. 헨슬로우 교수가 실험한 바로는 물건을 앞발로 쥐던 들쥐들을 가둬 놓고 길러보았는데 밀폐된 공간에서 그 쥐는 꼬리로 나뭇가지를 휘어 감는 것을 보았다고 말한 적이 있다. 물건을 꼬리로 잡던 과거 자기 종족의 습관이 갑자기 다시 생긴 것이라고 볼 수 있다.

제8장의 '본능'에서는 동물들은 변하는 성질이 있다. 그리고 그 변한 모습은 유전한다. 동물들의 행동을 보면 그들은 타고난 본능이 이미 습관으로 자리하고 있다. 제비비둘기가 공중을 나는 것은 타고난 것이다. 암탉이 구구하고 위험 신호를 보내면, 새끼들은 암탉 날개 밑으로 숨는 것은 모두 본능이다.

제9장은 '잡종'에 대해 설명하고 있다. 사람에게 근친상간은 위험하다. 하지만 동물들에게는 그렇게 위험하지 않다. 그러나 모든 생물은 잡종 교배가 더 좋은 종족을 만든다. 그렇지만 내가 아는 많은 사육사에게 물어보니 동물들의 근친교배가 특별히 더 열등하다는 결론을 내리지 못했다고 한다. 그렇다고 자연계 모든 종이 교잡을 해서 새로운 종으로 탄생을 의미한다는 것은 아니다. 교잡을 할 때 붙임성은 여러 조건이 맞아야 가능하다. 나무를 접목시켜 보면 그것이 더 명확해진다.

제10장에서 13장까지 지질학적 측면에서 생물의 분포와 종의 변이 등을 설명하고 있다. 여기에서 다윈은 화석의 사례를 예로 들면서 진

화는 천천히 이루어졌다고 주장했다. 중간 형태의 모습이 없다고 해서 그것이 갑자기 생긴 것이 아니라 화석이 발견되지 않았을 뿐이라는 설명이다. 유인원과 인간 사이 중간적 존재를 증명하는 화석이 발견되지 않은 것은 화석은 알맞은 환경에서만 형성되기 때문에 화석으로 존재하지 않고 넘어갈 수 있다며, 그런 갑작스런 종의 변화는 여러 사례에서 다양하게 볼 수 있다고 주장했다.

인간의 조상은 누구냐?

다윈의 놀라운 과학적 업적, 치밀한 분석들은 모두 묻히고 논쟁은 인간이 과연 고릴라에서 출발했느냐, 이 질문만이 지속됐다. 자꾸 묻자 다윈은 거의 12년을 침묵했다. 그러다가 《인간의 유래》[69]라는 책을 1871년 출간했다. 이 책을 출간한 것은 좀더 이성적으로 사람들이 논쟁을 했으면 하는 바람에서다. 다윈의 《종의 기원》은 과학자뿐만 아니라 사회학자까지 가세하여 그럼 인간의 조상, 흑인과 백인은 서로 조상이 다른 것 아니냐는 논쟁까지 흘러갔다. 인종적인 문제는 제국주의가 판치던 당시 유럽사회에서 원주민들을 하등동물로 보려는 비도덕적인 시각들이 생겨나기 시작하면서부터다. 다윈은 《인간의 유래》라는 책에서 흑인이나 백인이나 모두 한 조상이라고 주장했다. 또한 인간이 고릴라에서 진화했냐는 물음에 그는 고릴라는 아니라도 인간과 고릴라 중간 어디쯤에 존재했을 것이라고 대답했다. 그는 그 이유를 여러 가지 사례로 설명했다.

귀를 움직이는 사람이 있는데, 이것은 동물에게서 사람으로 완전 진화가 덜 된 사람이다. 우리 몸에 덮여 있는 털이 하등동물의 고른 털가죽의 흔적기관이다. 문명화된 인종일수록 뒤쪽 어금니와 사랑니가 흔적기관으로 변해가는 경향이 있는데 이것은 침팬지와 오랑우탄의 치아와도 비슷하다. 어금니가 짧아지는 경향은 문명화된 사람들이 부드러운 음식들을 먹으면서 진화하는 과정인 것이다. 인간의 꼬리뼈는 인간이 다른 척추동물과 비슷한 진화과정을 겪었다는 증거다. 우리의 정서적 행동에 보면 하등 동물의 행동양식과 비슷한 것이 있다. 우리가 코웃음 칠 때 입술이 말려 올라가는 현상은 이빨이 무기로 쓰였을 때 적에게 이빨을 과시하기 위해 으르렁거리는 동작의 흔적이다.《인간의 유래》 찰스 다윈 지음/김관선 옮김/한길사

다윈은《인간의 유래》에서 맬서스의《인구론》에 나온 문제들, 원주민들이 영아살해의 이런 반문명적인 풍습은 인간 저 밑에 숨어 있는 야성적인 동물의 습성이 남아 있어 그렇다고 주장했다. 이 책은 자기 주장을 감추려는 것이 아닌 논쟁에 한복판으로 뛰어든 것과 같았다. 또한 다윈은 이 책에서 자신이 연구한 방대한 자료들을 모두 다 내보였다. 그리고 이 책은《종의 기원》이전에 출간했으면 더 좋은 반응을 얻었을 것이라고 덧붙였다. 더 정제되고 더 깔끔한 그의 주장이《인간의 유래》에 담겨 있다고 본 것이다.

사실《종의 기원》이 출간되고 세상은 난리가 났다. 아무 상관없을 마르크스까지 다윈에게 편지를 보냈으니 그 파장이 얼마나 컸을 것이란 것은 우리가 지금 상상하는 것 그 이상이었다. 마르크스를 비롯한 좌파 헤겔철학을 공부했던 사람들은 '유물론'적인 시각으로 그 책을 덧칠했다. 다윈은 다시 10년을 침묵했다. "전 유럽의 바보들이 나에게

▶ 진화론을 풍자한 만화

어리석은 질문들을 던진다." 이 말이 그의 말년 고통을 대신한다.

다윈은 1872년 이후 죽을 때까지 약 10년 동안 주로 식물과 관련된 몇 가지 책을 내고는 '진화론'에 대한 일체의 언급을 회피했다. 주로 아들과 식물에 관한 연구와 공동 집필에 참여했을 뿐이다. 1882년부터 심장의 통증은 참을 수 없을 만큼 그를 고통스럽게 했다. 1882년 4월 18일, 다윈은 심한 발작을 일으켰다. 그리고 꼭 하루를 울부짖다가 다음 날 4월 19일 오후 4시에 숨을 거두었다.

다윈의 한계

다윈은 "인간이 노력을 해서 망원경을 만들었지만 눈보다 뛰어난 것은 아니다. 눈은 바로 창조주께서 만든 것이다. 그럼으로 인간은 신을 뛰어넘을 수 없다." 이 말은 그가 죽기 직전에 했다고 하지만 그것으로 그가 자신의 진화론을 거둔 것은 아니다. 그는 항상 자기 자신은 신의 존재를 굳게 믿는다고 말했다. 하지만 다윈을 지지하는 사람들은 그가 신의 능력을 뛰어넘었다고 찬사를 아끼지 않았다.

다윈의 《종의 기원》이란 책은 완벽한 책이 아니었다. 우리나라에서 출간된 《종의 기원》은 모두 마지막 6번째 개정판으로 번역된 것이다. 하지만 사실 그의 통찰을 더 명확하게 보여준 책은 초판이다. 그래서 심도 있게 공부를 하려는 사람은 작가의 초판본을 꼭 찾는다. 다시 말하지만, 뉴턴이 신만이 알 수 있는 존재의 근원, 하늘의 이치를 찾아 끊임없이 탐구했다면 다윈은 인간을 포함한 지구상의 모든 생명의 존재 근원을 평생 찾았던 것이다.

그는 겸손함을 잃지 않았다. 겸손할 수밖에 없었던 것은 뉴턴처럼 물리적으로 증명되는 부분이 아니라 더욱 그랬다. 특히 그는 유전적인 요인을 제대로 설명하지 못했다. 그래서 말년에는 식물을 연구하면서 비밀을 캐려고 했다. 그러나 그것은 그의 몫이 아니었다. 그것은 그의 한계이자 당시 과학의 한계였다. 그런 다윈의 한계를 알고 그에게 도움을 주려는 사람이 나타났다.

1865년 다윈은 한 편의 논문 사본을 받았다. 그것은 오스트리아 수도사 멘델이 쓴 〈식물 잡종에 관한 실험〉이란 제목의 논문이었다. 하지만 다윈은 그 논문을 평생 보지 않았다. 물론 다른 과학자들에게도 외면당했다. 다윈이 이 논문을 외면한 것은 그것은 자기가 해야 할 일이 아니라고 생각했던 것 같다. 멘델의 유전법칙은 그가 논문을 발표한 뒤 30년이 지난 뒤에야 세상에서 빛을 보게 된다. 멘델도 다윈만큼이나 집요한 인물이었다. 그는 유전법칙을 발견하기 위해 7년 동안 3만 그루 완두를 재배하는 열의를 보여주었다. 유전학적으로 보면 근친교배는 좋지 않은 습성이나 기질이 그대로 유전되어 도태되는 원인이 된다는 주장을 확인시켜 주었다. 다윈이 물음표로 남겨둔 그 질문을 멘델이 대답한 것이다.

다윈의 위대함은 자연과학 분야에서 '창조론'과 '진화론'의 대결을 통해 생물의 많은 신비를 밝혀냈다. 다윈의 위대함은 사회과학 분야에서도 살펴보아야 한다. 다윈의 《종의 기원》을 읽고 마르크스가 《자본론》이란 책을 쓰려고 결심한 결정적인 이유는 무엇이었을까? 생존 능력을 위해 스스로 변화를 하는 자연법칙, 그것에서 마르크스는 생존본능을 투쟁본능으로 이해하고 싶었으며 프롤레타리아 혁명론으로 이용한 것이다. 그래서 다윈의 생각은 '사회적 다윈주의'라는 용어로 발전하기 시작한다. 강자는 생존경쟁에서 살아남은 결실로 더 많은 것을 추구할 수 있다는 서구 유럽의 제국주의 논리에도 악용되었으며 마르크스의 계급적 불평등을 해소하기 위한 폭력 혁명이론에도 적용되었다.

20세기 문을 연 두 권의 책

관념론 철학의 전성기였던 19세기 중반, 헤겔은 철학하는 젊은이들에게 우상과도 같은 존재였다. 여기에 마르크스는 헤겔에게서 시대정신을 담은 철학을 찾아내기 위해 노력하고 있었다. 철학이 시대정신을 담아내지 못한 것은 어제 오늘의 일이 아니지만 특히 당시는 혁명의 시대였다. 그런데 철학은 혁명을 담아내지 못하고 있었다.

헤겔철학에 깊이 빠져 있던 마르크스는 독특한 이론을 만들어내는데, 그것이 바로 유물론이란 무기였다. 산업혁명이 자본을 무기로 노동을 착취한다고 본 마르크스는 결국 궁극적으로 괴물 같은 자본주의는 멸망할 것이라고 내다보았다. 따라서 그것을 이론적으로 설명하기 위해서 고민하던 중 다윈의 《종의 기원》이란 책을 읽고 《자본론》이란 대작을 구상하게 된다. 그러나 다윈은 마르크스와 전혀 다른 사람이다. 다윈에게 오히려 맬서스가 어울릴 정도다. 《비글호 여행기》를 읽다보면 원주민들에게 갖는 다윈의 감정이 두 가지라는 것을 알 수 있다. 불쌍하지만 미개하다는 것, 다윈은 원주민들의 문명화가 늦은 이유를 부족에 힘 있는 통치기구가 없다는 데서 찾았다. 그는 문명이 발달한 사회일수록 강한 정부를 만든다고 주장한다. 그래서 타히티 섬과 뉴질랜드, 오스트레일리아를 항해하면서 줄곧 대영제국의 도움으로 문명화된 곳과 그렇지 못한 곳을 비교하면서 제국주의 문명에 찬양을 늘어놓는다.

그러니까 다윈과 마르크스는 같은 시대, 같은 공간(마르크스는 런던 시내, 다윈은 런던 외곽)에 살고 있으면서도 전혀 만날 일이 없었던 것이다. 다윈이 죽고 1년 만에 마르크스도 죽었다. 다윈은 죽는 날까지 마르크스가 보낸 《자본론》이란 책의 존재를 숨겼다. 왜 그랬을까? 마르크스 사상을 혐오했기 때문이다. 하지만 다윈의 《종의 기원》은 마르크스의 《자본론》에 큰 영향을 주었다. 마치 맬서스의 《인구론》이 다윈의 진화론으로 연결되었듯이, 다시 다윈의 《종의 기원》은 마르크스의 계급혁명론에 인용이 된다.

다윈의 《종의 기원》이 뉴턴 이후 많은 사람을 자연과학에 열광하게 했고, 저마다 과학에 흥미를 느끼게 했으며 과학적 사고로 무장하게 한 책이라고 한다면 마르크스의 《자본론》은 20세기를 살던 사람들의 삶을 전부 바꾼 책이면서 마르크스 말대로 무기였다.

러시아 혁명 이후 20세기 세계 역사는 자본주의와 공산주의 대결로 봐도 무방하다. 멀리 볼 것도 없이 해방 이후 우리나라가 분단된 국가로 지금도 고통 받는 이유 역시 마르크스 사상 때문이다. 마르크스의 공산주의 사상이 20세기를 혁명과 전쟁, 그리고 혼란으로 빠트린 것은 그처럼 자본주의 체제에 대해 심도 있게 비판한 철학, 혹은 사상가가 없어서가 아니다. 그를 상징적으로 표현하는 그 책, 바로 《자본론》때문이었다. 이 책에서 마르크스는 자본주의 물질적인 것에 대한 맹목적인 숭배가 인간을 얼마나 소외시키고 고립시켰는지를 역사적으로, 사회적으로 잘 보여주었다. 하지만 그는 사상가의 자리에만 있지 않고 '국제노동자 연맹'이란 조직을 창설하는 혁명가로도 활동했다. 폭력혁명을 통한 무정부주의를 외친 바쿠닌 역시 처음 시작은 마르크스의 사상에서 시작됐다. 마르크스는 프롤레타리아 혁명을 부르짖은 인물이다. 노동이 자본의 착취에서 벗어나기 위해 벌여야 하는 투쟁 방식은 처절하게 폭력적이어야 한다는 점에서 많은 비난을 받지만 피 흘리지 않고 얻은 혁명이란 없다는 말로 폭력을 정당화하고 있다.

마르크스가 진화론에서 차용한 것은 사회발전도 진화의 단계를 거친다는 주장이다. 마르크스는 사회 발전을 5단계로 보았다. 처음에는 원시 공산사회, 두 번째가 고대 노예사회, 그리고 중세 봉건사회를 거친 다음, 그가 살던 시대를 근대 자본주의 시대라고 규정하고 마지막으로는 그가 꿈꾸었던 공산주의 사회가 올 것이라고 주장했다. 이런 이론의 근거를 마르크스는 다윈의 진화론에 두고 있다고 밝혔다. 마르크스는 힘들게 《자본론》을 완성하고 "나는 이 책을 통해 사회학에서는 다윈이 되고 싶었고, 과학에서는 뉴턴이 되고 싶었다."고 말했다. 젊은이들은 모두 마르크스 사상에 심취한다. 그가 꿈꾼 공산주의 국가는 아직 한 번도 지구상에 존재하지 않았다. 모두 마르크스 이름을 빌려 자신들의 이익만 챙긴 권력자들이었다. 누구는 마르크스가 생각한 공산주의 이념은 끝났다고하고 또 누구는 아직 진행 중이라고 한다. 누구의 말이 맞는지는 아직 모른다.

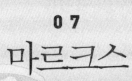

07

마르크스

마르크스 1818~1883

1847년 마르크스는 그의 《공산당 선언》[70]이란 책자에서 이렇게 말했다.
"한 유령이 유럽을 배회하고 있다. 공산주의라는 유령이……."
그 유령은 여전히 세계를 떠돌고 있다.

7_
마르크스

1859년 다윈의 《종의 기원》이 나온 지 8년 만에 1867년 9월 14일 칼 마르크스의 《자본론》이 함부르크 출판사에 의해 출간되었다. 원제목은 《자본, 정치경제학 비판》이고 이것을 압축하여 그냥 《자본론》으로 불리기 시작했다. 다윈이 언론 조명을 받은 만큼 마르크스 역시 많은 언론에 주목을 받았지만 이 책은 그리 많이 팔릴 책은 아니었다. 처음 발행부수는 1,000권, 학문서적으로는 적은 부수가 아니었다. 책을 펼치면 첫 장에 소농의 아들로 태어나 마르크스와 엥겔스의 투쟁 동지로 활동했던 빌헬름 볼프에게 바치는 헌정사가 있다. 마르크스의 동지 볼프는 1864년 5월 9일 맨체스터에서 사망했는데, 죽으면서 갖고 있던 모든 재산을 마르크스에게 물려준 것이다.

출간 당시 《자본론》의 책값은 당시 노동자들의 주급과 맞먹었기 때문에 평범한 노동자들이 구매하기는 쉽지 않은 책이었다. 이 책을 더 많은 사람에게 소개하기 위해 마르크스는 당시 오피니언 리더들에게 선물했다. 마르크스는 그 가운데 《자본론》이란 책이 나올 수 있게 자신에게 영감을 불어넣어준 다윈에게도 책을 보냈다.

하지만 다윈은 그의 책을 열심히 읽지 않았다. 아주 흥미로운 이야기는 다윈과 마르크스가 같은 런던에서, 30킬로미터 내외의 아주 가까운 거리에서 살고 있었지만 단 한 번도 만난 적이 없다는 점이다. 다윈은 평생 경제적 어려움 없이 살았으며 그의 학문 공간은 오직 저술을 위한 것이었지만 마르크스가 살던 공간은 그렇지 않았다. 매일매일 생존을 위한 투쟁으로 점철된 장소였다.

그럼에도 자존심 강한 마르크스는 1860년 다윈의 《종의 기원》을 읽고 엥겔스에게 "친구! 우리가 쓰려고 하는 책의 모범적인 모델이 여기 있네."라고 다윈의 책에 열광했다고 한다. 이것으로 짐작할 수 있는 것은 마르크스의 《자본론》은 《종의 기원》을 읽은 뒤 창작 동기가 발동한 것이다. 하지만 맬서스의 《인구론》을 읽고 다윈이 《종의 기원》이란 책의 구상과 집필에 들어간 것과 달리 마르크스는 오히려 영감을 얻기는 했지만 《종의 기원》이란 책으로 인해 그는 사회과학 책으로 《종의 기원》과 버금가는 책을 쓰겠다는 너무 무리한 집필 욕심으로 스스로를 버겁게 만들었다.

여러 가지 자료들을 보면 마르크스가 다윈을 존경했다고 하는데, 아마도 다윈이 과학을 통해 종교의 맹신을 비판한 것이 마음에 들어서일 것이다. 그러나 다윈은 마르크스의 그런 칭찬에 자신은 "종교를 비난할 생각은 없고, 다만 과학적으로만 사고하고 싶다."는 말로 마르크스가 자기를 좋아하는 것이 부담스럽다는 뜻을 간접적으로 표현하였다. 다윈은 언제나 논쟁의 중심에 서는 것을 원하지 않는 사람이다. '진화론'이 세상을 시끄럽게 하고 있을 때에도 그는 논쟁의 중심에서 비켜서 있었다.

반면 마르크스는 논쟁의 중심에 서길 원했던 사람이다. 오히려 논쟁을 찾아다니던 사람이었다. 《종의 기원》이란 책이 당대 베스트셀러로 많은 사람에게 과학에 더 많은 관심을 갖게 한 것처럼 마르크스는 《자본론》을 통해 모순된 자본주의 체제를 끝내고 자기가 주장하는 공산주의 사상이 전 세계 모든 나라에서 뜨거운 열기로 불어닥치길 기대했다. 그리고 《자본론》은 그 꿈을 이루기 위한 강력한 무기라고 그는 사람들에게 말했다.

1859년 《종의 기원》이 출간된 해, 마르크스는 4개월 만에 《정치경제학 비판을 위하여》을 출간했다. 그러나 이 책은 마르크스 제자들도 읽기 꺼려할 정도로 어려운 책이었다. 각주가 무려 405개나 되는 책을 집필하면서 더 두껍고 더 어려운 《자본론》을 구상한 것을 보면 마르크스는 참 독특한 사람이다. 말보다는 글이 훨씬 어려운 사람이지만 그런 것을 깨닫지 못하고 계속해서 책을 쓰는 일에 매달린 사람. 사실 이럴 때는 누군가 따끔한 충고를 해서 진로 수정을 도와주었어야 했지만 작가 이외에 딱히 할 일이 없었던 것도 주변 사람들의 고민이었을 것이다. 다윈도 문장력이 탁월한 사람은 아니었지만 마르크스의 글은 읽기가 더 어려웠다. 자연과학이야 여러 신비한 자연현상을 독자들 호기심으로 유혹할 수 있다. 반면 사회과학 책이란 뜨거운 열정만으로 독자를 사로잡을 수는 없지 않은가? 마르크스는 철학을 오랫동안 공부한 사람이라 어려운 철학 이야기를 쉽게 풀어쓰기보다는 더 어렵게 설명하는 재주가 있었다. 마르크스 글은 문장이 길고 복잡하며 시작한 글과 끝나는 말이 다른 경우도 흔했다. 그런 글쓰기 태도 때문인지 사람들은 그의 글을 읽기 힘들어 했다.

마르크스는 다윈에게 《자본론》의 제2권을 헌정하고 싶어 했다. 그러나 다윈은 마르크스가 보내준 《자본론》 제1권 총 822쪽 가운데 105

쪽만 읽고 감사의 편지를 보냈다고 한다. 그리고 다시는 그 골치 아픈 책을 보지 않았다. 다행히 마르크스는 다윈이 그렇게 성의 없이 자기 책을 읽은 사실을 모르고 죽었다.

프리드리히 엥겔스는 마르크스의 장례식에서 다윈과 마르크스의 관계를 이렇게 말했다고 한다. "다윈이 유기적 자연의 발전법칙을 발견한 것과 같이 마르크스는 역사의 진화법칙을 발견했다." 마르크스의 《자본론》은 총 3권으로 2,500쪽에 이르는 방대한 분량의 책이다. 누구든지 이 책을 읽으려면 마르크스처럼 엉덩이에 종기를 달고 살아야 할지도 모른다. 그리고 어느 페이지는 복잡한 도식과 수학적 풀이로 사람을 지치게 한다. 또한 어느 장에서는 자본가들이 노동자들의 피를 빨아 먹는 흡혈귀로 묘사되기도 한다.

사실 《자본론》은 일반 노동자들이 읽기에는 너무 어렵다. 그러나 당시 그 책을 구매한 사람들은 마르크스 추종자들이 각종 언론에서 떠들어 댄 홍보성 글에 걸려들었을 가능성이 높다. 책 판매를 위해 마르크스는 동료들에게 영향력을 행사할 수 있는 모든 매체에 글을 올릴 것을 지시했다.

"이 책은 우리의 칼이요 갑옷이다. 공격 무기인 동시에 방어 무기이다. 자! 이제 우리 저 낡은 세계와 결투를 선언하자." 광고 문구와 같은 이런 글들을 신문에 실었고 마르크스를 비롯한 그의 노동자 동지들은 그 책을 무기로 싸울 것을 결의했다. 하지만 마르크스 자신도 이 책을 '저주 받은 책'이라고 할 정도로 힘들어 했다. 1권이 출판되고 나머지 책을 쓰면서 마르크스는 서서히 지쳐갔고 결국 완성을 보지 못하고 죽었다. 이후 마르크스가 남긴 악필을 토대로 엥겔스와 마르크스 딸들의 공동노력으로 《자본론》 2권과 3권이 완간된다.

이 책이 얼마나 어려운지를 잘 보여주는 이야기가 있다. 《자본론》이 나온 지 꼭 백 년 뒤 영국 수상인 해럴드 윌슨은 그 책을 한 번도 읽어본 적이 없다고 자랑했다. "나는 겨우 2쪽을 읽고 멈추어버렸습니다. 솔직히 본문 두 문장에 주석이 한쪽을 차지하는 책은 너무 심한 것 아니에요?"《마르크스 평전》프랜시스 원 지음/정영목 옮김/푸른숲 참고로 윌슨은 정치학, 철학, 경제학 박사학위를 받은 사람이다. 그러니까 경제학을 전공한 사람들이 모두 그 책을 다 읽은 것은 아니다. 문제는 그 책을 읽어보지 않고 무조건 비판하는 사람들이 많다는 것이다. 《자본론》 1권이 출간되었을 때, 자본주의는 빠르게 성장하고 있었다. 하지만 노동자들의 노동 현실은 비참한 모습이었다.

"여자들은 어깨에 밧줄을 걸고 배를 끌어 운하에 옮겼다. 아이들은 9살이나 10살부터 직물공장에서 일을 시작했고 하루에 12시간에서 15시간씩 노동을 했다. 야간 근로가 성행하면서 아이들은 교대로 잤기 때문에 침대는 식을 겨를조차 없었다. 결핵을 비롯한 다른 많은 직업병이 노동자의 소중한 생명들을 앗아갔고 광산에서는 여자와 아이들까지 노동력에 동원됐다."《자본》 칼 마르크스 지음/김영민 옮김/이론과실천

이런 비참한 현실은 바로 마르크스 삶에도 이어졌다. 마르크스는 런던 빈민지역에 거주하면서 아이를 세 명이나 잃었다. 당시 마르크스를 감시하던 프로이센 비밀경찰이 쓴 글에서 마르크스와 그의 가족들이 얼마나 비참하게 생활했는지 알 수 있다.

"내가 그의 집에 들어서자 자욱한 담배 연기에 눈물이 줄줄 날 지경이었다. 잠시 동안 나는 동굴 같은 그곳을 더듬다가 연기 속에서 서서히 익숙해지는 내 모습을 발견하였다. 그리고 드디어 물건들이 하나 둘 보이자 다리가 세 개인 의자, 어떤 의자에는 아이들 장난감이 수북이 쌓여 있는 것도 볼 수 있었다. 용케 그 의자의 다리가 네 개였다. 주인은 이 멀쩡한 의자를 찾아 손님에게 내 놓았지만 의자 위에 있는 아이들 장난감을 다른 곳으로 치우지는 않았다. 마르크스와 그의 아내에게 나는 별로 반가운 손님이 아니었지만 당황한 기색 없이 무언가 하나라도 더 내놓으려고 하였고, 친절하게 대했다. 상대를 배려하려는 마음, 그리고 활기차고 즐거운 대화를 유도하려는 마음, 이런 모습은 이 집안의 모든 결핍을 메웠고 불편함을 참을 수 있게 해주었다."《핀란드 역으로》에드멘드 윌슨 지음/유강은 옮김/이매진

마르크스는 궁핍했지만 평생 직업을 갖지 않았다. 그의 직업은 두 가지였지만 돈이 생기지는 않았다. 작가와 직업혁명가. 마르크스는 직업혁명가로 마키아벨리와 레오나르도 다빈치가 되어야 한다고 생각했다. 똑똑하고 치밀해야 하며, 때로는 잔인하고 비정하기까지 해야 된다고 생각했다. 그리고 그는 그렇게 실천했다. 마르크스는 자신의 경제적 무능함을 엥겔스에게 이렇게 설명했다. "작가나 직업혁명가는 '돈 버는 기계'가 되어서는 안 된다." 마르크스는 도움이 필요하면 항상 당당하게 엥겔스에게 요구했고 엥겔스는 항상 자신이 부르주아 출신 성분이란 이유로 마르크스에게 쩔쩔매며 가진 것을 주려고 했다. 하지만 언젠가 엥겔스의 애인이 병으로 죽고 그녀 앞으로 되어 있는 집에 대해 마르크스가 욕심을 내자 이 참을성 많은 동지도 마르크스에게 화를 낸 적이 있었다. 다른 사람들에게 엥겔스와 마르크스

는 스승과 제자 관계 같았고, 때로는 일방적으로 보호하는 사람과 보호 받는 사람, 또는 채무자와 채권자 같은 그런 관계처럼 보였다.

◆ ◆ ◆

마르크스는 1818년 5월 5일 독일의 라인 지방 트리어에서 태어났다. 그곳은 한때 교황이 살던 곳이었지만 19세기 초 프랑스에 점령되었고 1815년 나폴레옹이 워털루에서 패배할 때까지 그곳 유태인 사람들은 프랑스 통치를 반겼다. 프로이센 정부는 유태인들에게는 관직을 주지 않았고 차별적인 정책을 폈다. 생계를 위해 마르크스의 아버지는 1817년 개신교(루터교회)로 개종했다.

마르크스 아버지는 변호사로 루소와 볼테르 등 계몽주의 사상가들에 심취한 전형적인 지식인이었다. 아버지는 마르크스의 천재성을 알고 그가 자신처럼 법학을 전공해 가업을 잇기를 희망했다. 그의 아버지는 혁명가는 아니었지만 진보적인 사고를 가진 사람이었다. 마르크스의 집 근처에는 루트비히 폰 베스트팔렌 남작이 살고 있었다. 베스트팔렌 남작은 생시몽에게 깊은 인상을 받은 사회주의 사상가였다. 그에게는 예나라는 딸이 있었고 그 마을에서 가장 미인이었다. 그 딸은 주위 고관들의 청혼을 물리치고 7년 동안 기다려 평생 부유한 삶과는 거리가 멀 것 같은 마르크스와 결혼을 했다.

1830년 8월 2일 파리 시민들은 단두대에서 사라진 루이 16세의 동생 샤를 10세가 물러난다는 발표가 있자 '영광의 3일간'이란 이름으로 축제를 열었다. 샤를 10세의 반동정치가 종을 친 것이다. 한 달 전 7월 혁명에 3만 명의 파리 시민들이 부르봉 왕가를 몰아낸 것이다.

▶ 들라크루아의 그림 '민중을 이끄는 자유의 여신'은 당시 1830년 7월 혁명을 생생하게 묘사하고 있다. 젖가슴을 드러 낸 그림 속 여인의 깃발이 바로 프랑스 국기다.

1815년 나폴레옹의 몰락 이후 프랑스는 루이 16세의 동생인 루이 18세가 군주제를 부활시키고 그가 사망하자 다시 삼형제의 막내였던 샤를 10세가 집권했던 것이다.

그는 다시 역사의 시계를 과거로 돌리며 반동 정치를 폈다. 언론을 탄압하고 의회를 해산하고 선거권까지 박탈하였다. 분노한 파리 시민들이 봉기를 한 것은 1830년 7월 27일부터 7월 29일까지 3일 동안이었으며, 파리 시민들은 용감하게 구체제 용병들과 맞서 싸워 승리를 쟁취했다. 들라크루아의 그림 〈민중을 이끄는 자유의 여신〉은 당시 장면을 생생히 표현하고 있다. 이 그림에서 여인은 젖가슴을 다 드러내고 있다. 하지만 이 그림은 들라크루아가 혁명을 소재로 한 마지막 그림이 되었다. 반동의 정치를 말할 때 우리는 종종 들라크루아와 그의 친구 티에르를 말한다. 티에르가 누군가? 1871년 프랑스 코뮌을 학살한 정치인이다. 그런데 그가 1830년 7월 혁명에는 반동정치에 대항했던 투사라고 하니, 19세기 프랑스에서 일어난 혁명이 얼마나 개인이나 사회에 혼란했던 모습이었나를 잘 보여주는 사례다.

다시 1830년 7월 혁명으로 돌아가자. 샤를 10세 이후 프랑스 국민들은 오를레앙 집안의 루이 필리프를 왕으로 뽑았다. 그는 진보와 보수 사이를 절묘하게 줄타기하며 자신의 권력을 강화했지만 극도의 혼란한 정국은 멈추지 않았다.

프랑스의 잦은 혁명은 주변 국가들로 수출이 되고 있었다. 유럽의 자유주의 물결은 벨기에가 네덜란드 왕국에서 독립을 이룩할 수 있었고, 북이탈리아, 폴란드, 독일 남부 몇몇 도시도 폭동이 일어났다. 1830년 마르크스는 열두 살이었다. 유럽이 혁명으로 소용돌이 치고 있을 때, 독일 철학의 대부이자 마르크스 철학의 관문이었던 헤겔이 1831년 숨을 거두었다.

또 한 시대가 빠르게 지나가고 있었다. 1832년 프랑스에서 생시몽주의자들은 '사회주의'란 용어가 본격적으로 쓰기 시작했다. 1830년대 유럽은 앙리 드 생시몽과 로버트 오언 같은 사회개혁가들로 '공상적 사회주의'가 실천되고 있었다. 그들은 유럽이나 혹은 미국에서 그들이 꿈꾸던 세상을 직접 실천하고 있었다. 윌리엄 고드윈의 영향을 받은 로버트 오언은 가난한 노동자들을 모아 미국으로 건너갔다. 그는 그곳에서 '공상적 사회주의'를 실천하기 위해 인디애나 주 뉴하모니 마을 전체를 샀다. 그리고 공동농장을 통해 함께 생산하고 함께 소비하는 자급자족의 마을을 건설했다. 하지만 3년을 버티지 못하고 오언은 영국으로 돌아와야 했다.

귀족 가문 출신인 생시몽은 미국 독립전쟁에서 프랑스가 지원하는 미국의 승리를 위해 군대에 자원입대 했고 제대 후에는 친구에게 돈을 빌려 국유화된 땅을 사들여 막대한 이익을 얻고 부자가 되었지만 호화로운 살롱 생활로 몇 년 만에 파산직전까지 간 별난 이력의 소유자였다. 그는 말년에 경제적으로 어려움에 처하자 친구들의 도움을 받으며 살았다. 프랑스 혁명이 일어난 후 시민의식을 고양할 만한 여러 글을 발표해 대중의 인기를 얻게 되었다. 또한 그의 사상을 따르는 사람들이 늘어나자 사람들은 이들을 생시몽주의자들이라고 불렀다. 그들은 상속에 의한 부의 세습을 반대했으며 실제로 공산주의적 색채를 띤 생산조합을 구성하여 자신들의 이념을 실천에 옮기려고 했지만 프랑스 정부는 공공질서와 안녕을 손상시켰다는 혐의로 이들을 감옥에 가둬버렸다. 마르크스의 초기 사상은 마르크스의 장인이 그토록 좋아했던 생시몽에게 많은 영향을 받았다.

문학을 접고 철학을 선택하다

1835년 10월 마르크스는 아버지의 희망에 따라 본 대학에 입학해 그곳에서 법학을 공부하게 된다. 하지만 1년 뒤인 1836년 10월 베를린 대학 법학과로 학교를 옮긴다. 최초의 아나키스트라고 불리는 고드윈이 죽은 해이기도 하다. 마르크스가 베를린 대학으로 옮긴 것은 본 대학보다 학생들이 많고 학업 분위기도 좋았기 때문이다. 베를린 대학에 들어간 마르크스는 대학 신입생들이 누려야 하는 자유로움을 만끽하고 있었다. 그는 집에서 보내준 돈으로 집세를 내고, 책을 사고 술집도 드나들었다. 다소 사치스런 생활로 인해 그는 빚을 지게 되었다. 아버지는 아들의 이런 행동에 격분하면서도 빚을 갚아 주었다. 그러나 아버지의 도움만으로는 부족하여 그는 막노동을 하며 모자라는 용돈을 충당했다. 그는 자연스럽게 철학에 관심을 갖게 되었고 그 가운데 헤겔 철학에 빠져들었다.

헤겔의 저서 《정신현상학》[71]에서 마르크스는 "죽음이란 가장 두려운 것이고, 죽음 앞에서 확고하게 버티기 위해서는 가장 큰 힘이된다."라는 구절이 가슴에 꽂히는 것을 느꼈다.
마르크스는 "사물의 표면을 꿰뚫고 있는 사건
들의 얼룩덜룩한 외관을 관통하는 그 무엇을
이성의 힘으로 바라보아야 한다."는 구절에서
도 밑줄을 그었다. 헤겔을 통해 마르크스는 선
의 추구라는 관념성보다는 역사발전을 위한
가치 실현이 더 중요하다는 것도 깨달았다. 봉
건주의가 자본주의로 바뀐 것도 역사발전의

▶ 1835년 마르크스 모습

한 과정이고 자본주의 모순에서 탈피해 새로운 세상이 나타나는 것도
바로 역사적 발전의 한 과정임을 그는 헤겔의 철학에서 인용했다. 마
르크스는 헤겔 철학에서 모든 것이 끊임없이 운동하고 변화한다는 변
증법 이론을 발견하였고 처음에는 헤겔의 주장처럼 역사는 점차 좋은
방향으로 나아질 것이란 낙관론에 희망을 걸었지만 당시 시대 상황은
그 반대로 움직이고 있었다.

헤겔의 《정신현상학》은 어렵기로 악명이 높다고 한다. 헤겔을 전공
한 철학자들마저도 이를 완벽하게 이해한 사람은 없다고 할 정도다.
독서에도 단계가 있듯이 어려운 독서를 통해 그 책이 담겨 있는 것을
깨닫는 순간 그 사람은 분명 지적으로 한 단계 다른 차원의 인물이 되
어 있음을 스스로 발견하게 되는 것이다.

칼 마르크스는 종종 "대학 시절 헤겔과의 만남은 내 인생에서 가장
경이로운 순간이었다."고 자주 회상했다. 그러니까 대학 시절 생시몽
의 공상적 사회주의 생각에서 헤겔 철학을 통해 변증법적 사회주의자
로 변신한다. 마르크스는 1836년 헤겔 철학에 심취하였고, 비슷한 생
각을 가진 학생들과 술을 마시며 토론을 즐겼다. 집에서는 어머니의

▶ 마르크스 아내 예니의 처녀시절

잔소리가 담긴 편지들이 왔다. "마르크스! 너는 위가 좋지 않으니까 너무 강한 양념의 음식을 삼가고, 일찍 자고 일어나야 하며, 담배와 술을 너무 많이 하지 마라."

그해 마르크스는 술에 만취해서 소란을 피우다 경찰서 유치장에서 갇힌 적도 있었다. 법학을 전공했지만 법학을 공부하는 시간보다는 철학에 깊이 빠져 있었다. 하지만 차마 아버지에게는 전공을 바꾸겠다는 말을 하지 못하고 있었다. 방학을 맞아 집으로 내려 온 마르크스는 1836년 8월 예니와 약혼식을 올렸다. 아버지는 아들이 약혼식을 올리면 젊음의 광기가 좀 수그러들 것이라고 판단했다. 하지만 결혼은 꼭 7년 뒤에나 했다.

1836년 10월 22일, 마르크스는 베를린에서 방 하나를 얻었다. 그때까지만 해도 마르크스는 사상가라기보다는 문학청년에 가까웠다. 그는 200여 쪽의 공책에 152편의 시를 적어 예니에게 보내기도 했다. 마르크스는 셰익스피어의 문학작품을 특히 좋아했다.

마르크스는 대학에서 헤겔과 관련된 토론 모임을 주도했다. 그의 방에는 많은 책과 서류가 무질서하게 널려 있었지만 그는 아무도 정리하지 못하게 했다. 그는 찾아온 친구들과 토론을 하다가도 자기가 메모한 글을 그 어질러진 책 더미에서 잘 찾아냈다. 헤겔이 죽은 해인 1831년은 철학사에서 아주 중요한 의미를 차지한다.

헤겔이 죽은 뒤 그의 인기는 살아 있을 때보다 더했다. 지식인들은 물론 대학생들 대부분은 헤겔의 그 어려운 철학책을 하나씩 끼고 살았다. 헤겔을 따르는 무리들은 둘로 나뉘었다. 헤겔의 젊은 시절 사상을 좋아하는 청년헤겔학파와 그가 나이 먹어 주장했던 사상을 따르던 노년헤겔학파였다. 청년헤겔학파는 헤겔이 젊은 시절 프랑스 혁명에 열광적이었던 것을 상기하는 모임이었고, 노년헤겔학파는 국가와 민족을 우선하는 모임이었다. 당시 독일 보수정부는 청년헤겔학파를 탄압했다. 마르크스는 결국 정부의 탄압을 이기지 못하고 영국으로 망명하고 만다. 마르크스는 청년헤겔학파에서 활동했다. 그들은 좌파 헤겔이라고도 불리는데, 브루노, 슈트라우스, 포이어바흐가 이들 모임에 중심이었다.

1837년 여름, 방학을 맞이하여 마르크스는 고향 트리어로 돌아와 중병을 앓고 있는 동생 헤르만과 여동생을 만났고, 그의 약혼녀 예니와 많은 시간을 함께했다. 물론 아버지와도 많은 대화를 나누었는데, 아버지는 그가 너무 정치적인 문제에 예민해 있는 것을 걱정했다. 방학이 끝나기 전 베를린 자기 자취방으로 돌아온 마르크스는 아버지에게 편지를 보냈다.

"사랑하는 아버지, 저는 지금까지 제가 쓴 시들과 소설들을 불태웠습니다. 그리고 이제 글 쓰는 일을 완전히 포기했습니다. 오늘까지 쓴 것 가운데 제 재능을 확신하게 할 만한 글들을 남기지 못했습니다. 그 어떤 예술작품도 예니보다 아름답지 않기 때문입니다. 저는 지금 법학보다 철학에 대한 공부를 심화시키고 있습니다. 전공을 바꿀 생각을 하고 있지만 아버님이 이해하지 못할 것 같습니다."《마르크스 평전》자크 아틸라 지음/이효숙 옮김/예담

아버지의 답장은 한참 뒤에 도착했다. 아버지의 편지는 대강 이렇다. "사랑하는 아들아! 나는 지금 많이 아프다. 너와 이론적으로 논의를 할 만큼 건강하지 못해 미안하구나. 무엇보다도 한 집안의 가장으로 돈 문제로 너에게 떳떳하지 못한 것이 미안하구나. 이번 학기가 네 번째이고, 벌써 네 학비로 상당히 많은 돈이 나갔다. 하지만 나는 이번 겨울에 그만큼 벌지 못했다. 나는 건강이 좋지 않구나. 너는 내가 너를 잘 이해하지 못할 것 같다고 말했는데, 그것은 아니다. 나는 네 마음과 도덕성을 전적으로 믿는다. 그리고 네가 전공을 바꾸고 싶다는 결정은 칭찬 받아 마땅하다. 실행할 가치가 있다. 그리고 아버지를 보려고 집으로 오는 시간에 공부를 더 해라." 1838년 5월 10일, 아버지 하인리히 마르크스는 결핵으로 세상을 떠났다. 아버지의 당부 때문인지 마르크스는 아버지 장례식에 참석하지 않았다. 아버지의 나이 61세였다. 아버지의 죽음 뒤에 그는 철학교수가 되기로 굳게 결심했다.

한편 엥겔스는 고등학교를 졸업하고 아버지 사업에 잠시 뛰어들었다가 포병부대 자원입대하기 위해 베를린에 왔다. 마르크스가 참여하고 있던 청년헤겔학파의 동아리 회원들을 만났고 그들과 토론을 통해 자신의 생각을 정리했다. 하지만 이때 마르크스는 엥겔스를 의식하지 못했다.

헤겔 다음으로 마르크스가 열광한 인물은 바로 루트비히 포이어바흐였다. 그는 유물론의 아버지라 불리는 사람이었다. 1841년《기독교의 본질》[72]을 통해 그는 "종교가 존재한다는 것은 곧 인간이 자기 자신으로부터 소외되어 있음을 의미한다. 종교를 통해 인간은 신으로부터 스스로 구속받기를 원한다." 그는 사상의 역사에서 코페르니쿠스적인 전환이 필요한 시기라고 주장했다. 포이어바흐의 이런 주장은

마르크스 그 자신에게 어서 빨리 일어나 그 일
을 하라고 재촉하는 목소리처럼 다가왔다.

▶ 루트비히 포이어바흐

포이어바흐는 종교와 신을 순수하게 인류와
자연에 돌려주는 것이 최고 과제라고 확신했
다. 종교가 타락한 것은 권력으로 향하기 때문
이라고 주장한 것이다. 포이어바흐로 인해 마
르크스는 인간 중심의 무신론의 철학을 갖는
계기가 된다. 마르크스는 1941년 〈데모크리토
스와 에피쿠로스의 철학의 차이〉라는 주제로 졸업논문을 제출해 통과
했다. 그리고 얼마 있다가 철학 강사 자격을 취득했다.

철학이 아니라 혁명을 해야 할 때

마르크스를 잘 아는 누군가는 마르크스 스무 살 중반 무렵을 이렇
게 표현했다. "루소, 볼테르, 돌바크, 레싱, 하이네, 헤겔을 융합한 사
람이 있다면 상상해 보라!" 마르크스는 대학 강사로 사회생활을 시작
했지만 사회적 제약이 많아 이내 자유로운 자신의 생각을 피력하기
위해서는 저널리스트로서의 삶이 옳다고 판단했다. 또한 베를린 대학
분위기가 마르크스의 오랜 친구였던 브루노 바우어를 비롯한 청년헤
겔주의자들이 대거 대학에서 내몰리고 셸링을 비롯한 헤겔의 적대적
인 인사들이 교수들로 채워지고 있던 상황이었다. 또한 정치적으로
프로이센 정권은 대학사회를 비롯한 지식인들을 통제하고 있던 분위
기였다.

이런 상황에서 1842년 1월 구독자 천 명이 채 되지 않는 〈라인신문〉이 창간되었다. 마르크스는 그 해 몇 편의 글을 투고했고 그것이 기사화되었다. 마르크스의 글을 읽은 사주가 그를 편집장으로 스카우트했다. 마르크스에게 그곳은 첫 직장이자 마지막 직장이었다. 〈라인신문〉의 독자들 가운데 일부 부르주아들은 너무 지적인 것이 명확하지 않으며 급진적이라는 이유로 마르크스의 편집 방향에 거부감을 표시했다. 신문 사주는 신문 편집 방향에 대해 우려하는 뜻을 마르크스에게 피력했고, 마르크스는 단호하게 그의 주장을 반박했다.

한편 마르크스는 아버지에 이어, 남동생까지 죽고 난 후 주변 사람들에게 비난을 받고 있었다. 일을 핑계로 어머니와 누이동생을 돌보지 않는다는 이유에서였다. 어머니와 불화는 아마 이 무렵부터 시작되었다. 그는 아버지의 장례식조차 참석하지 않았다. 어머니 입장에서는 아버지 장례식에도 오지 않은 아들이 유산에만 탐을 내는 것이 영 못마땅했을 것이다. 실제로 어머니는 아들 몫의 유산을 정리해주지 않았고, 마르크스는 경제적으로 쪼들렸다.

〈라인신문〉 편집장으로 있으면서 마르크스는 프랑스 사회주의 사상가들을 깊이 있게 연구하고 있었다. 그리고 서서히 유물론적 세계관을 정립해 나가기 시작했다. 1842년 11월 16일, 쾰른의 〈라인신문〉 사무실에 마르크스보다 두 살이 어린 엥겔스가 나타났다. 처음 엥겔스를 만난 마르크스는 무슨 첩자라고 생각했는지 내쫓듯이 돌려보냈고, 엥겔스는 기사 하나를 놓고 갔다.

이제 마르크스의 영원한 동지였던 프리드리히 엥겔스를 살펴보자. 그는 1820년 11월 28일 독일 공업도시 라인란트 바르멘에서 태어났다. 그는 18살부터 탁월한 글 솜씨로 여기 저기 신문에 글을 투고했다. 엥겔스의 아버지는 영국 맨체스터에서 큰 공장을 운영하고 있었지만 엥겔스는 독일 노동자들이 매일 밤 술에 취해 싸움질하고 서로 죽이는 일까지 벌어지는 잔혹한 풍경에 더 많은 관심을 두었다. 그는 이제 막 사회 비판적인 글을 쓰기 시작하던 젊은이였다. 그리고 베를린에서 마르크스와 연관이 있던 청년헤겔주의자들을 만나고 그들 생각에 동조했다.

▶ 1843년 엥겔스 모습

엥겔스가 놓고 간 글을 읽고 마르크스는 그를 다시 만나길 원했다. 그러나 1842년에서 1843년 사이 마르크스에게는 많은 일이 일어났다. 〈라인신문〉은 당국에 의해 폐간되고 그는 프랑스 파리로 망명했다. 그러나 얼마 지나지 않아 다시 파리 당국으로부터 추방 명령을 받고 영국 런던으로 거주지를 옮겨야 했다. 1843년 8월 런던에서 마르크스는 엥겔스를 만나 생각을 공유하면서 열흘간 함께 지냈다. 그는 문학적으로도 마르크스보다 훨씬 완성도 높은 글을 쓰고 있었다. 엥겔스는 정보를 습득하고 그것을 파악하여 자기 지식으로 만드는 능력이 탁월한 사람이었다. 그리고 세상 흐름을 빨리 파악하였다. 그러나 추진력이나 의지력, 대중을 설득할 수 있는 강력한 카리스마는 마르크스에 미치지 못했다. 엥겔스는 자기 나이보다 항상 어려 보였다.

두 사람은 후일을 약속하면서 헤어졌고, 엥겔스는 영국의 맨체스터시로 돌아갔다.

당시 맨체스터 방적 공장들은 모두 휴업 상태였다. 이 도시는 노동계급의 의회진출을 요구하며 차티스트 운동이 한창 벌어지고 있었다. 벽돌공들은 피비린내 나는 폭동을 일으켰고 웨일즈에서는 가난한 농민들이 통행료 징수인의 집을 때려 부수는 일이 벌어졌다. 맨체스터 도시를 살펴보면 부유층들이 살고 있는 길에는 상점들이 빽빽하게 늘어서 있지만 그 도로 뒷골목으로 들어가기만 하면 비참하고 더러운 풍경들이 기다리고 있었다. 도시를 한가운데 흐르는 운하에는 공장 폐수가 넘쳐나고 있었다. 프랑스 석학 알렉시스 드 토크빌은 맨체스터를 방문하고 느낀 소감을 이렇게 말하였다.

"이 더러운 하수구는 많은 사람의 땀이 강물처럼 흘러간다. 그래서 그 땀으로 인해 순수한 황금도 나오지만 인간이 애써 이룩한 문명이 결국 인간을 야만인으로 만들어버렸다." 그의 말대로 산업혁명은 인간을 더욱 황폐하게 했다. 싼 노동력에 맨체스터 공장 지대에는 여자와 어린아이들이 점점 늘어났다. 그러면서 가장들의 일자리가 줄어들기 시작했다. 여자들은 공장 일을 하지 않으면 매춘부로 전락하였고, 아이들은 하루 종일 부모의 보살핌을 받을 수 없었다.

힘든 철광과 탄광에서도 남자뿐만 아니라 여자와 아이들까지 땅속의 비좁은 갱도를 기어다니며 하루 대부분을 보냈다. 엥겔스가 보기에 이런 영국 민중의 삶은 중세시대 노예 신세보다 못한 것이었다. 엥겔스는 빈민구제법안이나 곡물법을 철폐하여 중산층 계급들이 권력을 잡는 의회혁명보다는 최하층 노동자들이 권력을 쟁취해야 한다는 생각을 막연하게 하고 있었다. 그러기 위해서는 선거를 통한 혁명이 아닌 그야말로 피를 부르는 혁명이 필요하다고 생각했다.

독일에서 프랑스 파리로 그리고 다시 영국 런던으로 망명객 생활을 해야 했던 마르크스는 1842년 말에서 1843년 8월까지 불안한 모습의 연속이었고 혁명가로 탄생을 준비하는 가장 예민한 시기였다. 마르크스가 주필로 있던 〈라인신문〉은 구독자 수가 3배 늘었고, 필자들은 앞다퉈 글을 싣고자 했다. 1842년 가을부터 마르크스는 스승이자 친구였던 바우어와 논쟁을 하고 있었다. 그 대립의 논점은 유태인들의 정치적 자유 문제였다. 그 무렵 유럽은 유태인 문제에 격론을 벌이고 있었다. 브루노 바우어 교수가 유태인의 개종을 전제로 정치적 자유를 인정해야 한다고 주장한 반면, 마르크스는 모든 사람은 종교적으로 다르다는 이유로 억압되어서는 안 된다는 주장을 하고 있었다. 그해 12월 두 사람은 결별을 했다.

1843년 1월 4일 〈라인신문〉에 유럽의 독재자들을 지지하는 국가가 바로 제정 러시아라는 비난의 기사가 게재됐고, 러시아 대사의 강한 압력으로 그 신문은 1843년 3월 31일 폐간 조치를 당했다. 하지만 실업자가 된 마르크스는 어려운 순간 결혼을 하기로 마음먹었다. 마르크스와 예니 모두 낙천적인 성격의 소유자들이었다. 그러나 낙천주의자에게도 걱정은 순간순간 찾아왔다. "나는 가끔 우리의 미래가 불안합니다. 나를 안심시켜 줘요. 우리가 살기 위해서는 지속적인 수입이 필요한데 우린 그것이 없군요." 결혼을 앞둔 당시 예니는 약혼자 마르크스에게 이런 걱정스런 편지를 쓰기도 했다.

한편 두 사람의 결혼을 불과 2주일 남겨 두고 예니의 아버지가 갑작스럽게 세상을 떠났다. 결혼은 3개월 뒤로 미뤄졌다. 그리고 1843년 6월 19일, 두 사람은 결혼을 했으며 당시 마르크스 나이는 25세, 예니의 나이는 29세였다. 두 사람이 결혼한 뒤부터 예니는 마르크스의 비서 역할까지 수행했다. 마르크스의 서체는 악필이어서 잘 알아

▶ 시인 하인리히 하이네

볼 수 없었지만 아내의 깔끔한 글씨로 다시 정서되어 발표되었다. 신혼여행 기간에도 마르크스는 루소, 몽테스키외, 마키아벨리, 디드로의 책들을 가지고 다녔으며 인상 깊은 구절은 노트에 적기도 했다. 두 사람은 결혼 뒤 사상 검열이 강화된 독일에서 활동을 접고 진보적 사상가들의 전초기지인 파리로 거처를 옮겼다. 파리는 마르크스의 아버지가 그토록 좋아했던 프랑스 대혁명의 역사적 현장이기도 했다.

파리에서 마르크스는 영원한 청년시인 하이네를 만나 우정을 나누었다. 1830년 7월 혁명은 하이네에게 조국 독일을 등지는 계기가 되었다. 프랑스 7월 혁명을 본 하이네는 봉건적 사회 독일을 비난하는 날카로운 풍자시를 쓰면서 공상적 사회주의자 생시몽주의 서클에서 맹활약했다. 1844년 마르크스와 만난 그 해 하이네는 《독일의 겨울 이야기》[73]를 비밀리 출간했다. 하이네는 1848년 척수결핵에 걸려 8년 동안 누워 있다가 숨을 거두었다. 그는 서정시인인 동시에 혁명적 저널리스트였다. 〈슐레지엔의 방직공〉이란 시에서 그는 "우리는 짠다, 우리는 짠다, 독일의 저주를 짠다."라고 당시 독일을 풍자해 파문을 일으켰다.

1844년은 니체가 태어난 해, 마르크스는 아주 중요한 사람들과 사건을 접한 해였다. 재단노동자, 멋진 양복을 입고 다녔던 혁명가, 혁명을 위해 여러 나라를 다녔고 여러 나라 감옥을 드나들던 1840년대 전설적인 혁명가 바이틀링도 만났다. 또한 러시아의 괴물 바쿠닌도 만났다.

1844년 8월 10일, 마르크스는 예니와 딸을 트리어에 있는 자기 어머니에게 보내고 헤겔의 관념론을 비판하기 시작했다. 마르크스는 "종교는 억압을 정당화하는 장치다."라는 주장의 글을 자신이 운영하는 잡지에 실었다. 그는 잡지의 판매에 도움이 될 수 있는 아주 민감한 사안들을 건드렸다. 유태인에 대한 이야기도 언급했다. 유태인 피가 흘렀던 그가 유태인 문제를 정식으로 언급한 것은 금기를 깨는 행동이었다. 유럽의 많은 국가가 국민의 궁핍에 대한 원인을 유태인에게 돌리는 치사한 행동을 하고 있었고, 특히 독일이 가장 심했다.

1845년 유럽은 노동자들의 저항이 무참히 짓밟히고 있었다. 노동자들에게 우호적인 기사를 싣던 신문들이 폐간되기 시작했다. 1845년 2월 프랑스 정부는 마르크스를 매우 급진적인 위험한 인물로 지목하고 추방명령을 내린다. 마르크스는 스위스와 벨기에를 두고 저울질하다가 벨기에로 갔다. 엥겔스를 비롯한 그의 지지자들은 약간의 돈을 그에게 보냈다. 마르크스는 그의 식구들을 데리고 벨기에 브뤼셀에 도착했다. 아내는 임신 2개월이었다. 그해 3월에 장모님은 딸이 임신한 것이 걱정이 되어 하녀 한 명을 보냈는데, 그녀가 바로 마르크스의 비서이자 정부였던 헬레나 데무트라는 여인이었다.

엥겔스도 브뤼셀에서 마르크스와 합류했다. 그도 역시 가족 회사를 그만두고 직업 혁명가로 뜻을 세운 것이다. 두 사람은 혁명 이론을 만들고 무장 투쟁에 적극 나서기 시작했다. 1845년 7월, 마르크스는 엥겔스와 영국으로 갔다. 그는 그곳에서 자본주의 위력을 실감했다. 그해 9월 26일 마르크스의 둘째 딸이 태어났다. 아이 둘이 생기자 마르크스 가족의 경제 사정은 더욱 나빠졌다.

혁명의 소용돌이 속에 공산주의 운동 시작

한편 마르크스의 어머니는 남편이 남긴 유산 가운데 아들 몫을 여전히 보내지 않고 있었다. 엥겔스 역시 형편이 어렵기는 마찬가지였다. 1845년 10월 17일, 마르크스는 대서양을 건너 미국으로 가려고 했다. 그가 프로이센 국적을 포기한 것은 여전히 그가 불순분자로 분류되어 기피 인물로 주목받고 있었기 때문이었다. 그러나 국적을 포기한 마르크스는 결국 브뤼셀을 떠나지 못했다.

1846년 봄, 마르크스와 엥겔스는 국제공산당조직을 창설하기 위해 사람들을 규합하고 있었다. 또한 마르크스는 《경제적 모순, 혹은 빈곤의 철학》[74]을 출간한 프루동에게 편지를 써서 그들 조직의 파리 통신원 역할을 부탁했다. 한편 2년 전 여름 마르크스와 바쿠닌이 파리에서 만났다. 바쿠닌은 러시아에서 손에 꼽을 부자로 살다가 갑자기 혁명이 그리워 유럽으로 탈출한 러시아 젊은이였다. 당시 마르크스와 바쿠닌은 서로의 생각의 차이를 실감하지 못했다.

한편 바쿠닌에게 감동을 주었던 프루동은 그의 책에서 '모든 소유는 도둑질이다.'라고 주장한 바 있었다. 그가 마르크스의 함께하자는 제의를 받고 "독일은 루터의 종교개혁으로 3백 년 동안 혼란을 거듭하고 있다. 그런데 또 무슨 이데올로기로 세상을 혼란스럽게 한다고 그러는가?"라고 회의감을 표했다고 한다. 그는 "자본주의 경제체제를 무너트리지 않고 인간답게 사는 방법을 모색하자, 당신들만이 인민을 교화시킬 수 있다는 생각은 부질없다."며 마르크스의 손을 뿌리쳤다. 분노한 마르크스는 "그는 학자로서 고고한 자리에서 그저 고통받는 사람들을 내려다보려고만 한다."며 비판의 말을 쏟아냈다. 마르크스를 당시에 접한 사람들은 그의 인상을 이렇게 평가했다.

"마르크스는 에너지가 넘쳐 있었고 자신의 의견에 반대하는 어떤 논쟁도 허용하지 않았다. 그가 사람들 앞에 나타나면 동작은 어색했지만 신념과 자기 확신에 찬 모습은 다른 사람들을 끌어들이기에 충분했다. 마르크스가 사람을 대하는 태도는 인간관계의 통상적 관습을 무시했지만 위엄 있고 다소 오만했다. 그리고 그의 날카로운 금속성 음성은 사람들의 판단을 마비시킬 정도로 위력이 대단했다."

1847년 1월, 런던에서 일부 공산주의 생각을 가진 사람들은 브뤼셀의 두 사람, 마르크스와 엥겔스에게 관심을 갖기 시작했고 노동자들을 위한 조직이 규합되기 시작했다. 그해 영국은 50만 명이 기근으로 죽게 되었다. 영국의 방직회사와 제철회사들은 심각한 위기를 맞고 있었다. 유럽은 극심한 기근으로 곡물 수송 차량이 습격당하는 일까지 벌어지고 있었으며 빈에서는 빵집이 약탈당하는 일이 나타났다. 그 무렵 마르크스는 다시 발행 허가를 받은 잡지에 슐레지엔 방직공들의 항거 3주년을 기념하는 특집 기사를 실었다.

그리고 기사 옆에 친구 하이네의 〈슐레지엔 방직공〉이란 시 한 편을 실었다.

"침침한 눈에는 눈물이 말랐다/그들은 베틀에 앉아서 이를 간다/독일이여! 우리는 너의 수의(囚衣)를 짠다/우리는 저주의 옷을 3중의 씨실과 날실로 엮는다//첫 번째 저주는 하나님에게, 이 추운 겨울에 그에게 기도했건만/그 바람과 기다림은 헛되었다//두 번째 저주는 국왕에게, 국왕은 우리의 비참함을 본 체도 않고/우리를 개처럼 쏴 죽였다//그리고 세 번째 저

▶ 케테 콜비츠의 〈폭동〉(1897)이란 작품. 이 판화 그림은 1844년 일어난 슐레지엔 방직공의 봉기를 그린 그녀의 대표작이다.

주는 잘못된 조국에게/이 나라는 오욕과 수치만이 판을 친다/꽃은 피기도 전에 진다."

그 무렵 마르크스는 공산주의자들에게 어울리는 슬로건을 만들었다. "모든 나라의 프롤레타리아여, 함께 뭉쳐라!" 공산주의연맹의 회원들은 이제 막 서른 살인 마르크스를 '영감'이라고 불렀다. 그는 정말 영감처럼 하고 다녔지만 행동은 영감 같지 않았다. 마르크스는 그 무렵 자신의 생각을 전파하기 위해 만나는 사람마다 몇 시간씩 토론을 하면서도 담배를 피웠고, 몇 시간씩 걸으면서도 조금도 피로함을 느끼지 않았다. 마르크스 인생에서 가장 열정적인 시간이었다. 1847년 9월, 마르크스는 프루동을 비난하기 위해 그의 책 제목을 약간 비튼 《철학의 빈곤》[75]이란 책을 출간했다. 이 책의 출간으로 두 사람은 결별했다. 두 사람의 결별은 공산주의와 사회주의의 결별을 의미했다.

1848년 유럽은 혁명의 해였다. 프랑스 대혁명 이후 1848년까지 약 60년 동안 세상은 많이 변했다. 사람들은 종교적 해방에서 벗어나 경제문제에 관심을 집중했다. 당연히 소유와 불평등이 화두였다. 그렇다고 종교가 사람들의 마음에 완전 떠난 것은 아니다. 오히려 유럽은 유대교와 기독교의 충돌이 고조되고 있었다. 유럽 사람들은 페스트가 창궐할 때도 그 두려움과 공포, 그리고 분노의 대상으로 유태인을 겨냥했고, 그들이 우물에 독을 넣었다고 소문들을 퍼트렸다. 1844년 마르크스가 발표한 《유태인에 관한 문제》[76]라는 책자는 그런 예민한 부분을 건드려 대중의 호응을 조금 얻기도 했다. 한편 독일 역시 프랑스 혁명의 여파가 밀려들면서 변화하고 있었다.

1848년 2월 24일 프랑스에서는 공화제가 선포되었다. 3월에는 독일 남서부에서 혁명이 불기 시작했다. 3월 6일에는 바이에른, 3월 11일에는 베를린, 3월 12일에는 빈과 헝가리, 3월 18일에는 밀라노 등으로 독일에서 이탈리아까지 혁명의 불길이 관통했다. 마르크스는 이론을 전파했으며, 바쿠닌은 혁명이 일어나는 어디든지 나타나는 신출귀몰한 혁명가 모습을 하고 있었다. 유럽의 앞선 나라에서 좀 뒤떨어진 나라로 혁명의 바람이 불기 시작했다. 7월 혁명이 다시 소수 특권층과 자본가들의 이익을 대변한 정치로 고착화되자 민중은 프랑스 파리에서 선거 개혁을 요구하며 시위를 벌였다. 당황한 루이 필리프가 영국으로 망명했고 임시정부는 집회, 언론의 자유, 식민지에서 노예제 폐지, 보통선거권, 사형 폐지 등을 선포했다.

1848년 3월 3일, 벨기에 정부는 마르크스를 추방하기로 결정한다. 새벽 1시 경찰관 10여 명이 그의 집에 들이닥쳤다. 마르크스는 브뤼셀 시청 감방에서 하루를 보내고 다음 날 프랑스 파리로 도망간다. 프랑스에서는 1848년 4월 실시된 선거에서 공화파 의원들이 대거 승리하여 각종 개혁정책들이 폐지될 위기에 처하게 된다. 그리고 보수적인 공화파 의원들이 노동자들을 자극하는 정책들을 내자 이에 반발한 노동자들이 1848년 6월 유혈 혁명으로 이어지게 된 것이다.

하지만 혁명은 노동자들에게 큰 희생만을 남기고 승리하지 못한 채끝나고 말았다. 프랑스 시민 3천 명이 학살되고, 1만 2천 명이 체포되어 대부분 알제리 노동 캠프로 추방되었다. 프랑스 혁명을 지지하기

▶ 루이 나폴레옹

위해 런던에서는 공산주의연맹 중앙위원회가 열렸다. 그들은 선언문을 하나 만들기로 했다. 그것이 바로 그 유명한 《공산당 선언》이었다. 마르크스는 이 선언문을 일사천리로 적어 나갔고 다 쓴 내용을 엥겔스에게 보여주었다. 두 사람이 만든 선언문은 세계 역사를 송두리째 바꾸는 중요한 문서로 자리하게 된다. 1848년 2월 24일 발표된 《공산당 선언》은 독일어 표제 아래 런던에서 익명으로 간행되었다. 이제 공산주의 역사가 시작된 것이다. 1848년 12월, 프랑스 사람들은 영광의 역사를 썼던 나폴레옹의 조카 루이 나폴레옹을 뽑았다. 그는 보수주의자도 아니지만 그렇다고 공화주의자도 아니었다. 그는 교활한 사람이었다.

혁명 실패와 비참한 가난

마르크스와 엥겔스는 브뤼셀에서 추방당한 후 파리로 가서 '국제공산주의연맹' 본부를 세웠다. 그리고 그들은 독일 혁명을 위해 무기를 들었다. 1848년 4월 10일, 마르크스와 엥겔스는 독일 쾰른 지방에 도착했다. 그러나 일단의 혁명가들이 봉건 군대와 전투를 벌이자고 했을 때 마르크스는 반대했다. 그는 노동자들이 지금 나서는 것은 위험하다고 판단하고 아직 나설 때가 아니라며 반대했다. 대신 마르크스는 쾰른에서 〈신라인신문〉을 인수해서 사상전을 전개했다.《핀란드 역으로》

에드먼드 윌슨 지음/유강은 옮김/이매진

또한 동지들의 거센 반대에도 불구하고 '국제노동자연맹' 본부를 해체했다. 그는 "지금은 행동할 때가 아니다."라고 말했다. 그리고 신문 발행에 전력투구했다. 하지만 급진적인 논조로 인해 두 번이나 기소되었고 1849년 5월 끝내 프로이센 정부로부터 신문 폐간 결정과 함께 편집자를 추방한다는 통보를 받는다. 5월 19일 신문의 마지막 호가 전면 붉은 색으로 인쇄됐다. 마르크스는 이 마지막 신문에서 다음과 같은 사설을 적었다.

"〈신라인신문〉의 편집자로서 그간 독자 여러분이 보여주신 애정에 감사드리며 고별인사를 드립니다. 우리 마지막 말은 언제 어디서든 항상 노동계급 해방을 위해 싸울 것을 약속한다는 것입니다."《마르크스의 사상》 알렉스 캘리니코스 지음/정성진 · 정진상 옮김/북막스

추방 명령을 받은 마르크스는 잠시 파리에서 체류했다. 하지만 1849년 8월 23일, 경찰관 한 명이 그의 집에 들어서서 24시간 이내 파리를 떠나라는 명령을 전달했다. 마르크스는 엥겔스와 런던으로 갔다. 1949년 9월 17일, 마르크스 부인 예니는 헬레나 데무트의 도움을 받아 지치고 병든 몸을 이끌고 세 아이를 거느리고 네 번째 아이까지 임신한 상태로 영국 런던의 마르크스에게 왔다. 이때부터 마르크스는 죽을 때까지 영국에서 망명자 생활을 하기 시작했다. 예니는 어머니에게 돈을 좀 받아 첼시 구역의 앤더슨 스트리트 4번가의 제법 괜찮은 집을 얻었다. 마르크스와 임신한 아내를 비롯해 여섯 명이 그곳에서 살게 된다. 그곳 집세는 너무 비싸서 마르크스는 오래 살 것으로 생각하지 않았다. 경제적으로 안정되지 않은 마르크스는 언제든지 쫓겨날

생각을 하고 있었다.

1849년 10월, 드디어 두 달 만에 걱정은 현실이 되었다. 마르크스는 집세, 아내의 병원비 등을 지불할 능력이 없었다. 아니 당장 먹을 식량도 구하지 못했다. 엥겔스는 집에서 보내오는 정기적인 돈으로 마르크스를 도와주었지만 그 돈은 금방 바닥이 났다. 더군다나 그가 해체한 노동자연맹을 다시 창설하려고 했지만 그를 비난하는 사람들이 협조하지 않았다.

마르크스에게 1850년대 초는 극심한 가난으로 숨 쉬기도 어려운 상황의 연속이었다. 이미 가족은 7명으로 늘었지만 돈이 나올 곳은 아무 곳도 없었다. 생활비를 마련하기 위해 아는 사람에게 돈을 빌리는 것도 한계점에 다다랐고, 매일같이 그의 집에 찾아오는 손님들 대부분은 빚쟁이들이었다. 마르크스는 어머니에게 돈을 부쳐달라는 편지를 썼지만 대개 소용이 없었다.

1850년 5월 15일, 그의 가족은 결국 집세를 내지 못하고 쫓겨나고 말았다. 침대와 옷가지, 아이들 장난감, 6개월도 안된 아이의 요람까지 압류되었다. 엥겔스는 가진 돈을 모두 털어 일단 급한 빚부터 갚고 마르크스 가족을 런던의 가장 악명 높은 빈민굴 동네로 이주시켰다. 그곳이 마르크스에게는 '죽음의 마을'이라고 부를 정도로 가장 고통스러웠고 나중에 '자기 인생을 망친 곳'이라고 표현했다.

1850년 11월 19일, 둘째 아들이자 막내였던 채 한 살도 되지 않은 아이가 폐렴으로 죽고 만다. 비위생적인 환경이 원인이었으며 그 이후에도 다른 아이들을 이곳에서 잃게 된다. 예니는 임신 중이었다. 생활이 곤궁해진 마르크스는 엥겔스에게 보낸 편지에서 "학교 갈 아이들을 학교에 보내지 못하고 정육점 주인은 나를 더 이상 믿지 않네. 이제

책도 못 사고 아내는 아픈데 약을 사주지 못하고 있네." 엥겔스는 마르크스만큼 충격을 받고 중대한 결정을 내린다. 그는 맨체스터에 있는 자기 집안 공장에서 일을 하기로 결심하고 그곳에서 받은 임금을 마르크스에게 주기로 했다. 엥겔스는 마르크스를 돕기 위해 그토록 싫어하던 노동자들을 관리하는 관리자로 일을 하게 된 것이다. 이런 엥겔스의 희생으로 마르크스는 생활의 안정을 되찾을 수 있었다.

한편 아내 예니도 임신 중이었지만 집의 하녀이자 마르크스 비서였던 헬레나 데무트까지 임신했다. 1851년 3월 28일, 그렇게 좁은 방에서 마르크스 부부의 다섯 번째 아이가 태어났다. 그리고 6월 23일, 헬레나 데무트도 아들을 출산했다. 마르크스의 도덕적 비난을 피하기 위해 엥겔스는 그 아이를 자기 아이로 입적시키고 아이의 양육비를 대주기로 한 것이다. 하지만 결국 엥겔스는 죽기 직전에 그 아이가 마르크스의 아이라는 진실을 고백한다.

마르크스를 비난하는 사람들이 집중적으로 공격하는 것이 바로 그의 비서이자 하녀인 헬레나 데무트에게 월급 한 푼 주지 않고 부려 먹은 일이며 자기로 인해서 생긴 헬레나의 아들을 죽을 때까지 인정하지 않은 그의 몰인정한 처사였다. 그렇지만 헬레나는 한 번도 자신을 하녀라고 생각하지 않았고 그 집안 가족으로 마르크스의 비서 역할을 했고, 나중에는 마르크스의 성적 봉사까지 감수했다. 천성이 착하고 노예근성이 많은 그녀는 죽으면서도 엥겔스에게 마르크스 부부 무덤 옆에 잠들 수 있게 해 달라고 부탁했다. 죽어서도 마르크스 비서 일을 하려고 했을까? 엥겔스는 그녀의 유언을 들어주었다.

1852년 4월 14일, 13개월 된 셋째 딸 프란치스카가 죽었다. 그것도 예수가 부활한 기독교 축제일이었다. 물론 마르크스는 신을 믿지 않

▶ 헬레나 데무트

았지만 만약 있다면 진정으로 증오한다고 속으로 외쳤다. 예니는 아이 관을 만들기 위해 이곳저곳에 돈을 꾸어야 했다. 그렇게 돈을 꾸는 일은 항상 아내 몫이었다. 아이들의 거듭된 죽음 때문인지 마르크스는 간질환, 치통, 안질, 폐질환 등의 병에 시달리고 있었다.

그런 상황에서 마르크스에게 좋은 소식이 하나 들렸다. 20만 부 판매부수를 자랑하는 미국의 최고 일간지 〈뉴욕트리뷴지〉로부터 런던 통신원이 되어 달라는 부탁을 받았다. 엥겔스에게 정기적으로 받는 돈의 두 배나 되는 돈이니 경제적 고통에서 벗어날 수 있는 좋은 일이었다. 1852년 11월, 마르크스는 기사 한 편당 얼마씩 받기로 한 신문사에 영국의 여러 가지 이야기들을 주제로 기사를 만들어 송고했다. 그 무렵 마르크스는 경제적으로 여러 좋은 일이 생겼다. 우선 빌헬름 볼프가 죽으면서 유산을 마르크스에게 전부 넘겼다. 나중에 마르크스는 《자본론》을 그 친구에게 바친다고 기술했다. 이 친구에게 받은 돈은 당시로는 상당한 금액이었다. 하지만 그렇게 많은 돈이 들어와도 마르크스 주머니는 돈이 머무를 시간이 없었고 생기는 즉시 돈을 써 버렸다.

마르크스나 그의 아내의 공통점은 도무지 절약이나 나중을 위해 저축하는 법을 몰랐다. 그래서 수입이 짭짤해도 경제적으로 지출을 한 적이 없었다. 두 사람은 엥겔스에게 매일 손을 벌리는 처지이면서도 갑자기 물건을 충동적으로 구매한다거나 자신들의 소득에 비해 사치스런 집을 꾸미고 살기도 했다.

《종의 기원》 출간과 《자본론》 구상

1855년 1월 16일 마르크스는 네 번째 딸이자 여섯 번째 아이인 엘리노어 마르크스가 태어났다. 그녀는 마르크스 딸 가운데 유일하게 혁명전사로 삶을 살았다. 그녀가 태어난 기쁨도 잠시 뿐, 3개월 만에 마르크스가 너무도 사랑했던 에드가 결핵으로 여덟 살 어린 나이에 죽게 된다. 마르크스는 오랫동안 병석에 있었던 아이의 고통을 덜어주려고 햄릿의 긴 문장을 읽어주며 아이에게 아버지의 사랑을 듬뿍 주었지만 결국 죽음을 막지는 못했다.

세 명의 아이를 잃은 마르크스, 나이는 불과 37세였지만 그보다 훨씬 더 늙어보였다. 수염은 하얗게 되었고 치질과 치통, 호흡기 질환, 류머티즘, 두통, 결막염 등 그야말로 걸어 다니는 종합병원이었다. 한 인간을 이처럼 집요하게 절망으로 떨어뜨린 사례가 또 있을까? 마르크스의 글을 읽어 주는 사람도 없었고, 아이들은 그의 가난과 무능력 때문에 하나둘씩 죽어가고, 자신의 건강마저 좋지 않은 상황, 그가 《자본론》이란 책에서 문득 언급하는 자본가들에 대한 적의와 광기는 이런 참담한 현실에서 오는 분노였던 것이다.

마르크스는 많은 나이도 아니건만 더는 사회개혁, 혁명을 위한 심장을 두드릴 수 있는 열정적인 글을 쓸 능력이 없었다. 1856년 봄, 예니는 어머니가 죽자 자신의 몫으로 유산을 상속받게 되었다. 이 돈이 마르크스 가족의 숨통을 트게 해주었다. 마르크스는 그 소식을 듣고 장모의 죽음으로 얻을 수입을 생각해 엥겔스에게 돈을 빌려서 1856년 9월 22일 4층짜리 집으로 이사를 했다. 그 동네는 런던의 중산층이 사는 동네였다.

새로 이사한 집은 전에 살던 누추한 집들에 비해 로코코 식의 중고 가구와 더불어 궁전과도 같은 집이었다. 1856년 12월 17일, 마르크스에게 오랜 친구였던 하인리히 하이네가 죽었다. 그의 죽음을 듣게 된 마르크스는 11년 전 그가 파리에서 추방당한 이래 한 번도 만나지 못했다는 것을 깨닫는다. 하지만 두 사람은 항상 가까이 있는 친구 같았다. 마르크스는 종종 힘들고 어려운 일이 있으면 하이네에게 편지를 썼다. 마음의 위안을 얻던 친구의 죽음으로 그는 또 다시 절망해야 했다. 마르크스는 이때부터 심한 우울증을 앓기 시작했다. "혁명이 다 무슨 소용인가!" 유럽은 혁명적 분위기와는 상관없는 방향으로 흘러갔다.

유럽은 국가 사이 대립이 격화되고 있었다. 또한 경제가 비약적으로 발전했다. 공교롭게도 1848년 혁명이 시작된 해에 미국 캘리포니아에서는 금광이 발견되었다. 금광의 발견으로 사람들은 혁명보다는 돈을 찾아 움직이기 시작했다. 아일랜드 사람들은 감자기근으로 생계를 위협받자 수백만 명이 영국을 떠나 미국을 찾았다. 다른 가난한 유럽 사람들도 미국 서해안으로 금광을 찾아 떠났다. 1850년 후반부터 세계 경제는 갑자기 비약적인 발전을 거듭했다. 마르크스는 절망했다. 자본주의가 절망하지 않고 날로 번창하는 모습을 그는 고통스런 병마와 싸우며 지켜보아야 했다.

분노와 좌절, 그리고 절망이란 단어들만 맴돌던 그 무렵, 1859년 찰스 다윈의 《종의 기원》이 출간되었다. 마르크스와 엥겔스는 이 책을 읽고 갑자기 영감을 얻게 된다. 그 책을 먼저 읽은 마르크스는 엥겔스에게 권했다. '생존을 위한 투쟁'이란 관점에서 보면 인간과 동식물이

다를 것이 없었다. 다윈의 용기는 마르크스에게도 힘을 주었다. 자연과학에서의 새로운 생각이 곧바로 새로운 사상으로 전환을 의미한다고 굳게 믿었던 두 사람이었다.

하지만 고통의 시간 속에 한 줄기 빛을 찾은 그 해 마르크스 가족들은 다시 경제적 궁핍을 겪게 된다. 밀린 방세, 물과 가스가 끊어질 상황이었다. 엥겔스의 도움으로 위기를 넘겼지만 친구 엥겔스는 아버지에게 진 빚으로 사업을 물려받아야 하는 중대 기로에 선 시기였다. 1862년, 마르크스는 경제적 고통을 덜기 위해 철도사무소 일자리까지 알아보기도 했다. 하지만 그의 필체가 너무 악필이라 채용시험에서 떨어졌다. "마르크스 씨, 당신이 이런 글씨로 런던에서 살아가기란 귀족 태생이 아닌 이상 불가능합니다. 당신이 쓴 글씨를 판독하려면 고대문자를 판독하는 학자들의 도움이 필요하지 않을까요?"《프로메테우스》 6권/갈리나 세레브라코바 지음/김석희 옮김/들녘

그가 생계를 위해 생애 처음이자 마지막으로 일자리를 알아본 것이다. 엥겔스 역시 미국의 독립전쟁으로 자신의 회사가 경제적 어려움을 겪고 있었다. 그의 도움도 한계에 다다른 것이다. "매일 아내는 아이들과 함께 죽어 버리고 싶다고 내게 말하네. 이런 아내 심정을 모르는 바가 아니네. 이런 상황에 처한 나는 수치와 공포로 말을 다 할 수 없네. 우리 아이들은 박람회 기간에 혹시 다른 아이들이 우리 집을 방문할까 두려워하고 있네. 아이들도 친구들에게 이런 모습을 보이고 싶지 않을 거니까." 당시 엥겔스에게 보낸 편지에서 궁핍한 그의 처지를 엿볼 수 있다.

한편 1861년 1월 12일 프로이센에서 섭정을 하던 빌헬름 1세가 왕위에 공식적으로 올랐다. 그동안 입국이 금지되었던 인사들에 대해

사면이 내려졌다. 하지만 사상적으로 위험한 인물 1호였던 마르크스에게는 사면이 거부되었다. 그 무렵 마르크스의 아내 예니는 천연두에 걸려 거의 죽을 뻔하다 살아났다.

1863년 11월 30일, 트리어에서 마르크스 어머니는 딸들이 지켜보는 가운데 73세 일기로 삶을 마감했다. 혁명가의 아들을 이해하지 못했던 어머니, 그녀가 죽던 날은 공교롭게도 그녀의 결혼기념일이었다. 마르크스는 어머니에게 한번도 따뜻한 편지를 건넨 적이 없었다. 그것에 대해 그의 어머니는 매우 서운해 했다. 마르크스는 항상 간결하고 건조한 문장으로 '돈이 필요하다'는 말만 편지로 보낸 것이다.

공산주의 운동과 《자본론》 집필

마르크스를 비난하는 많은 사람은 그의 가족에 대한 몰인정을 비난했다. 하지만 그의 변명은 "혁명가는 비정하다 싶을 만큼 자기와 가족에게 얽매여서는 안 된다."는 말로 어머니에 대한 불효를 포장했다. 어쨌든 마르크스는 어머니의 죽음으로 자기 몫의 유산을 상속받았다. 그 돈은 그의 3년 치 수입에 해당했다. 마르크스는 항상 그렇듯이 돈이 생기면 일단 쓰고 보는 습관이 있었다. 그는 1864년 2월 런던으로 돌아와 그동안 고생한 가족들을 기쁘게 하기 위해 상류층 동네인 메이틀랜드 파크의 모데나 빌라 1번지 예쁜 집으로 이사를 했다. 그리고 딸들에게 각자 자기 방을 갖게 했고, 피아노를 가르치기 위해 레슨비를 지불했다. 마르크스 자신도 창이 5개나 되는 큰 방을 사용하였다.

1864년은 마르크스에게 경제적으로 좋은 일들만 일어났다. 친구 엥겔스가 아버지의 상속인이 되어 마르크스에게 제공하는 생활비를 늘릴 수 있었다. 그가 빚에 허덕거리면서도 이렇게 좋은 환경을 굳이 고집한 것에 "내 수입에 넘치는 집에 살고 있는 것을 잘 아네. 하지만 아이들이 그동안 겪었던 고통을 보상해주고 싶어."라고 변명의 편지를 엥겔스에게 보낸 것은 친구에게 자기를 이해해달라는 뜻이었다. 마르크스에게 무조건적인 양보와 이해심을 발휘한 엥겔스는 그의 사치를 지적한 적이 없었다.

1864년 9월 28일 국제노동자협회가 제1인터내셔널이란 이름으로 출범했다. 1863년 미국의 노예해방 운동에 자극받은 영국과 프랑스 노동자 대표들이 런던 산업박람회에 참석하여 자연스럽게 만나 노동자들을 위한 강력한 조직을 만들기로 합의한 뒤 비로소 결성된 단체였다. 그러나 사상적 스펙트럼은 여러 갈래였다. 프랑스에서는 프루동을 추종하는 세력들, 영국에서는 급진적 개혁주의자들을 비롯한 일부 콩트의 추종자들도 함께하기로 했다. 마르크스는 자신의 생각과 완전히 합치하지 않는 조직이지만 이 모임의 중요성을 간파하고 독일 노동자의 지도자 격으로 참여하였고 그리고 나중에는 인터내셔널 개최 연설을 하는 등 그 모임에 실질적인 지도자로 나서고 있었다.

1866년 여름, 제1차 인터내셔널 제네바 대회가 전 세계 노동자 수백만 명의 회원을 대표하는 대의원들이 모여 개최됐다. 마르크스는 건강상의 이유로 제네바 대회에 참석하지 못했지만 모든 실질적인 것을 총괄하고 있었다. 마르크스는 건강은 물론 경제적 고통이 다시 찾아왔다. 당시 그의 집 앞에는 매일같이 그를 찾아오는 노동자협회 지도자들과 또 한 부류의 빚쟁이들이 줄지어 기다리고 있었다. 그런 상황에서 노동자들의 정신적 무기를 꿈꾸었던 마르크스《자본론》1권이 완성되고 있었다. 다윈의 책이 지식인들에게 19세기 최고의 책이란 찬사가 쏟아질 때마다 마르크스는 자신이 쓰고 있는《자본론》에 대한 찬사로 착각할 정도로 그 책에 모든 것을 걸고 있었다. 마르크스는 늦게까지 원고를 쓰고 잠자리에 들었지만 아침이면 어김없이 블랙커피를 마시고 신문을 본 뒤 다시 자기 작업실에서 새벽까지 일을 했다.

그는 식사 시간만 빼고는 전부 글을 쓰는 데 매달렸다. 낮에 의자에서 한두 시간 자는 것을 제외하고 그는《자본론》에 모든 시간을 할애했다. 마르크스가 1권을 완간할 무렵 그의 엉덩이는 보기가 흉할 만큼 종기가 심했다. 그 고통이 너무 심해 앉아서 글을 쓸 수도 없을 지경에 이르렀다. 그래서 그는 책의 끝 부분을 쓸 때에는 아예 일어서서 썼다. 이렇게 힘든 작업 끝에《자본론》1권이 드디어 1867년 9월 14일 함부르크에서 초판 천 부가 출간되었다.

그동안 출간된 책과 똑같은 실패를 겪을까 두려워 마르크스와 엥겔스는 인터내셔널의 모든 네트워크를 통해 책을 선전했다. 마르크스와 엥겔스는 지인들에게 이 책이 논란을 일으킬 수 있게 하기 위해 최대한 비판적인 서평을 써 달라고 부탁했다. 하지만 그 어려운 책은 팔리지 않았다. 마르크스는 "이 책의 출간으로 그동안 책을 쓰면서 피던 담뱃값을 지불할 돈도 얻지 못했다."고 하소연한 적도 있다.

마르크스는 엥겔스에게《자본론》의 2권은 1868년 겨울쯤에 나올 것이라고 말했다. 하지만 그가 쓸 책은 통계 자료가 자주 바뀌었으며 과거와 현재, 그리고 미래까지 언급해야 했고 당대 벌어진 여러 사건들을 파악해야 하는 어려움이 있었다. 결국 2권은 18년이 지난 1885년 그가 죽은 뒤 2년 후에 나왔다. 3권은 다시 9년 뒤인 1894년에 나왔다. 1868년 한 해 동안 마르크스는 아무 일도 할 수 없었다. 이미 허벅지와 엉덩이는 악성 종기가 퍼져 걸을 수가 없었고 의자에 앉아 있을 수도 없었다. 그는 엥겔스에게 "빌어먹을《자본론》이 아니면 나는 당장 스위스로 이주했을 것이네. 그곳은 환경도 좋고 생활비는 절반 정도만 드니까."라고 하소연했다.

인터내셔널이 실패한 가장 큰 이유 중에 하나는 내부의 분열이었다. 그 핵심에는 러시아의 이상한 혁명가 미하일 바쿠닌이 있었다. 러시아의 털북숭이 거인이란 별명을 가진 그는 충동적이고 정열적인 전형적인 혁명가 기질을 가진 사람이다. 그를 본 사람들은 과격한 코끼리라고 생각할 정도로 거침없고 우람했다. 그는 프루동과 함께 무정부주의자 가운데 한 명이었지만 광기 가득했고, 전설적인 이야기를 듬뿍 갖고 있는 신비의 사나이였다. 다음은 1867년 2차 인터내셔널 대회에 모습을 보인 바쿠닌을 묘사한 글이다.

인터내셔널 대회, 육중하고도 거북한 걸음걸이로 그가 집행위원들이 있는 단상으로 나타나자 "바쿠닌"하는 함성 소리가 들렸다. 그는 언제나 회색 저고리를 아무렇게나 걸쳤고 셔츠도 입지 않은 채 조끼만 걸친 모습이었다. 의자에 앉아 있던 가리발디는 몇 걸음 앞으로 나와 그를 포옹했다. 늙고 지친 이 두 혁명전사가 서로 껴안고 선 장엄한 모습은 많은 사람에게 깊은 인상을 남겼다. 대회에 참가한 사람들은 일어나서 오랫동안 박수를 쳤다.

공산주의자들 가운데 은근과 끈기의 마르크스보다 정열적이고 광폭한 바쿠닌을 좋아하는 사람이 더 많은 것은 그때도 그렇고 지금도

그렇다. 그는 군대 없는 장군이고, 코란 없는 마호메트라고 불렸다. 마르크스와 바쿠닌이 만난 것은 1844년 파리에서 처음이었고 두 번째는 1848년 브뤼셀이었다.

▶ 마르크스보다 더 전설적인 인물 미하일 바쿠닌의 모습. 그는 혁명이 일어나는 세계 어느 곳이든 나타나 혁명을 몸으로 맞이했다.

바쿠닌과 마르크스

1814년 5월 18일에 러시아에서 태어난 바쿠닌은 마르크스보다 4살이 많았다. 그의 집은 1,200명의 농노를 거느릴 정도로 큰 부자였다. 그의 아버지는 11명의 자녀를 두었으며 바쿠닌은 장남이었다. 청년 시절 바쿠닌도 헤겔 철학에 아주 푹 빠져 있었다. 상트페테르부르크 포병학교를 들어간 바쿠닌은 소위로 임관해서 얼마 동안 지휘관으로 생활했지만 곧 군대생활에 적응하지 못하고 스스로 제대를 했다. 그리고 바쿠닌은 모스크바에 가서 헤겔 철학을 공부하면서 저항적 지식인으로 성장했다. 1840년 그는 혁명가로서의 삶을 살기 위해 모스크바에서 베를린으로 가는 배를 탔다. 베를린 대학에서 그는 헤겔 철학과 괴테 문학, 그리고 베토벤 음악에 심취하면서 보냈다. 하지만 독일 혁명에 대한 반동적 분위기를 이기지 못하고 스위스 취리히로 갔다. 그리고 다시 1844년 파리에서 그는 마르크스와 프루동을 만났으며 바이틀링을 만났다. 당시 바쿠닌은 마르크스보다 나이가 많았지만 혁명가 지위로 볼 때는 몇 단계 아래였다. 그러나 이 러시아 혁명가는 승부욕이 강했고 마르크스보다 더 높은 위치에 서고 싶다는 생각을 했다. 바쿠닌은 프루동과 빌헬름 바이틀링이란 독일 노동자를 통해 무정부주의자로 변신을 했다. 바이틀링 역시 공상적 사회주의자로 가난 때문에 배우지 못한 혁명가였고 마르크스에게 무식하다는 핀잔을 자주 들었던 인물이다.

마르크스는 지식인 노동자들이 혁명 계급 맨 위를 차지해야 한다고 생각했다. 그래서 머리보다는 뜨거운 가슴으로 움직이던 바쿠닌이나 바이틀링을 달갑게 생각하지 않았다. 바쿠닌은 바이틀링에게서 "완전한 사회란 정부는 필요 없고 오직 관리만 있으며, 법이 군림하지 않고 오직 계약만 있으며, 형벌은 없지만 교정수단만이 필요한 사회이다."라는 무정부주의자들의 이론을 자신의 혁명 이념으로 받아들이게 된다.

이 무렵 혁명을 즐기고 사랑했던 바쿠닌이 주목을 받을 시간이 찾아왔다. 1848년 프랑스에서 2월 혁명이 발발하자 스위스에 있었던 바쿠닌은 곧바로 파리로 달려가 국민방위군에 입대를 했다. 그리고 3월에는 독일로 가서 독일 혁명에 가담했다. 마르크스가 전략가라면 바쿠닌은 행동가였다. 그는 우람한 체구에서 뿜어져 나오는 모든 열정을 곧바로 행동으로 실천하는 진정 혁명가다운 사람이었다.

1849년 5월, 바쿠닌은 니체가 열렬히 흠모했던 리하르트 바그너를 만났다. 당시 바그너는 드레스덴 오페라단 지휘자였다. 바쿠닌은 드레스덴 시청 건물에서 프로이센 군대의 공격에 대비하여 혁명군을 조직하고 시청을 사수하였다. 그러나 그 싸움에서 그의 군대는 프로이센 군대에게 졌고 체포된 바쿠닌은 악명 높은 피터 폴 감옥에서 8년을 보냈다. 바쿠닌은 1857년 니콜라이 황제가 죽자 시베리아로 추방당한 뒤 다시 미국 샌프란시스코로 도망을 쳤고 뉴욕을 거쳐 유럽으로

▶ 빌헬름 바이틀링은 바쿠닌에게는 운명을 바꾸어 놓은 사람이었지만 마르크스에게는 싫은 존재였다. 마르크스는 교육받지 못한 노동자가 지도자로 있는 것을 좋아하지 않았다. 오른쪽은 바쿠닌이 갇혀 있던 정치범 수용소 피터 폴 감옥.

돌아왔다. 그야말로 신출귀몰한 인물임에 틀림없다.

바쿠닌은 1866년 갑자기 네차예프라는 젊은 러시아 혁명가를 만나면서 이상한 모습으로 변했다. 그는 네차예프의 속임수에 빠져들어 마르크스에게 반기를 들면서 국제노동자 연맹을 전복하기로 방향을 급선회한 것이다. 무정부주의자들이 국가를 전복하기 위한 목표에서 공산주의자 단체를 전복하고 노동자들을 포섭하기 위한 행동에 들어간 것이다.

1868년 독일과 프랑스를 시작으로 러시아, 벨기에까지 노동자들이 파업을 일으켰다. 1870년 7월 프랑스와 프로이센 간의 전쟁이 터졌다. 이 전쟁에서 프로이센은 프랑스에게 승리를 거두었고 프랑스는 패전의 책임으로 알자스와 로렌지방을 빼앗기고 막대한 배상금도 물어야 했다. 프랑스 임시정부는 배상금을 주기 위해 노동자에게 가혹한 정책들을 시행하였고 노동자 군대인 국민방위군이 자체적으로 보유했던 총포들은 모두 압수당했다. 상황을 살펴던 바쿠닌은 스위스에 숨어 있다가 프랑스 리옹으로 들어가 혁명위원회를 이끌었다. 바쿠닌은 혁명이 꿈틀대는 도시 어디에서나 활발하게 움직였다. 이렇게 바쿠닌이 분주하게 움직이고 있을 때 마르크스는 무엇을 했는가? 그는 항상 행동보다는 생각이 먼저였고 더군다나 그 무렵은 건강이 너무 좋지 않았다. 그는 침묵을 하면서 자기가 꿈꿨던 공산주의 혁명이 지금의 위치가 어디인가를 생각했다.

마르크스는 1848년 혁명 때에도 혁명가들을 움직이지 못하게 했다. 때가 아니라는 이유였다. 그런데 다시 그런 실수를 범하고 있었다.

마지막 기회를 놓친 마르크스

1871년 3월 18일 파리의 노동자들은 무기를 들고 정부에 대항했다. 임시정부 수반인 티에르는 놀라서 베르사유로 도주했다. 이때 마르크스는 평생 가장 중요한 그리고 가장 큰 실수를 저지른 것이다. 그는 혁명가의 품위를 지키느라 티에르를 쫓아가 제거하지 못한 실수를 저지른다. 이론이 필요한 때가 아닌 행동이 필요한 시기에 그는 몸이 좋지 않았고 타이밍을 놓치고 말았다.

파리에서는 1871년 3월 28일 주민투표로 '코뮌대표'들이 선출되고 시민 자치 정부가 두 달 동안 파리를 관리했다. 코뮌은 역사적으로 유례가 없는 시민정부를 탄생시킨 것이다. 비록 결과적으로 파리 코뮌은 실패했지만 나중에 일어나는 러시아 혁명에 큰 교훈을 주었다.

"파리 코뮌을 보라! 그것은 프롤레타리아의 독재를 의미한다." 마르크스는 흥분했다. 그는 나중에 《자본론》에서 프롤레타리아 독재는 고차원적인 국가 건설이며 일시적이라고 기술했다. 그는 코뮌을 왜

▶ 파리 코뮌 마지막으로 저항하는 모습

프롤레타리아 독재로 보았을까? 건강한 판단은 아닌 듯했다. 아무튼 당시 상황을 살펴보면 코뮌은 보통선거를 실시했다. 물론 공산주의자들은 시의원에 소수로 발탁됐다. 수적 열세라고 판단했던 마르크스는 국가 군대가 철폐되고 인민군이 대체되는 순간에도 타이밍을 찾지 못했다.

그러던 중 쫓겨났던 베르사유 정부군 반격이 시작됐다. 프로이센의 도움을 받아 그들은 1871년 5월 21일 반격을 시작했다. 7일 동안 시민군들은 바리케이드를 치고 항거했다. 1871년 5월 28일은 일요일이었고 총성은 멎었지만 거리에는 시체들이 쌓였다. "파리 시민 여러분, 프랑스 군대가 여러분을 구하러 왔습니다. 오늘 전쟁은 끝났습니다. 이제 모든 것이 정상으로 돌아갈 것입니다." 베르사유 사령관은 시체들을 태우면서 이렇게 외치고 있었다. 이것으로 파리코뮌은 끝났다. 정확한 사망자 숫자는 아직도 알 수 없지만 가장 보수적인 통계가 2만 명이라고 하고, 좀 과장되게는 10만 명이란 말도 있었다. 하지만 그 두 달 동안 마르크스는 꼼짝도 하지 않았다.

뒤늦게 마르크스는 1871년 5월 30일 책자 같은 발표문을 낭독했지만 그것은 '코뮌'의 묘비명이 되었다. 이미 정부군이 3일 전에 파리를 장악한 뒤였다. 마르크스는 혁명가로 나서야 할 시기에 겨우 작가로 이름을 내민 것이다. 그가 파리 시민과 노동자들에게 한 것은 겨우 책 한 권, 바로 《프랑스 내전》[77]을 쓴 것이 전부였다. 그것은 그가 쓴 책 가운데 그나마 제일 많이 팔린 책이었다.

티에르가 빠르게 '코뮌'을 제거하고 수습의 길에 들어서자 유럽의 여러 나라도 인터내셔널과 '코뮌'에 대해 적대적이거나 비우호적인 조치들을 취하기 시작했다. 행동하지 않은 마르크스는 폭동의 주동자 혹은 배후 조종자로 유럽 각 나라에서 감시를 받았다. 언론에서는 연일 마르크스에 대한 비판 기사들이 쏟아져 나오고 있었다. 마르크스 때문에 인터내셔널의 미래가 도전받고 있다고 동료들의 비난도 이어지고 있었다. 이때 마르크스의 천적 바쿠닌이 움직이기 시작했다.

당시 마르크스와 바쿠닌은 철저하게 대립하고 있었다. 마르크스는 프롤레타리아 정치계급을 확고하게 건설해 자본가들과 대항해야 한다고 주장하고 있었고, 바쿠닌은 모든 권위를 상징하는 조직들을 파괴하고 이를 통해 새로운 것을 창조하자는 모호하지만 대담한 무정부주의를 외친 것이다.

1872년 9월 2일 헤이그에서 인터내셔널 총회가 열리기로 결정되었는데, 바쿠닌은 측근들에게 "헤이그로 대표를 보내되, 어떤 방식으로든 마르크스가 제시하는 방향으로 결정될 것 같으면 회의장을 박차고 나가라."고 지시했다. 헤이그대회가 시작되었고 세계 모든 언론은 그곳 회의장을 응시했다. 이 대회가 관심을 끈 것은 공산주의와 아나키즘 사이의 대결이었기 때문이다. 회의는 3일 동안 계속되었다. 회의장은 수용 인원의 10배가 몰렸으며, 여기 저기 야유와 환호가 쏟아져 나왔다.

마르크스는 엥겔스 뒤에 앉아 눈에 띄지 않게 신중하게 하려고 노력했다. 찬성 32, 반대 6, 기권 16으로 인터내셔널이 대서양을 건너 미국 뉴욕으로 본부를 옮기자는 데 결정이 났다. 엥겔스와 마르크스는 멍 하니 앉아 있었다. 그리고 어디에서는 "이건 완전 쿠데타야!"라는 소리도 들렸다. 마르크스는 이 모든 것이 바쿠닌의 음모라고 판단하고 그를 추방하자는 안건을 상정하여 통과시켰다. 두 세력은 하나씩 자기들이 원하는 것을 얻었다. 하지만 바쿠닌보다 마르크스에게 출혈이 더 심했다.

바쿠닌의 음모로 인터내셔널 코뮌은 뉴욕으로 가서 얼마 있다가 다시 필라델피아로 옮겨졌고 1876년 공식적으로 해체되었다. 그러나 마르크스 사후 1889년 인터내셔널이 다시 결성되었다. 그 해는 프랑스 혁명 100주년 되는 해이기도 하다. 이 단체는 독일의 사회민주당이 주축이 되어 무정부주의자들을 배제하고, 표어로는 '혁명주의'를 내걸고 실행 노선 방향은 '진화론'을 채택했다. 바로 5단계 사회 발전 방향을 따른다는 것이다.

이렇게 해서 각국의 사회주의 정당들이 다시 결성되었다.《공산주의》리처드 파이프스 지음/이정인 옮김/을유문화사 2차 인터내셔널은 1914년 제1차 세계 대전까지 자신들의 정치적 목적을 위해 행동을 통일하는 전성기를 구가했다. 그러나 전쟁은 민족주의적 성격이 강했고, 각국의 사회주의 정당들은 국제적 연대에 힘을 합치지 못하고 히틀러와 무솔리니 같은 제국주의 선동가들에게 권력을 넘겨주고 말았다. 그리고 유럽의 사회주의 운동은 결국 러시아로 넘어갔다.

죽을 때도 자본론을 쓰다가 책상에서 죽다

1872년 인터내셔널이 사실상 해체되고 마르크스는 1883년 죽는 순간까지 마치 니체가 죽기 전 10년 동안의 모습처럼 온갖 병들을 달고 살았다. 그 가운데 악성 치질이 그를 제일 고생시켰다. 그리고 등창과 부스럼이 여러 곳에 자리를 바꾸어 가며 도져서 그를 괴롭혔다. 감기, 류머티즘, 안질, 두통 등은 차라리 등창과 악성 치질에 비하면 병도 아니었다.

그러나 그의 생명에 가장 치명적인 것은 역시 간이었다. 마르크스 아버지 역시 간암으로 사망했기 때문에 그는 자기도 간암으로 죽을 것이라고 종종 말하곤 했다. 마르크스는 《자본론》을 쓰면서 "앞으로 자본가들이 두고두고 내 등창을 잊지 못하겠지."라고 엥겔스에게 말한 것은 그만큼 등창의 고통으로 글을 쓸 때 힘들었다는 것을 하소연한 것이며, 그것은 자본가들에 대한 무서운 저주로 표현되었다.

1879년 10월, 코뮌에 참여했던 혁명가들이 마르세이유로 모여들었다. 그 가운데 두 사람 쥘 게드와 폴 라파르그가 마르크스와 엥겔스의 학습을 통해 지도자로 나선다. 이들이 건설하려 한 것은 프랑스 노동자 연맹, 하지만 프랑스는 처음부터 두 가지 다른 길을 걷고 있었다. 하나는 정당 활동을 통한 합법적인 노동운동, 다른 한 가지는 일체 정당 활동을 하지 않는 혁명적인 노동운동이었다. 마르크스는 이들 조직들을 재건하는 데 강령 등을 구술해주면서 일정 부분 개입하였다. 하지만 건강 때문에 엥겔스만큼 적극적으로 할 수 없었다.

1881년 11월, 아내 예니의 병이 악화되었다. 그녀의 병은 간염이었다. 마르크스도 너무 아파서 침대에서 하루에 딱 한 번 나올 뿐이었다. 아픈 아내의 방에 가기 위해서였다. 12월 2일 마르크스 부인 예니는 불치병인 간염을 이기지 못하고 67세 나이로 숨을 거두었다. 그녀가 죽자 그녀의 유언대로 가족과 몇몇 친지를 불러 간소한 장례식을 한 다음 런던 하이게이트 묘지에 묻혔다. "나는 한때 이토록 슬프고

서러운 세상을 버리려고 했네. 하지만 예니가 없는 세상이 두려워 나는 목숨을 끊지 못했지. 아! 이제 나는 어떡하지." 마르크스가 엥겔스에게 보낸 편지에서 하소연 한 것처럼 그에게 아내가 없는 세상은 정말 견디기 힘든 고통의 연속이었다.

마르크스의 몸은 이제 만신창이가 되었다. 그는 아내 없이 단 하루도 살 수 없는 사람이었다. 1882년 4월 19일 다윈이 죽은 것도 그는 알지 못했다. 1883년 1월에는 맏딸도 암으로 죽었다. 그녀 나이 39세, 아까운 나이였다. 두 달 뒤 마르크스의 병세는 악화되었다. 기관지염에 폐질환, 간암까지 겹쳐 있던 마르크스는 죽기 직전에 너무나 많은 피를 토했다. 엥겔스가 그런 소식을 듣고 마르크스 집을 들어가니 집 안은 온통 울음바다였다. 그런데 집주인이 보이지 않았다. 마르크스는 자기 서재에 편안하게 앉아 있었다. 엥겔스가 그의 손에 맥을 짚어보니 뛰지 않았다. 그는 책상에 아주 편안한 자세로 앉아서 숨을 거둔 것이다.

그날이 바로 1883년 3월 14일이었다. 위대한 사상가이자 혁명가이며 철학자인 마르크스의 죽음은 영국에서는 별다른 관심이 없었지만 마르크스를 세 번이나 추방했던 프랑스에서는 크게 보도했다. 영국에서 마르크스 존재는 유령과도 같았다. 영어로 된 그의 책은 그의 생존 시에 단 한 권도 나오지 않았다. 영원한 동지였던 엥겔스는 그의 죽음에 눈물도 나오지 않았다. 3월 17일 마르크스 시신은 런던 하이게이트 공동묘지 그의 아내 곁에 매장되었다.

그가 죽었지만 그의 인생 최대의 역작 《자본론》은 1권만 쓴 채 끝났다. 문제는 여기에 있었다. 그가 20년 이상 붙들고 있었던 《자본론》을 왜 완성하지 않았을까? 가난과 질병 때문인가? 아니면 지적 능력 부족인가? 아무튼 마르크스는 자신의 글을 완성하지 않은 채 숨을 거두었고, 그의 장례식이 있은 다음 날부터 엥겔스와 그의 두 딸은 그가 쓴 원고 뭉치들과 편지들을 분류하는데 무려 6개월을 꼬박 소비했다. 마르크스는 젊은 시절부터 정리하는 법을 몰랐다. 그런데 아내가 죽자 그것을 대신 해 줄 사람이 없었다. 마르크스는 죽기 전에 《자본론》의 완간을 그의 친구 엥겔스에게 간곡하게 부탁했다.

하지만 40년 친구이고 두 사람이 한 가지 같은 생각을 했다고 해도 그것은 이미 마르크스 저작이 아닌 엥겔스의 작품이나 다름없었다.

엥겔스는 그 많은 원고더미에서 그의 글을 정리했으며 마르크스가 죽은 뒤 2년 만인 1885년 《자본론》의 2권이 출판되었고, 엥겔스 죽기 1년 전인 1894년에 《자본론》 3권이 출판되었다. 사람들은 마르크스의 글이 워낙 악필이라 엥겔스 사상이 마르크스 사상으로 둔갑했을 수 있다고 의심했다.

마르크스의 글은 상대를 지치게 해서 쓰러트리는 놀라운 기술을 갖고 있다. 마르크스의 주장에 무슨 흠이라도 발견하려고 달려드는 사람에게, 그는 불필요한 페이지를 잔뜩 늘어뜨려 나중에는 무슨 말인지 혼란에 빠트리다가 결국 잠들게 하는 놀라운 재주를 가진 사람이다. (자본론을 이해하지 못하는 독자들 대표)

미완성 《자본론》에 대해

마르크스는 다윈의 '진화론'에서 인간 역사의 진화 법칙을 끌어들였다. 그는 《자본론》을 쓰고 난 뒤 스스로 자신은 사회학에서 다윈과 뉴턴이 되고자 했다고 말했다. 마르크스는 인류의 역사는 한 계급이 다른 계급을 착취하는 역사라고 주장했다. 그래서 인구가 증가함에 따라 봉건시대에는 농노, 자본주의 시대는 임금을 받는 노동자들이 생겨났고 변증법적 유물론을 적용하면 노동자들의 반란이 불가피하고 그 결과로 '프롤레타리아의 독재'가 이루어진 다음, 공산사회가 도래하여 결국 계급 없는 사회로 발전할 것이라고 주장했다.

그럼 《자본론》 1권을 대략 요약해 보자.

제1편, '상품과 화폐'를 보면 상품에서 노동의 가치를 분석했다. 그는 애덤 스미스와 데이비드 리카도의 고전경제학 이론을 언급하면서 자본과 노동에 대한 생각을 서술했다. 우선 상품은 우리 욕구 충족에서 시작됐다. 어떤 물건의 효용성은 그 사용가치로 확인된다. 마르크스가 문제로 본 것은 인간의 노동을 상품의 가치로 보려고 하는 것에서 물신숭배가 일어난다고 주장했다. 또한 상품이 화폐로 교환되면서 화폐에 대한 과다한 집착, 교환가치에 대한 끊임없는 탐욕이 영리한 자본가들을 수전노로 만들었다고 보았다.

"상품이란 형이상학적 교활함과 신학적 변덕으로 가득한 매우 기묘한 물건이다. 탁자가 상품으로 나타나면 그것은 그냥 목재에서 감성적인 물품으로 전락했음을 의미한다. 정치경제학을 로빈슨 크루소 이야기로 돌려보자. 로빈슨 크루소가 무인도에 갔다. 그는 원래 검소한 사람이지만 다양한 욕구 때문에 스스로 가구를 만들었고, 고기잡이를 하며 사냥을 했다. 그는 난파선에서 시계, 장부, 잉크, 펜 등을 구해와 선량한 영국인답게 자기 자신에 관해 기록을 했다. 로빈슨 크루소가 만든 상품은 극히 간단명료해서 다른 상관관계가 없다. 하지만 그 이야기를 유럽 중세로 돌려보면 이야기는 달라진다. 농노와 영주, 가신과 제후가 나오고 신자와 성직자가 등장한다. 그래서 노동이나 생산물이 부역이나 공납 사회적 기구 속으로 들어간다. 성직자에게 돌아가야 하는 10%는 성직자의 축복이다."《자본》칼 마르크스 지음/김영민 옮김/이론과 실천

그러면서 마르크스는 고전경제학자들은 상품가치를 분석하면서 이런 정치경제학적인 문제를 고려하지 않았다고 비판했다. 한편 화폐 결정은 서로 다른 노동생산물을 교환하는데 가치가 있다. 그런데 금과 은은 무엇인가? 그것은 이미 태전부터 인간 노동을 빼앗는 화신이었다.

제2편, '화폐의 자본으로 진화'에서 마르크스는 화폐가 자본으로 성장하면서 모든 모순이 시작되었다고 주장했다. 상품을 화폐로 교환하면서 불평등이 야기됐다. "평등이 있는 곳에 이득은 없다." 사람들은 평등이 아니라 잉여가치를 추구한다. 잉여가치는 가격인상으로 생기고 어떤 사람은 상품을 생산하지 않고 유통만 하면서 이익을 챙긴다. 노동력은 인격적인 측면도 있다. 그러나 자본가들은 인격적인 것은 무시한다. 그저 노동 강도만을 생각한다. 양자는 서로 평등한 인격체로 존재하고 만나야 한다. 하지만 역사는 그렇지 못했다.

제3편, '절대적 잉여가치의 생산'에서는 노동력이 어떻게 왜곡되고 있는가를 살펴보았다. 포도가 포도주 원료가 되듯이 노동은 다른 생산물의 원료가 될 수 있다. 그런데 노동은 생산품에 따라 다른 가치가 결정된다. 빵은 농민, 제분업자와 제빵업자 사이 노동생산물을 식량으로 인간에게 공급하는 것에 다 똑같다. 하지만 생산물은 자본가의 소유물이지 생산자와 노동자의 소유물이 아니다. 그래서 자본가는 노

동자보다 항상 더 많은 이익을 가져간다고 주장했다.

마르크스는 "어떤 발명으로 방적공이 전에는 36시간 노동시간이 투자되어야 생산했으나 지금은 6시간 만에 할 수 있게 됐다고 하자. 이때 노동력은 6시간이 아니라 36시간으로 보아야 한다. 하지만 자본가는 그렇게 보지 않고 6시간의 노동으로 보는 것이다." 기계 발달로 생긴 잉여가치를 노동자에게 나누지 않고 자본가가 모두 가져간다. 기계는 고정자산이다. 하지만 인간의 노동은 유동자산이다.(마르크스는 기계가 마모되어 소모되는 감가상각비 발생을 생각하지 않았나 보다.)

마르크스는 기계와 건물 따위를 노동의 수단이 아니라 노동의 재료로 보았다. 사람은 육체가 소모되고 마모된다. 그것까지 감안한 임금을 주어야 하는데 자본가들은 그렇지 않다. 노동자는 원래 가치를 보존하지 않고서는 새로운 노동을 부가할 수 없다. 호황일 때 자본가는 이익의 증식에만 골몰하지 노동이 가져다주는 무상의 선물은 간과했다.

하지만 노동의 강제적인 중단(파업)이 일어난다면 자본가들은 그제야 노동의 중요성을 뼈저리게 느낀다. 마르크스는 잉여가치에 대한 설명을 상당 부분 할애해서 설명하고 사례들을 나열했다. 하지만 복잡한 공식과 당시 사회를 알지 못하면 수긍하기 힘든 내용들이 너무 많아 다 이해하기란 머리에 쥐가 날 정도다. 하지만 후반부에는 노동자들이 자본가들에게 착취당하는 실태를 고발해 읽는 사람을 긴장시킨다.

"1833년 성냥제조업은 나무개비에 인(燐)을 직접 붙이는 발명으로 시작됐다. 성냥 제조업은 1845년 이후 잉글랜드에서 급속하게 발달되어 런던 인구 과밀지역, 맨체스터·버밍엄·리버풀·뉴캐슬·글래스고우 등지로 퍼져나갔다. 1845년 빈의 한 의사가 발견한 성냥제조공의 특별한 질병인 '입 경련증'도 퍼져나갔다. 노동자의 절반은 18세 미만 소년들이고 그 가운데 13세 미만도 상당수 있었다. 이 제조업의 비위생과 불결함으로 말미암아 사람들이 기피하자 굶주려 돌보아줄 사람 없는 고아들과 남편을 잃고 혼자 사는 가난한 과부들이 이 작업장에 취업했다. 이곳에 취업한 노동자들은 처음 12시간 노동을 했다. 그러나 다시 노동시간은 15시간으로 늘어났다. 야간노동과 작업장에 가득한 성냥개비 인(燐)에서 나오는 메케한 독가스는 작업장을 더욱 비참한 공간으로 만들었다. 아마 지옥도 이곳보다는 나을 것이다."《자본》칼 마르크스 지음/김영민 옮김/이론과 실천

마르크스는 《자본론》이란 책을 완성하지 못하고 죽었다. 그는 엥겔스에게 보낸 편지에서 책의 완간이 더딘 이유를 "원래 예술작품은 마무리가 더딘 것이라네."라고 위안 삼는 말을 했지만 시시각각 변하는 세상과 자신의 논리가 맞지 않음에 대한 슬픔을 경험했을 것이다. 그는 헤겔의 변증법적 시각과 자본의 역사를 형이상학적인 논리로, 전개했다가 많은 경제 원리로 포장하는 등 나중에는 스스로도 종착지가 어딘지 분간할 수 없는 글을 썼다. 그는 너무 방대한 주제들을 펼쳐 놓고 그것을 정리하지 못하고 죽은 것이다. 그가 미뤄 놓은 숙제는 결국 엥겔스의 몫이 되었다.

마르크스는 죽기 10년 전부터 거의 글을 쓸 수 없을 만큼 큰 병에 걸려 있었다. 그 지독한 치질과 등이 다 헐고 고름이 나오는 등창으로 잠시도 의자에 앉을 수 없었다. 당연히 글은 한 시간도 쓰기 힘들었다. 혁명은 마르크스가 가장 늦게 일어날 것이라고 예상한 러시아가 가장 먼저 일으켰다. 그러나 러시아 혁명은 마르크스가 예상했던 자

본주의가 완전히 성숙한 뒤, 그 모순으로 공산주의로 변화할 것이란 발전적 공산주의가 아닌 봉건주의에서 바로 공산주의로 넘어갔다.

레닌은 마르크스의 《공산당 선언》을 공책에 한 자씩 옮기면서 그의 사상을 신봉한 젊은이였다. 그리고 마르크스가 실패한 서유럽 혁명운동의 과거사를 꼼꼼히 들여다보고 있었다. 그리고 러시아에는 실천하는 혁명이 필요하다고 생각했다. 물론 러시아 민중의 혁명에 대한 목마름은 유럽의 노동자들보다 더 간절했다.

마르크스 사후 인터내셔널이 다시 결성되었다. 프랑스 혁명 100주년 기념일인 1889년 7월 14일 독일의 사회민주당을 중심으로 20개국 노동자와 정당대표들이 파리에서 모여 제2인터내셔널을 출범시켰다. 바쿠닌에 의해 해산된 지 13년 만이었다. 초기 분란을 일으켰던 무정부주의자들을 배제하고 철저하게 마르크스 혁명노선을 따르고, 실행 노선 방향은 '진화론'을 채택했다. 바로 5단계 사회 발전 방향을 따른다는 것이다. 하지만 이것도 20세기 들어서서 1차 세계대전이 벌어지자 자연스럽게 해체됐다. 그리고 3차 인터내셔널은 레닌이 모스크바에서 결성했다. 그리고 스탈린에 와서는 더욱 확대되어 각국 공산당을 통제했으나 제2차 세계대전이 벌어지고 소련이 연합군과 함께하면서 해체되었다. 제4차 인터내셔널은 스탈린과 결별한 트로츠키가 1938년 만든 바 있다.

혁명과 전쟁에서
고독한 개인을 보다

1871년 프랑스 파리에서 코뮌이 만들어질 때, 바쿠닌은 적극적이었는데 왜 마르크스는 망설였을까? 하긴 바쿠닌은 혁명 냄새를 잘 맡는 사냥개였지만 마르크스는 그 무거운 자본론을 머리에 지고 살았으니 빠르게 판단할 수 없었을 것이다. 코뮌의 실패로 마르크스주의자들은 한동안 패배의식에 젖어 있었다. 하지만 코뮌의 실패가 완벽한 절망만은 아니었다. 러시아 혁명은 그때 실패한 전술의 완벽한 반전 드라마였다.

1853년 터키와 러시아의 '크리미아 전쟁'은 여러 가지 의미를 가진 전쟁이었다. 이슬람과 기독교 사이에 벌어진 종교전쟁 성격이 있었는가 하면 오스만제국과 슬라브 민족 사이 벌어진 민족전쟁이었으며 러시아 남방정책을 막으려는 영국과 프랑스가 함께 손을 잡은 유럽과 유라시아 세력 간의 전쟁이기도 했다. 러시아는 전쟁 초기부터 밀렸다. 프랑스 지원에다 영국의 지원까지 받은 터키는 승리했고, 러시아는 터키를 합병하려던 목적을 달성하지 못했다. 이 전쟁에서 러시아는 30만 명이 목숨을 잃었다. 전쟁의 실패는 러시아 혁명의 시작을 알리는 계기가 됐다.

1867년 독일어판《자본론》이 출간되자 천 부가 발간되었지만 그 책이 다 소진될 때까지는 5년이란 시간이 걸렸다. 하지만 1872년 러시아판《자본론》이 출간되어 천 부가 시중에 나오자 불과 2개월 뒤 다 소진되었다. 러시아에서는 바쿠닌 같은 직업적인 혁명가들이 많이 있었다.

1870년 4월 22일 러시아 혁명을 완수할 레닌이 태어났다. 그가 태어나던 무렵 러시아는 혁명에 대한 욕구가 강렬했다. 하지만 마르크스가 바라보던 유럽은 암울했다. 그는 러시아에서 이런 혁명적인 기운들이 감도는 것에 별로 큰 기대를 하지 않았다. 그곳은 자본주의 체제조차 들어서지 않았고 이제 막 봉건체제가 무너진 나라였다. 그래서 혁명이 일어나기까지 아마 100년은 걸릴 것이라고 내다보았다. 하지만 마르크스 예상은 빗나갔고 러시아는 봉건사회에서 곧바로 공산사회로 전환했다.

"노동자들에게는 조국이 없다."라는 말이 마르크스의 《노동자 선언》에 등장하지만 19세기 후반의 민족주의 광풍은 이런 문구를 무색케 했다. 19세기 후반 유럽은 크리미아 전쟁을 필두로 끊임없이 전쟁이 일어나고 있었다. 유럽과 독일, 독일 내부 전쟁, 프랑스와 독일의 전쟁들이 계속해서 사람들 목숨을 빼앗았고, 그럼에도 영향력 있는 지식인들은 저마다 민족의식 고취에 힘을 쏟고 있었다. 19세기 중반 이후 유럽은 민족이란 이름으로 목숨을 건 싸움들이 전개되었다. 그 싸움은 20세기 접어들어 더욱 치열해졌다. 이념과 민족, 혹은 혁명이란 광풍들은 언제나 민중을 희생자 대열로 몰아넣었다. 집단주의는 개인의 존재가치를 한없이 가볍게 여겼다. 그래서 대중은 "나는 누구지? 어떻게 살아야 하지? 인생이란 뭐냐?" 철학의 원래 목적과 가치를 찾기 시작했다. 헤겔 철학이 철학 본래 목적에서 벗어나 자꾸 국가주의니 혁명이니 하면서 대중을 전쟁에 몰아넣고 있다고 비난하는 사람들이 생겨나기 시작했다.

헤겔을 비판하면서 성장하던 젊은 철학자가 있었으니 그가 바로 쇼펜하우어였다. 쇼펜하우어는 플라톤과 칸트로 이어지는 철학 정통의 문제, 인간 본질의 문제를 파악하기 위해 부단히 노력했고 그 핵심 사상으로 '의지'라는 문제를 들고 나왔다. 모든 것은 인간의 의지로 해결될 수 있다. 처세서 같은 문구로 치장된 쇼펜하우어의 《인생론》[78]이란 책은 그 자신이 공을 들여 지은 대표작 《의지와 표상으로서의 세계》[79]라는 책을 선전하기 위해 만들어진 책이지만 오히려 대중에게는 삶이란 무엇인가라는 근본적인 물음을 던진 에세이로 쇼펜하우어라는 철학자를 대중에게 알리는 계기가 되었다.

19세기 민중은 혁명을 위한 전쟁, 종교를 위한 전쟁으로 얼룩진 고통스런 시간을 보냈다. 언제나 대중은 있었지만 개인은 존재하지 않은 광장의 정치였고 광장의 사상이었다. 그때 탄생한 것이 바로 쇼펜하우어의 '허무주의' 사상이었다. 쇼펜하우어는 철학을 가지고 국가를 이야기하고 역사를 이야기하는 헤겔과 피히테를 싫어했다. 헤겔은 역사를 이성이 지배하는 것으로 보았지만 쇼펜하우어는 의지가 지배한다고 보았다. 쇼펜하우어가 '허무주의'를 부르짖으면서도 뛰어난 의지를 가진 인간이 세상을 다스릴 것이라고 주장했다. 바로 니체의 '초인주의 사상'으로 승화됨을 의미한 것이다. 니체는 쇼펜하우어의 《의지와 표상으로서의 세계》를 읽고 '초인'이란 화두를 들고 20세기 문을 두드린 것이다. 니체는 기독교를 미워한 나머지 아예 '신은 죽었다'고 선언했다. 신이 없는 세상, 모든 것은 인간 스스로 알아서 해결해야 한다. 그런데 인간이란 존재는 어떤 존재인가? 바로 인간은 초월적인 존재, 신적인 존재, 신과 대등한 관계로 인간을 보았다. 그래서 이제 신은 존재하지 않는 것이 아니라 필요 없어졌다는 이야기다. 그래서 쇼펜하우어에서 시작된 개인주의 철학은 니체에 의해서 20세기 다양한 철학사상가들의 출현을 낳게 했다.

08

쇼펜하우어

SCHOPENHAUER

DARWIN

VOLTAIRE

쇼펜하우어 1788~1860

루소를 가장 좋아했던 칸트, 그 칸트를 가장 좋아했던 사람이 바로 쇼펜하우어이다.
쇼펜하우어는 스스로 "나보다 더 많이 칸트를 이해한 사람은 없을 것이다. 아마 칸트를 정확히 이해하려
면 내가 죽은 뒤 100년의 시간이 흘러야 할 것이다."라고 했다.
세상은 온통 고통이며, 삶은 고통의 연속이며, 죽을 때도 가장 고통스럽게 죽는 것이 인생이라고 했다.
하지만 쇼펜하우어의 죽음을 지켜 본 의사는 그가 세상에서 가장 편하게 죽은 사람이라고 말했다.

철학자 가운데 가장 까칠한 철학자는 단연 쇼펜하우어다. 긍정적인 생각과는 거리가 먼 이 사람은 종종 인생이 뭐냐고 묻는 젊은이들에게 "인생은 고통이야! 태어나지 않는 것이 가장 좋은 것이고 만약 태어났으면 빨리 죽는 것이 그나마 좋은 것이지." 이렇게 말을 해서 사람들을 허무주의에 빠트리게 하는 재주를 가진 철학자다. 어머니를 평생 증오하고 여자를 극도로 싫어해 평생 독신으로 살다 간 외로운 철학자 쇼펜하우어는 헤겔을 지독히 싫어한 반면 칸트를 열렬히 좋아했다.

그래서 그는 칸트처럼 살았고, 칸트처럼 사고했다. 쇼펜하우어 방에는 칸트의 흉상이 있고 벽에는 괴테의 초상화가 항상 걸려 있었다. 사람들이 찾아오는 것을 제일 싫어했고, 매일 산책길에서 누군가 반갑게 인사하면 싸늘하게 외면해버리는, 친절을 가장 싫어한 이 은둔의 철학자 서재에는 의외로 동물에 관한 책들이 아주 많았다고 한다.

독일에서 세계적인 대문호 괴테가 일찍이 인정했던 쇼펜하우어, 하지만 불친절하고 냉담했고 깐깐하기까지 한 철학자를 살아 있는 동안 좋아한 사람은 별로 없었다.

쇼펜하우어의 사진을 보면 다른 사람에게 호감을 줄 만한 인상과는 거리가 있었다. 그는 대학 시절 괴팅겐 대학에서 베를린 대학으로 학교를 옮겼으며 친구도 없이 주로 강의 시간에 교수들과 논쟁을 일삼았다. 교수와 논쟁에서 이기기 위해서는 깊은 공부를 해야 했다. 논쟁을 얼마나 좋아했으면《논쟁에서 이기기 위한 기술》이란 책까지 냈을까?

나중에 쇼펜하우어는 피히테와 헤겔을 '철학을 팔아먹는 야바위꾼'이라고 싸잡아 공격했다. 하지만 1820년대 헤겔은 독일뿐 아니라 세계적으로 가장 인기 있는 철학교수였다. 러시아 대학생들조차 헤겔과 칸트 철학책 한 권 옆구리에 끼고 다니는 것이 지식인의 모습처럼 여겨졌다. 세계 각 대학은 '헤겔을 연구하는 철학모임' 서클이 생겼다. 쇼펜하우어보다 30년 늦게 태어난 마르크스가 헤겔의 사상으로《자본론》이란 책을 무기화했다면 쇼펜하우어는 헤겔과 싸우다 그와 반대되는 세상을 본 것이다. 쇼펜하우어가 베를린 대학 철학강사 자리를 얻어 강의를 할 때, 강의를 신청한 학생이 열 명이 넘지 않자, 1년 만에 그는 대학에 강사 자리를 포기하고 사표를 제출했다. 같은 시간 헤겔의 강의실은 천여 명이 넘었다고 하니 이 자존심 강하고 지기 싫어한 철학자가 강의를 계속하기는 힘들었을 것이다.

1819년《의지와 표상으로서의 세계》를 쓰고 대학강사 자격증을 신청한 그 해, 그는 이탈리아 베네치아에서 옛날 첫사랑 여인을 찾아 나섰다. 하지만 이미 그녀가 공작의 아내가 되었다는 소식을 듣고 거리에서 우연히 만난 테레제라는 여인을 만나 잠시 교제를 했다. 그러나 그 여인이 낭만주의 대표적 시인이었던 바이런을 흠모하는 것을 보고 갑자기 교제를 끊고 평생 여자를 멀리한 것을 보면 그의 마음속에 질투심이 많았던 것 같다. 쇼펜하우어와 니체는 살아 있는 동안 서로 얼굴을 대면한 적이 없다. 그들을 이어주는 끈은 바그너였다. 바그너가 쇼펜하우어에 열광했다면 쇼펜하우어는 바그너의 음악이 순수하지 못하다는 이유로 좋아하지 않았다.

1860년 9월 21일 쇼펜하우어는 평소와 다름없이 샤워를 하고 가정부가 차려준 아침 식사를 마치고 소파에 잠시 휴식을 취한 것처럼 있다가 숨을 거두었다. 마르크스도 소파에 앉아서 숨을 거두었다. 그는 등에 고인 고름으로 고통 때문에 침대에 누워 있을 수가 없어서 앉아서 죽은 것이다. 반면 쇼펜하우어는 아주 편하게 목욕을 하고 마치 떠날 때를 안 사람처럼 마지막 식사를 하고 푹신한 소파를 뒤로 젖히고 쏟아지는 가을의 신선한 햇빛을 받으며 창가에서 숨을 거두었다고 한다. 가정부는 의사의 왕진을 요청하기 위해 집을 비웠고 그의 죽음을 지킨 것은 '아트마(Atma, 영혼)'라는 고상한 이름을 가진 개 한 마리가 전부였다. 뒤늦게 도착한 의사는 그가 잠든 것처럼 죽은 모습을 보고 "나는 이처럼 편하게 죽은 사람을 일찍이 본 적이 없다."고 말했다.

쇼펜하우어의 《의지와 표상으로서의 세계》를 보면 마치 자신의 죽는 순간을 예감이라도 한 것처럼 이렇게 기술하고 있다. "죽음, 그것은 주관적인 입장에서 보면 의식의 소멸을 의미한다. 그냥 잠드는 것이다.(중략) 늙은이는 주위를 비틀거리며 돌아다니다가 한구석에 몸을 감추고 있을 뿐, 더 이상 그는 의식이 없다. 그는 이제 과거 자신의 그림자나 유령에 지나지 않는다. 어느 날 갑자기 잠들어버리는 것, 그것이 죽음이다. '마지막 잠처럼' 이것은 햄릿의 멋진 대사 한 구절과도

▶ 쇼펜하우어가 태어났던 곳

같다." 인생의 마지막 순간을 햄릿 공연무대처럼 묘사했던 쇼펜하우어, 하지만 그의 마지막 공연은 관객 한 명 없는 쓸쓸한 공연이었다.

◆ ◆ ◆

아르투르 쇼펜하우어는 1788년 2월 22일 독일의 단치히에서 태어났다. 아버지 하인리히 플로리스는 네덜란드인의 피를 이어 받은 부유한 사업가였고 어머니 요한나 헨리에테는 아버지보다 스무 살이나 어린 여성 작가로 단치히의 명문가 집안의 딸이었다. 그는 스스로 말하길, "나의 성격은 아버지를 닮았고, 지적호기심은 어머니를 닮았다."고 고백한 적이 있다. 하지만 우리가 보기에 머리는 몰라도 성격은 질투심 강한 어머니를 닮은 것이 거의 확실하다.

그는 유달리 어머니를 싫어했다. 어머니에게 애정을 듬뿍 받지 못한 사람들은 대개 다 불행하다. 평범한 사람들의 행복한 기억 가운데 유년의 어머니 품속만큼 편안한 공간이 또 있을까? 불쌍한 이 염세주의 철학자에게 유년의 행복한 기억은 별로 많지 않았다. 수많은 젊은 이에게 "태어난 이유도 없고, 사는 이유도 없고, 죽는 이유도 없는 우리의 삶은 고통으로 가득 차 있다. 인생은 그래서 살 만한 가치가 있는 것이 못된다."고 주장했던 이 철학자의 비관적인 생각 가운데 상당부분은 어머니와의 불화에서 기인한다고 볼 수 있다. 그렇게 삶을 가치 없는 것으로 보았던 이 철학자는 그럼에도 자신은 73세라는 비교적 많은 나이까지 살다가 떠났다.

쇼펜하우어의 어머니 이야기를 좀 더 해보자. 그녀는 작가로 크게 성공한 여인은 아니었지만 당대 거물이었던 괴테와도 교류했던 여인이다. 단치히 시의원의 딸이었으며 평생 가난함과는 거리가 먼 부유함이 보장된 여인이었고, 아들과는 항상 정신적으로 마찰을 일으킨 여인이었다. 그녀는 보통의 여인과는 다르게 아들의 성공보다 자신의 성공에 더 집착했다. 대개의 어머니들은 자식의 성공을 위해 희생을 감수한다. 하지만 쇼펜하우어 어머니는 그럴 마음이 전혀 없는 사람이었다.

▶ 쇼펜하우어 어머니 요한나. 아들을 평생 혹처럼 생각했으며 죽을 때에도 자신의 유산을 아들에게 절대 물려주지 말 것을 세 번이나 강조했다고 한다.

모자의 불화를 상징적으로 보여주는 일화가 있어 소개해본다. 하지만 진실 여부는 확실치 않다. 괴테가 쇼펜하우어의 어머니 초청으로 그녀의 집을 방문하고서 "이 집에는 두 명의 천재가 있군요."라는 말을 했다고 한다. 그 말을 들은 쇼펜하우어 어머니는 괴테가 간 뒤 아들이 미워서 계단에서 아들을 밀어 넘어뜨리기까지 했다고 한다. 쇼펜하우어와 어머니의 불화에는 두 가지 이유가 있었다. 한 가지는 앞서 말한 것처럼 요한나의 별난 질투심과 경쟁심 때문이고 다른 한 가지는 쇼펜하우어 아버지의 죽음과 연관돼 있다.

쇼펜하우어가 세상에서 가장 좋아했던 사람은 아버지였다. 그런데 그의 아버지가 자살을 했다. 그는 그 이유가 어머니 때문이라고 생각한 것이다. 그래서 쇼펜하우어는 평생 어머니를 용서하지 않은 것이다. 아무튼 두 사람은 평생 남편과 아버지 덕분에 돈 걱정 하지 않고 살았지만, 돈으로 인해 마찰을 자주 빚기도 했다.

쇼펜하우어가 태어난 자유도시 단치히는 독일과 폴란드의 영토 분쟁으로 나중에 제2차 세계대전의 화약고였던 곳이다. 쇼펜하우어가 태어날 당시, 이 도시는 어디에도 속하지 않던 자유도시였고 쇼펜하우어가 5살 때, 프로이센이 강제로 지배를 하기 시작했다. 아버지는 상당한 재산을 몰수당해야 하는 것을 감수하면서 가족을 데리고 함부르크로 이사를 했다. 쇼펜하우어의 아버지는 당시 프랑스 혁명을 마음속으로 지지하고 있던 인물이었다. 그런데 오스트리아와 프로이센이 프랑스 혁명에 반기를 들자 프랑스와 이 두 나라의 전쟁이 시작되었고 프로이센은 단치히를 점령해버린 것이다.

당시 함부르크는 독일의 다른 도시보다 무역이 활발하였고, 자유스런 분위기였다. 그러나 새로 이사한 함부르크 집은 쇼펜하우어에겐 '자유가 없는 집'이었다. 그는 그곳에서 10살 때까지 살았다. 아버지는 쇼펜하우어를 훌륭한 상인으로 키우고 싶어 했다. 쇼펜하우어는 프랑스 루브르에 있는 아버지 친구 집에서 2년간 머물며 프랑스 언어를 공부하고 함부르크로 돌아왔다.

돌아온 아들이 프랑스 사람처럼 유창하게 말을 하는 것을 보고 아버지는 매우 기뻐했다고 한다. 아들은 가끔 아버지에게 학자로 성공하고 싶다는 말을 했지만 아버지는 그의 말을 전혀 마음에 두지 않았다. 쇼펜하우어는 4년 동안 철학박사 룽게에게 상인과 교양인으로서 필요한 개인교육을 받았다. 쇼펜하우어는 아버지 덕분에 여러 나라 말을 배울 수 있었던 것을 가장 고맙게 생각했다. 그리고 쇼펜하우어는 노동을 하지 않아도 평생 학문에 전념할 수 있는 재산을 물려준 아버지에 대해 진실로 감사하게 생각했다. 많은 학자가 경제적 어려움 때문에 자신이 하려는 학문을 포기하는 경우가 얼마나 많은가. 쇼펜하우어는 그런 면에서 가난 때문에 자기 뜻을 접어야 했던 많은 사람보다는 행복했다.

쇼펜하우어 12살 무렵, 로베스피에르가 몰락한 프랑스의 어수선한 틈을 타서 나폴레옹이 쿠데타로 권력을 장악했다. 그리고 4년 뒤인 1803년 나폴레옹은 유럽 원정을 시작했다. 전쟁이 막 시작되던 무렵 쇼펜하우어 가족들은 유럽 여행에 올랐다. 아버지는 자식들이 넓은 시야를 갖고 세상을 바라보았으면 하는 마음에 긴 여행 일정을 잡았던 것이다. 그리고 처음 선택한 나라가 바로 네덜란드였다. 네덜란드는 당시 유럽의 무역 중심지이면서 신대륙으로 뻗어나가는 유럽의 관문이었다. 또한 네덜란드 사람들만큼 경제적 감각이 뛰어난 사람도 드물었다. 아버지는 네덜란드 사람들의 실용적인 사고를 아들에게 키워주고 싶었던 것이다.

쇼펜하우어는 네덜란드에 잠시 머문 다음 곧바로 영국으로 가서 윔블던 랭커스터 기숙사에 맡겨졌다. 영어를 배우기 위해서였다. 쇼펜하우어는 그해 가을까지 가족들과 떨어져 어학원에서 숙식을 하면서 영어를 공부했다. 그리고 다시 가족들이 기다리던 네덜란드로 가서 벨기에를 거쳐 파리 등 유럽 여러 곳을 보고 1년 반 만의 여행을 마치고 귀국했다.

아버지를 죽음으로 몬 것은 어머니라고 생각하다

1805년 4월 20일, 쇼펜하우어의 인생 전부를 관리하고 감시할 것 같았던 아버지가 갑자기 돌아가셨다. 가족들과 유럽에서 긴 여행을 마치고 집으로 돌아온 아버지는 갑자기 신체 절반을 쓰지 못하고 창고를 개조해서 만든 골방에서 혼자 틀어박혀 있다가 창밖으로 몸을 던져 투신자살한 것이다.

"훌륭한 나의 아버지는 갑자기 비참한 모습으로 환자용 의자에 추방되어 있었다. 만일 늙은 하인이 아버지에게 사랑의 간호를 쏟지 않았다면 그는 세상을 더 일찍 떠났을 것이다. 아버지가 고독하게 지내는 동안 어머니는 매일 연회를 베풀었다. 또한 아버지가 극심한 고통으로 괴로워하는 동안 어머니는 즐겁게 웃으면서 지냈다. 그것이 여인들의 사랑이다. 아버지는 창고 통풍창에서 추락사했다. 사람들은 추락사라고 했지만 내가 생각하기에 그것은 자살이었다." 《쇼펜하우어》 발터 아벤트로트 지음/이안희 옮김/한길사

쇼펜하우어가 기록한 이 글에서 그는 아버지의 죽음은 어머니로 인해 발생한 것이라고 확신하고 있었다. 오십을 넘긴 나이의 아버지는 거동이 불편한 중풍에 귀머거리 증세가 있었으며 아버지에 비해 스무 살이나 적은 젊은 어머니는 남편을 골방에 버려두고 매일같이 연회를 즐긴 듯하다. 그것은 적어도 직접 살해한 것은 아니지만 죽음까지 이르게 했다는 것으로 아들은 생각했고, 그렇게 해서 평생 아들은 어머니를 저주하고 증오했다.

아버지의 죽음은 쇼펜하우어를 더욱 우울하고 어두운 성격으로 만들었다. 1806년, 쇼펜하우어 나이 열여덟 살에 어머니는 그의 누이동생을 데리고 바이마르로 이사를 했다. 그래서 이 시니컬한 아들은 혼자 함부르크에 남게 되었다. 어머니 요한나 쇼펜하우어는 남편이 죽었지만 한창 젊은 나이였고, 자신이 이루고자 했던 작가로서 길을 걸

어간 것이다. 어머니와 아들의 불화는 이때까지 잠복해 있었다.

쇼펜하우어의 어머니가 바이마르를 선택한 것은 남편 때문에 그동안 자유롭게 살지 못한 삶에 변화를 주고 싶었고, 남편 죽음에 대한 죄책감에서 벗어나고 싶었기 때문이었다. 바이마르는 18세기 파리 문화의 상징인 살롱을 독일에서 볼 수 있는 도시다. 당시 바이마르에는 독일을 대표하는 세계적인 문호 괴테가 이탈리아에서 돌아와 이곳에 살고 있었다. 또한 유명한 예술인들의 사교클럽이 매일 열리는 곳이고 오페라 극장이 있으며 독일 고전 음악회가 자주 열렸던 곳이다. 요한나는 그곳에서 유명한 예술인들을 초청해서 파티를 자주 벌였다.

1806년 10월 14일, 나폴레옹 군대는 바이마르로 몰려들었다. 나폴레옹 군대를 맞이하는 독일 사람들은 둘로 나뉘었다. 그 무렵 예나 대학 강사로 있던 헤겔은 유럽 혁명의 전파자 나폴레옹 군대의 행진을 환호하면서 그의 대표작 《정신현상학》을 탈고했다고 한다. 하지만 괴테는 프랑스 군대가 그의 집을 짓밟았을 때 두려움에 떨어야 했다.

젊은 쇼펜하우어는 어머니와 여동생이 걱정이 돼서 편지를 띄웠다. 혼란스런 혁명 구호가 난무하던 시끌벅적한 시대의 분위기를 싫어한 이 젊은이는 배고픔 때문에 벌어진 프랑스 혁명의 구호 '자유와 평등 그리고 박애'란 말이 낯설고 어색했다. 당시 유럽 민중의 배고픔을 전혀 알지 못했던 쇼펜하우어에게는 혁명이란 거추장스러운 구호와 피비린내 나는 전쟁의 모습으로만 비쳐졌을 것이다.

"어머니가 보내신 전쟁의 참상에 대한 글은 제가 직접 보지 않으면 도저히 믿기 어려울 정도입니다. 시간이 지나면 그 일도 잊히겠지요. 지나가버린 고통을 잊는 것은 인간의 특성이니까요. 아버지의 죽음

▶ 괴테

역시 마찬가지 아니겠어요?" 이 편지에서 보듯 쇼펜하우어와 그의 어머니 사이에 오간 서신들에서 모자의 어떤 따뜻한 정보다는 서로의 아픔을 후벼파는 내용이 대부분이었다.

그 무렵 괴테는《파우스트》[80] 1부를 막 발표한 뒤였다. 이 작품을 괴테는 대학생 시절 초고를 쓴 뒤 잊고 있다가 35년이 지난 뒤 다시 쓴 것이다.《파우스트》2부는 그가 죽기 직전에 완성한다. 그러니까《파우스트》는 괴테가 평생에 걸쳐 쓴 역작이다. 사람들은 괴테가 젊은 크리스티아네 불피우스와 결혼한 것에 대해 이러쿵저러쿵 말이 많았다. 사실 괴테는 스무 살 시절에 고향의 순진한 시골처녀 프리데리케와 첫사랑에 빠졌고 그 사랑에서 아름다운 민요풍의 서정시가 쏟아져 나왔다. 하지만 약혼까지 했지만 일방적으로 파기를 하고 고향을 떠나버렸다. 그녀는 60년을 시골에 파묻혀 혼자 살다 죽었다. 훗날 괴테는 이 여인에게 도덕적으로 큰 상처를 입혔다고 후회했다.

크리스티아네 불피우스라는 여인은 전혀 교육을 받지 못한 여인이었으며 괴테와는 스무 살 이상 나이 차이가 났다. 1788년 괴테가 장기간 로마여행에서 바이마르 궁전으로 들어오던 날, 괴테를 영접하던 카를 아우구스트 대공의 앞길에서 엎드려 자기 오빠의 취직을 청탁했던 그 여인, 괴테의 부탁으로 오빠가 취직하고 두 사람은 다른 사람의 시선을 피해 은밀히 교제를 했다. 두 사람 사이 5명의 아이까지 있었지만 공식적으로 두 사람은 부부 사이가 아니었다.

바이마르 귀족들과 예술가들은 괴테와 이 가정부 여인의 사랑을 뒤

에서 흥보았다. 하지만 요한나 쇼펜하우어는
파티가 있으면 꼭 이 가정부 여인을 챙겨 괴테
의 환심을 샀다. 괴테는 역시 이런 요한나 쇼
펜하우어의 마음씨를 높이 평가했다. 괴테가
여러 여인을 만나 문학적 감수성을 키운 것처
럼 쇼펜하우어의 어머니 역시 미망인으로 조
용한 삶보다 여러 남자를 사귀는 데 열정을 쏟
았다. 그 무렵 쇼펜하우어의 어머니 마음을 빼

▶ 크리스티아네 불피우스

앗은 남자는 예술전문가로 통하던 카를 루트비히 페르노프였다.

어머니와 연인 관계였던 남자에게 따뜻함을 느끼다

쇼펜하우어는 이 남자에게서 두 가지 감정을 갖고 있었다. 어머니
가 좋아하는 남자라는 것에서 오는 질투심과 자상한 아버지 모습을
동시에 느꼈다. 요한나 쇼펜하우어는 그 무렵 아들이 진로에 대해 고
민한다는 이야기를 페르노프에게 했고, 그는 친절하게도 쇼펜하우어
에게 편지를 보내 학문을 시작하는 것은 적당한 나이가 따로 없다고
격려를 해주었다.

그리고 모든 시간을 허비했다고 생각하지 말고, 그 시간의 경험들
도 인생의 소중한 한 부분이라는 생각을 하라고 충고해주었다. 이 까
칠한 젊은이는 그리 특별할 것 없는 편지에 위안과 힘을 얻었다. 페르
노프는 끝으로 철학을 본격적으로 공부하고 싶으면 먼저 고전어를 공
부하라는 충고도 덧붙여주었다. 쇼펜하우어는 말년에 자기 인생을 돌

아보면서 페르노프가 자기에게 보여준 사랑은 괴테와 비교할 만큼 컸다고 말했다.

1807년 5월, 쇼펜하우어는 고타로 갔고 페르노프의 충고대로 김나지움에 입학했다. 고타는 작은 도시였다. 김나지움 입학 허가를 받았을 무렵 쇼펜하우어 나이는 열아홉 살이었다. 대개 그 학교 입학하는 아이들이 열한 살이나, 열두 살인 것을 감안하면 늦은 나이였다. 쇼펜하우어는 고타의 김나지움에서 단기속성 과정으로 교장에게 특별 수업을 받았지만 얼마 뒤 교사들과 사소한 말다툼이 발전해서 6개월을 채우지 못하고 집으로 돌아오고 말았다. 어머니는 아들이 학교에서 문제를 일으킨 것을 알자 조용하고 단호한 어조로 결별을 선언했다.

"너처럼 까다로운 놈은 학교생활도 쉽지는 않을 것이다. 너는 너무 집요해 작은 일도 꼬치꼬치 따지고 이 어미의 모든 잘못을 들춰내니 나는 아마 말라 죽을 것이다. 그러니 아들아! 우린 서로 멀리 떨어져 사는 것이 서로를 위한 일이다. 가까이 있으면 서로를 할퀴고 파멸시킬 것이다."

그녀의 표현대로 가까이 있으면 서로에게 상처를 주는 사람이 있다. 두 사람도 그런 관계였다. 결국 쇼펜하우어는 어머니가 있는 바이마르로 왔지만 집에서 머물지 못하고 자신이 입학한 김나지움의 교수이며 언어학자인 프란츠 파소 집에 머물게 되었다. 쇼펜하우어는 밤낮 독학으로 광범위한 고전문학을 공부했으며 수학과 역사도 열심히 공부했다. 그리고 가끔 어머니의 사교모임에 얼굴을 내밀었다. 그때 어머니가 주최하는 파티에 나타난 쇼펜하우어를 보고 괴테는 3년 전의 소년이 아닌 더 날카로운 눈빛을 가진 청년을 보았다. 괴테는 이미 육십이란 나이의 문턱에 있었고, 쇼펜하우어는 이제 막 스물이란 나이의 문턱을 넘고 있었다.

1808년 봄, 쇼펜하우어는 또 한 사람 세계
의 별을 에르푸르트 마을에서 보게 된다. 그가
바로 나폴레옹이었다. 그가 이탈리아 원정을
마치고 돌아가는 길에 두 사람은 만나게 된 것
이다. 물론 나폴레옹은 쇼펜하우어를 보지 못
했을 것이다. 아니 보았어도 누군지 전혀 모를
상대였다. 한 사람은 유럽을 정복하고 돌아오

▶ 쇼펜하우어 21살 때

는 길이었고, 다른 한 사람은 이제 막 대학 입학을 눈앞에 둔 청년이
었을 뿐이었다.

당시 독일은 나폴레옹에 지배받고 있었다. 피히테는 나폴레옹이 독
일을 점령하자 《독일 국민에게 고함》[81]이란 책을 써서 민족의식을 고
취시켰다. 이 책은 약 4개월 동안 매주 한 가지 주제를 놓고 대중을 상
대로 강의한 것을 묶은 책이다. 피히테는 이 책에서 독일의 몰락이 독
일 고유의 전통을 망각한 것에 있다고 주장했다. 당시 47세의 피히테
는 서기 1세기 로마군에 맞서 싸운 게르만족을 상기하라며 독일 사람
들에게 역사의식을 고취시키고 있었다.

독일은 오랫동안 통일을 이룩하지 못한 나라였다. 종교개혁 이후
독일은 신구교도 간의 갈등 때문에 여러 도시국가로 아주 잘게 갈라
졌고 유럽의 작은 분쟁에도 항상 화약고가 되었다. 피히테의 민족의
식 고취는 19세기 중반부터 유럽의 민족주의 바람을 일으키는 불씨가
되었다.

쇼펜하우어 교수들과 논쟁을 벌이다

철학을 본격적으로 공부하기 시작한 쇼펜하우어는 피히테를 애국주의, 혹은 민족주의로 먹고사는 인간 정도로 생각했다. 1809년 쇼펜하우어는 그의 어머니로부터 아버지의 유산을 받았다. 이 재산으로 쇼펜하우어는 돈 걱정 하지 않고 공부할 수 있었다. 그는 대학입학자격 시험에 합격했고 1809년 10월 9일 괴팅겐 대학에 입학수속을 밟았다. 1810년 쇼펜하우어는 한 학기 동안 의학을 공부하다가 철학으로 학과를 바꾸었다.

신입생 때 그는 언어학·화학·식물학·역사학 강의에도 얼굴을 내밀었다. 특별히 친구들과 어울리는 것보다 혼자 있기를 좋아했던 이 내성적이고 고집 강한 젊은이는 여러 강의를 들으면서 공부의 범위를 넓히는 것을 즐기고 있었다. 대학생 쇼펜하우어는 집에서는 칸트와 플라톤의 책들을 주로 읽으면서 보냈다. 그해 가을에 쇼펜하우어는 괴팅겐 대학에서 베를린 대학으로 옮겨갔다.

베를린 대학에서 쇼펜하우어는 피히테와 슐라이어마허처럼 유명한 교수의 강의를 찾아 다녔고, 철학 이외에 조류학이나 동물학, 그리고 자연과학에서 천문학과 지리학에도 폭 넓은 관심을 갖고 있었다. 대학시절 쇼펜하우어는 친구들과 전혀 대화가 없었다. 그의 상대는 교수들이었다. 특히 피히테 교수와 종종 논쟁을 벌였다. 피히테 교수는 예나 대학에서 무신론 논쟁을 일으켜 바이마르 정부로부터 파면당하고 베를린 대학으로 왔기 때문에 쇼펜하우어뿐만 아니라 다른 학생들에게도 인기를 얻고 있었다.

하지만 쇼펜하우어는 피히테 교수의 강의를 좋아하지는 않았다.

"그 털북숭이 할아버지의 강의를 들으면 처음에는 무슨 소리인지 알아듣지 못할 때가 많았지만 피히테 교수가 공개 토론 수업을 할 때면 나는 장시간 그 노교수와 토론을 하며 내 주장을 펼쳤다." 쇼펜하우어가 직접 쓴 《나의 반생(半生)》에 나온 글인데, 두 사람이 무엇에 대해 논쟁했는지 알려진 바 없다. 다만 정치적 논쟁이었을 것이란 추측이 많다. 쇼펜하우어 성격은 그의 어머니 말대로 작은 일도 꼬치꼬치 묻고 확인하는 스타일이었다. 그래서 강의도 그저 대충 넘어가는 것을 아주 싫어했다.

베를린 대학에서 슐라이어마허 역시 애국설교가라는 명성을 얻을 만큼 멋진 강의로 인기를 얻고 있던 교수였다. 그는 '근대 신학의 아버지'라고 불렸으며 루터파와 개혁파 통합 운동에 힘을 쏟은 인물이다. 또한 베를린 대학에서 쇼펜하우어 마음을 사로잡은 교수는 고전어학자 프리드리히 아우구스트 볼프였다. 그의 강의는 고대사부터 그리스 로마의 작가와 작품들을 일목요연하게 전달하는 것으로 인기를 얻고 있었고 쇼펜하우어도 관심 있게 강의를 들었다.

이렇게 쇼펜하우어는 베를린 대학에서 유년의 게으름과 무기력함에서 서서히 벗어나 한 시대를 대표하는 지식인으로 성장하고 있었다. 그런데 프랑스에게 진 프로이센이 전쟁배상금 때문에 국가재정이 고갈됐다. 이에 정부 지원금을 받지 못하자 베를린 대학은 잠시 휴교 조치를 취할 수밖에 없었다. 학교가 문을 닫자 쇼펜하우어는 1813년 봄, 베를린에서 어머니가 있는 바이마르로 갔다.

그렇지만 어머니 얼굴은 모처럼 찾아온 아들을 반기기보다는 오히려 불편한 기색이 역력했다. 더군다나 집안에는 자기보다 어린 친구가 마치 정부처럼 대우 받고 있었으니 쇼펜하우어가 집에 머물기란

가시방석보다 더 어려웠을 것이다. 화가 난 쇼펜하우어는 그 길로 집을 나섰고 다시는 집으로 돌아오지 않았다. 그 집은 이미 자기 집이 아닌 그저 싫어하는 어머니의 집이었다. 부모와 자식 사이에는 미워할수록 서로 닮아 간다는 말이 있다. 상대를 배려하는 마음이 없는 것, 질투심과 경쟁심이 강한 것, 이런 마음은 두 사람이 너무도 흡사했다.

쇼펜하우어는 집을 나와 루돌슈타트라는 한적한 시골 마을에 머물렀다. 바이마르에서도 가깝고 사색하기에 알맞은 곳이었다. 그 해 나폴레옹으로부터 유럽을 해방시키자고 피히테는 젊은이들에게 군대에 지원할 것을 독려했지만 쇼펜하우어는 전쟁에는 관심이 없었다. 쇼펜하우어는 그곳에서 〈충족이유율의 4가지 근원에 대하여〉라는 논문을 완성했다. 그리고 드디어 그토록 소망하던 철학박사 학위를 1813년 10월 18일 취득한다. 괴테는 쇼펜하우어의 논문을 읽고 그의 깊은 통찰력과 학문의 깊이를 인정했다. 괴테는 자주 쇼펜하우어를 집으로 초대하여 몇 시간이나 대화를 나누곤 했다. 그때 괴테는 쇼펜하우어와의 만남을 이렇게 표현했다. "다른 사람과는 대화를 나누었지만, 그와는 철학을 논했다."

괴테처럼 세계적인 대문호에게 인정을 받는다는 것은 쇼펜하우어로서는 철학자로 명성을 얻는 중요한 기회이기도 했다. 괴테가 젊은 쇼펜하우어에게 보인 관심은 그가 철학자로 명성을 얻는 가장 큰 자산이었던 셈이었다. 그는 괴테에게서 아버지처럼 든든함을 느꼈으며 스스로 그에게 실망스럽지 않은 인물이 되고자 노력했다. 괴테가 누구인가? 영국의 최고 문호가 셰익스피어라면 독일은 괴테다. 그의 《젊은 베르테르의 슬픔》[82]은 19세기 유럽 사람들이 가장 좋아한 책이며, 혁명의 소용돌이로 정치가 혼란한 상황에서 수많은 사람의 가슴을 울렸다. 그 책의 등장으로 세계 많은 작가는 낭만주의 문예사조를 띠기 시작한 것이다. 나폴레옹도 전쟁터에서 그 책을 끼고 살았다고 하니 그 책의 인기가 어느 정도인지를 짐작할 수 있다.

한편 자기 철학박사 논문을 어머니에게 보여준 쇼펜하우어는 그녀에게 기분 나쁜 소리를 들어야 했다. "약사들을 위한 책인가 보구나?" 논문 제목 〈충족이유율의 4가지 근원에 대하여〉에서 '근원'이란 단어가 독일어에는 약초의 뿌리, 혹은 인삼을 나타내는 뜻도 포함돼 있기에 그런 말을 한 것이다. 까칠한 쇼펜하우어가 가만 있을 리 없다. 그는 버럭 화를 냈다. 그리고 두 사람은 정신적 결별을 의미하는 유명한 말을 한다. "어머니가 쓰신 책이 이 세상에서 완전히 사라져버려도 제 책은 오래도록 읽힐 것입니다." 그러자 어머니 역시 악담을 퍼부었다. "그렇겠지. 네 책은 서점에 초판 그대로 안 팔리고 계속 쌓여 있을 테니." 아들은 어머니에게 마지막 말을 남겼다. "어머니 이름은 제 이름 때문에 알려질 것입니다." 쇼펜하우어 말처럼 후세 사람들은 그녀가 쓴 소설 이름은 몰라도 그녀가 쇼펜하우어의 어머니라는 사실은 알게 되었다.

괴테가 내준 숙제에서 시작한 책

쇼펜하우어는 어머니가 있는 바이마르를 떠나 드레스덴으로 갔다. 1814년 5월 어머니와 완전히 결별하고 그는 자신의 최대 역작인 《의지와 표상으로서의 세계》에 몰두했다. 그가 그 작품에 전력을 기울이고 있을 때, 유럽을 뒤흔든 나폴레옹 군대는 완전 패배하였고, 프랑스 파리는 함락됐으며 영웅 나폴레옹은 엘바 섬으로 쫓겨났다.

이런 사건은 전혀 쇼펜하우어와는 상관없었다. 그는 집중력을 흐트러트리지 않기 위해 사람들과 만남도 자제했다. 쇼펜하우어는 자주 드레스덴의 도서관이나 박물관에서 시간을 보냈다. 고대 조각들이 즐비한 드레스덴은 쇼펜하우어가 추구하려던 철학 주제들이 영적 기운을 받고 그를 자극하였다.

쇼펜하우어의 《의지와 표상으로서의 세계》가 탄생한 것은 드레스덴 도시의 특별한 매력도 한몫을 했지만 무엇보다 책이 탄생하게 된 결정적인 동기는 괴테가 제안한 색채론 연구 때문이었다. 그 제안은 그의 은둔적인 삶에 하나의 동기를 부여하기에 충분했다. 또한 세계적인 대문호와 같은 연구논문을 가지고 공부하는 것에 쇼펜하우어는 열정이 솟아난 것이다. 쇼펜하우어를 키운 것은 엄밀히 말해 절반이 칸트라면 다른 절반은 쇼펜하우어 마음에 끓고 있던 세상에 대한 질투심과 경쟁심, 그리고 괴테의 격려였다.

1816년 쇼펜하우어는 〈시각과 색에 관하여〉라는 논문을 괴테에게 제시하면서 "문제는 흰색을 어떻게 정립하느냐가 관건입니다. 뉴턴은 물질적인 상태만을 이야기했지만 선생님의 말씀처럼 정신과 대상의 차이에 따라 달라 보일 수 있습니다."라고 괴테의 의견을 지지했다. 그렇지만 자기 자서전에서는 괴테와도 생각이 달랐고 뉴턴과도 생각이 다르다고 강조했다.

괴테의 자극이 바로 그의 대표작인 《의지와 표상으로서의 세계》 탄생으로 이어진 것이다. 굳이 이유를 더 설명하자면 괴테의 숙제를 도와주면서 자신의 대표작을 완성한 것이다. 1818년 쇼펜하우어는 어느 정도 완성된 원고를 괴테에게 보여주며 "여기 드레스덴에서 4년에 걸쳐 해온 작업이 드디어 완성되었습니다. 이 책은《의지와 표상으로서의 세계》라는 제목을 달았습니다. 이렇게 해서 제 생애의 가장 큰 성과물을 얻었습니다."라고 첨언하는 글을 책 앞에 썼다. 괴테는 그 두꺼운 책을 열심히 읽었다. 그것도 아주 천천히 성찰하는 시간을 갖고 의미를 곱씹어 보며 읽었다. 그리고 괴테는 다음과 같은 답장을 보냈다.

"오랜만에 자네 편지를 받으니 기쁘네. 기운차게 자신의 길을 걷고 있는 자네에게 축복을 빌고 있네. 나는 자네 책에 관심이 많아. 아무튼 열심히 읽고 있네."

괴테의 격려에 힘입어 쇼펜하우어는 출판사 여러 군데를 돌아다니며 출간을 타진했다. 하지만 번번이 퇴짜를 맞았다. 너무 어렵다는 것이 그 이유였다. 그러다가 생긴 지 얼마 되지 않은 출판사, 브로크하우스에서 책을 출간하기로 했다. (지금은 독일을 대표하는 출판사로 세계 3대 백과사전을 출간한 것으로 더 유명하다.) 쇼펜하우어는 이 책의 서문에서 "이 책은 새로운 철학체계이며 새로운 사고로 응집된 책입니다."라고 자기만족과 자부심을 갖고 있었다. 완벽을 추구하는 사람들은 이처럼 과다한 자족감과 스스로 성취감에 사로잡히기도 한다. 그러다가 남들이 정말 알아주지 않으면 정신적 붕괴가 나타나기도 한다.

《의지와 표상으로서의 세계》는 그의 어머니 악담처럼 1년 동안 고작 100권이 팔리는 데 그쳤다. 그렇지만 오늘날에도 《의지와 표상으로서의 세계》는 독일 브로크하우스 출판사에서 출간되고 있다. 그 당시 출판사 사장은 자존심 강하고 독선적인 쇼펜하우어의 마음을 잘 요리해서 처음에는 손해를 보았지만 나중에는 쇼펜하우어 때문에 큰돈을 벌었다. 하지만 쇼펜하우어는 이 책을 출간해 세계를 놀라게 할 것이란 기대와 포부는 그 후로 오랫동안 접어두어야 했다.

1819년 4월 쇼펜하우어는 이탈리아 베네치아 여행을 떠났다. 표면상의 이유는 아버지 유산으로 투자한 회사의 경영 실적을 파악하고 드레스덴에서 4년 동안의 은둔 생활에서 오는 정신적 고독에서 벗어나기 위한 여행이었다. 하지만 혹시 만나게 될지 모르는 10년 전 첫사랑의 여인을 찾아보려고 떠난 여행이었다. 이미 어머니와는 서로 감정의 상처를 많이 주고받은 처지였지만 아들의 도리로써 쇼펜하우어는 어머니에게 편지를 보냈다. 그가 보낸 편지에는 "만약 제가 만나고 싶어 하는 여인을 다시 만나게 된다면 그녀가 거리에서 구걸을 하는 사람이라고 하더라도 데려오겠습니다."라고 쓸 정도로 그녀에 대한 쇼펜하우어의 애틋한 감정은 10년 동안 변함이 없었다. 하지만 쇼펜하우어는 베네치아에서 연극배우로 활동하던 열 살이나 연상인 그녀를 데려올 수 없었다. 그녀는 이미 공작의 첩으로 살고 있었다. 여인에 대한 상처는 여인으로 해결하라는 격언을 기억해서였을까? 쇼펜하우어는 베네치아에서 만난 어느 여인과 잠시 사랑에 빠진 것 같다. 그 무렵 여동생의 편지가 그것을 짐작케 한다.

"오빠! 그녀에게 오빠의 모든 것을 보여줘. 자, 해봐요. 사랑할 수 있을 거야. 오빠가 나 이외에 어떤 여인에게도 관능적인 사랑을 느껴본 적이 없다고 해서 나는 한참을 웃었어. 내가 만일 누이동생이 아니

라면 오빠를 사랑했을 거야. 하지만 오빠
와 나는 오누이잖아!"

그런데 이 독신의 철학자가 처음 연애감
정을 품고 접근했던 여인과 얼마 가지 않
아 헤어지고 만다. 헤어진 이유는 시인 바
이런 때문이었다. 당시 쇼펜하우어는 괴테
의 소개장을 들고 바이런이 머물던 곳을
여인과 함께 갔다가 그녀가 바이런의 황홀
한 모습을 보고 넋을 잃고 바라보자 그만
심한 질투와 배신감으로 그 소개장을 찢어

▶ 19세기 낭만파 대표적인 시인
바이런. 이 멋진 시인은 그림처럼
항상 화려한 복장으로 여인들 시선
을 사로잡았다.

버리고 발길을 돌렸다고 한다. 물론 그녀와도 이별을 선언한 채.

바이런은 앞서 무정부주의자 고드윈을 언급하면서 셸리와 당대 최
고의 낭만파 시인으로 꼽았던 바로 그 사람이었다. 바이런이 쇼펜하
우어가 좋아했던 여성의 시선을 사로잡는 바람에 평생 쇼펜하우어를
독신으로 살게 만든 악연을 본인 모르게 맺게 된 것이다. 시인 바이런
과 쇼펜하우어는 같은 해 태어났다. 하지만 두 사람은 너무도 다른 모
습을 하고 살았다. 잘 생긴 외모의 바이런, 이른 나이에 런던 사교계
에서 온갖 소문을 뿌리고 다니던 이 시인에 비해 쇼펜하우어는 상대
적으로 초라했다. 아무도 알아주지 않는 철학박사에 불과했으며 멋진
외모는 분명 아니었다. 어떻게 사귀게 된 여인인지 모르지만 쇼펜하
우어보다는 당연 바이런에게 눈길이 가는 것은 당연하지 않았을까?
쇼펜하우어는 여인 입장에서 본다면 다만 부모로부터 물려받은 유산
이 많았다는 것이 강점이었을 뿐 성격도 거칠고 유머와도 거리가 먼
사내였기 때문이다.

전혀 사교성도 없고 누굴 만나 어떤 대화를 나누어야 하는지도 모르는 답답한 골방 샌님 같은 쇼펜하우어는 마음에 드는 여인을 만나자 시시콜콜한 남녀의 사랑 감정을 동생에게 자문을 구했던 것 같다. 하지만 여동생의 편지에 '나 이외 어떤 여자를 관능적으로 사랑한 적 없어!'라는 글귀가 사람들의 호기심을 자극한다. 이 편지에 적힌 것처럼 두 사람이 사랑하는 연인 관계였다면, 쇼펜하우어와 니체 사이에는 여동생을 사랑한 오빠라는 공통점이 있는 셈이다.

헤겔의 아성에 도전하다

고향으로 돌아온 쇼펜하우어에게 좋지 않은 소식이 기다리고 있었다. 그것은 가족들이 투자한 단치히에 있는 회사가 파산을 한 것이다. 여동생과 어머니는 모든 재산을 투자했고, 쇼펜하우어는 절반 정도를 이 회사에 투자하고 있었다. 곧바로 쇼펜하우어는 자신의 남은 재산을 모두 어머니와 여동생 이렇게 3명이 같이 공유한다는 것에 서명을 했다.

그리고 어머니에게는 다음과 같은 메모를 보냈다. "당신이 내가 가장 존경하는 나의 부친과 나, 그리고 내 여동생에 얽힌 추억조차 좋아하지 않는다고 하더라도 이 어려움은 함께할 수밖에 없겠지요." 쇼펜하우어는 채권자들과 멋진 협상을 통해 재산의 상당부분을 지킬 수 있었다. 그러나 평생 돈 걱정 하지 않고 살 수 있다고 생각했던 그 역시 그 무렵 경제적 부담감을 겪은 나머지 직업 대학교수 자리를 드레스덴에서 알아보기 시작했다.

1819년 12월 그는 베를린 대학의 철학과에 교수직 신청서를 제출했다. 그런데 좋지 않은 소식이 바로 들려 왔다. 이탈리아에 투자한 또다른 회사가 도산을 했다는 것이다. 그는 경제적 부담감 때문에 교수직에 더욱 집착을 했다. 다음 해 1820년 1월 신청서에 답신이 왔다. 그해 3월 교수직 시험 강의가 있다는 내용이었다. 그리고 쇼펜하우어의 시험 강의를 듣기 위해 헤겔도 왔다. 당시 헤겔은 50세, 쇼펜하우어는 32세였다.

쇼펜하우어는 자신의 〈충족이유율의 4가지 근원에 대하여〉라는 논문을 주제로 강의를 했다. 그런데 강의가 끝나자 헤겔은 "말이 길 위에서 드러눕는다면 그 이유는 무엇인가?"라는 이상한 질문을 한 것이다. 이 질문에 쇼펜하우어는 그것은 피로한 말이 휴식을 취하려는 의지의 행동이라고 답변했다. 물론 헤겔은 그 대답에 반론을 제기했고 두 사람의 논쟁은 젊은 의학도가 쇼펜하우어 손을 들어주면서 중단됐다. 이 날 사건은 쇼펜하우어와 헤겔 사이에 한 시대 벌어질 대결을 상징하는 사건이었다. 쇼펜하우어는 헤겔의 아성에 도전장을 낸 것이고, 헤겔은 쇼펜하우어를 무시해버렸다.

궁금한 것은 헤겔이 니체에게 그런 질문을 던졌다면 어떤 대답을 들었을까? 궁금하다. 왜냐하면 니체가 1889년 말의 목덜미를 부여잡고 쓰러져 결국 미쳐버렸다고 하는데 그가 왜 그런 행동을 했는지, 혹 헤겔의 문제제기에 골몰한 나머지 정신이상이 된 것은 아닌지 헤겔과 쇼펜하우어와 니체, 이렇게 세 사람 사이에는 '말(馬)'로 얽힌 일종의 형이상학적 카테고리가 존재하는 것은 아닌지 궁금하다. 평범한 사람의 사고로는 해석이 가능하지 않아 언급할 수 없다는 점이 아쉽다.

베를린 대학은 1806년 설립되었지만 짧은 역사에 비해 프로이센의 프리드리히 빌헬름 3세의 적극적인 지원 아래 급속하게 성장하던 대학이었다. 쇼펜하우어가 베를린 대학 철학 강사로 발탁됐을 때는 이 학교의 철학교수들은 유럽의 지성을 대표했고 학생들이 전 유럽에서 모여들었다. 그런데 개강을 하고 쇼펜하우어가 강의를 맡은 과목의 수강생은 고작 8명이 전부였다. 이와 반대로 헤겔의 강의에는 다른 대학 학생들까지 청강을 해서 천여 명이 넘었다. 자존심 강한 쇼펜하우어는 헤겔에 대해 공공연하게 적대심을 표현했다. 쇼펜하우어는 베를린 대학에서 철학강사를 1년 정도 하다가 자신의 철학 강의가 인기를 얻지 못하자 의기소침해 스스로 강사직을 그만두었다. 그리고 그는 자신감을 충전하기 위해서 이탈리아로 여행을 떠났다.

그는 자기 최대의 역작인 《의지와 표상으로서의 세계》에 대해 수정하고 보완하기 위한 시간을 가졌다. 하지만 그해 쇼펜하우어는 건강이 급속하게 좋지 않았다. 오른쪽 귀의 청력이 거의 기능을 상실한 다음 그는 더욱더 우울증에 시달렸다. 그는 치료를 위해 온천 등지에서 요양을 했다. "그때 나는 점점 고독을 응시하는 눈을 갖게 되었다. 사람들과는 거리를 느꼈고 더욱더 내면세계에 몰입했다."

1824년 겨울, 쇼펜하우어가 일기에 쓴 글이다. 이 무렵 그는 흄이 쓴 《자연의 역사》와 르네상스 철학자이자 코페르니쿠스의 지동설을 전파했다는 이유로 화형을 당한 조르다노 브루노의 작품을 번역할 작정이었지만 도와줄 출판사가 나서지 않아 실천하지 못했다. 그동안 몇몇 사람들 사이에 《의지와 표상으로서의 세계》에 대해 부정적인 서평들이 나왔다. 하지만 독일의 소설가 장 파울이란 작가는 "몇 해 전 출판된 《의지와 표상으로서의 세계》은 그 가치에 비해 주목을 받지 못한 책"이라고 좋은 서평을 써 주기도 했다. 그는 괴테와 견줄 만큼 독일 문단에 영향을 미친 작가였으며 헤겔에게도 영향을 준 작가다.

▶ 발타자르 그라시안, 쇼펜하우어만큼 이 사람에 대해 잘 아는 사람도 없다.

장 파울의 칭찬에도 그의 책은 전혀 반응이 없었다. 그는 실의와 좌절의 날들 속에서도 스페인의 도덕철학자 발타자르 그라시안의 《신탁요강》 에스파냐어 원전을 독일어로 직접 옮겼다. 쇼펜하우어의 글을 읽다보면 발타자르 그라시안 냄새가 나는 것은 그의 책을 많이 번역해서 그런 것이다. 그는 발타자르 그라시안의 어두운 비유들을 좋아했다.

당시 쇼펜하우어가 번역한 발타자르 그라시안의 책은 그가 죽은 뒤 《세상을 보는 지혜》[83]라는 제목으로 출간되어 많은 사람에게 읽혔다. 이외에도 그는 여러 책을 번역하는 일에 매달렸다. 그는 칸트의 주요 저서를 영어로 옮길 계획을 했지만 실현되지 않았다. "칸트 번역은 그의 철학을 완전히 자기 안에서 소화하고 그의 모든 사상을 온몸 피 속에 섞여 넣은 사람이나 할 수 있다. 곧 나 같은 사람이나 할 수 있는 일이고, 칸트를 완전히 이해할 수 있는 사람은 백 년 뒤에나 나타날 것이다."

그렇게 자신감에 차 있었지만 쇼펜하우어의 그 일에 동참할 출판사나 투자자가 없었다. 다 알고 있듯이 쇼펜하우어의 저서 《의지와 표상으로서의 세계》 역시 칸트의 철학에 불교적 이론을 접목한 책으로 알려져 있다. 그는 자기 서재에 칸트의 흉상과 괴테의 사진을 걸어놓고 두 사람을 평생 흠모했다고 한다. 특히 칸트의 생활습관조차 따라 하여 항상 규칙적인 생활로 심신을 안정시켰다.

칸트, 바쿠닌, 그리고 쇼펜하우어

1724년 4월 22일 쾨니히스베르크의 가죽 제품상의 아들로 태어난 칸트는 키가 불과 159센티였으며 머리는 무거웠고 등은 다소 굽어 있었다. 좁고 밋밋한 가슴은 협심증을 앓는 사람 같았다. 하지만 칸트는 평생 무슨 병을 앓은 적이 없다. 그는 약한 신체 구조를 가지고 있었지만 그 몸을 혹사시킬 열정이나 광기를 가지지 않았기 때문이다. 쇼펜하우어는 항상 자신의 삶을 칸트와 비교하며 살았다. 그를 누구보다 존경했으며 그가 살던 방식대로 살려고 노력했다. 칸트의 어머니는 일찍 돌아가셨고 그의 아버지는 경제적으로 너무 무능했다. 그래서 아내의 장례식 비용조차 마련하지 못할 정도였다. 1746년 아버지가 죽었을 때도 칸트 역시 돈이 없어 초라한 장례를 치러야만 했다.

1740년 칸트는 쾨니히스베르크 대학을 입학했다. 쇼펜하우어가 대학 1학년 때 의학 강의를 자주 들은 것은 칸트를 모방한 것이다. 칸트도 평생 여동생을 조언자로 두었으며 그녀 이외 누구도 그에게 이러저러한 잔소리를 하는 사람은 없었다. 여동생은 25년 동안 오빠에게 잔소리를 늘어놓았다. 칸트와 쇼펜하우어, 그리고 니체에게 나타나는 공통점은 가까운 친구가 별로 없는 대신 남들은 이성적 관계로 의심할 만한 아주 가까운 여동생 한 명이 그들을 보살폈다는 점이 똑같았다. 우연일까?

칸트 역시도 친구가 없었다. 그는 일기도 쓰지 않았으며 사적인 이야기를 나눌 사람이 전혀 없었다. 철학강사로 인기를 누리던 칸트는 형이상학, 논리학, 자연과학적인 일련의 논문들을 발표했으며 철학자와 사상가로 명성을 얻기 시작했다. 그런데 쇼펜하우어가 출판업자를 고생시켰다면 칸트는 출판업자 때문에 고통을 받았다. 칸트는 출판업자가 파산하는 바람에 자기에게 돌아올 경제적 이익을 얻지 못했다. 칸트의 책은 어려웠고 대중은 그런 난해함으로 지적 허영심을 메우고 있었다. 칸트는 뉴턴에게서 받은 지적 재산을 대중에게 나눠주고 있었다. 그는 태양의 형성과정과 여러 물리적 법칙, 그리고 태양계와 우주의 법칙 등을 두루 책에 담았다.

러시아 혁명가 미하일 바쿠닌도 칸트에 열광했다고 한다. 그는《순수이성비판》[84]을 젊은 시절 끼고 살았지만 도대체 그가 그 어려운 책에 대해서 왜 열광했는지에 대해서는 말한 적은 없다. 바쿠닌의 아버지는 칸트의 이 어려운 책을 슬쩍 보고는 도대체 무슨 말인지도 모르는 책을 가지고 몇 달을 끙끙거리며 고민하는 아들을 한심하게 쳐다보았다. 칸트가 난해하고 어려운 내용을 어떻게 파악하고 정리했는지 저술 후기에 관한 자료는 어디에도 없다. 그는 누구에게도 이 주제 대해 말을 한 적이 없다. 철학을 공부한 많은 사람 가운데 칸트를 진정으로 알고 이해한 사람은 별로 없다. 1781년《순수이성비판》이 출간되었다. 이 책은 쇳덩이처럼 무거운 면도 있었지만 그 내용의 난해함 때문에 출판되자마자 도서관 서가에 꽂혀버렸다. 그래서 칸트는 부득이 그것을 설명하기 위해《칸트의 순수이성비판 해설》을 2년 뒤에 출간한다. 그리고 서서히 그의 책에 매료된 사람들이 나타났다. 그래서 이들을 칸트주의자라고 불렀다.

1787년 칸트는 남자 하인과 개 한 마리를 데리고 그 큰 집에서 살고 있었다. 쇼펜하우어 말년과 흡사한 것으로 보아, 쇼펜하우어는 의도적으로 칸트를 흉내 낸 것이다. 칸트 역시 규칙에 지나치게 집착하는 버릇이 있었다. 하인에게 매일 아침 5시에 자신을 깨우라고 주문하고, 아침에 일어나 차 두 잔을 마시고 한 가치 담배를 피운다. 그리고 정확히 7시가 되면 약 20명의 학생들이 모인다. 칸트는 이들에게 철학 이야기는 한마디도 하지 않는다. 그런데도 그의 강의는 인기를 얻었다. 학생들은 그의 강의를 들으면서 자세가 흐트러지면 안 되었다. 그는 주제에 벗어난 강의를 하기 일쑤였지만 편견에 사로잡히지 않는 비판적 사유를 가르치는 법을 알고 있었다.

아침 9시가 되면 그는 다시 서재로 나와서 슬리퍼를 신고 잠옷을 걸치고 모자를 쓴 채 글을 쓴다. 서재 벽에는 그림 한 점이 고작이었다. 그것은 루소의 초상화였다. 루소의 초상화를 걸어 놓은 칸트, 칸트의 초상화를 걸어 놓은 쇼펜하우어 그들 모두는 서로 시대를 달리하지만 생각을 공유했던 사상가들이었다. 칸트 역시 생애 마지막 2년, 정신이 급속하게 쇠약해져갔다. 몸에 있는 수분이 다 빠져나간 듯, 1804년 2월 12일 그는 노화로 숨을 거두었다. 독일 사람들은 칸트를 좋아한다. 사람들은 그의 글을 이해하진 못했지만 가장 독일인다운 철학자라는 점을 들어 그를 좋아한다.

어머니를 비롯해 세상의 모든 여자를 싫어했다

쇼펜하우어는 밥벌이를 위해 철학을 팔아먹는 가짜 철학자들을 실랄하게 비판했다. 그에게 딱 두 명의 철학자만이 철학자로 인정을 받았다. 칸트와 플라톤이 그들이다. 그리고 그에게 가장 미움을 많이 받았던 철학자는 당대 최고 인기를 누렸던 헤겔이었다. 그 시대를 풍미했던 헤겔에게 혐오감을 품고 있었기 때문에 그는 은둔과 신비주의로 자신을 포장하였고, 그것으로 자신의 가치를 높이기도 했다.

쇼펜하우어의 베를린 생활은 별로 풀리는 일 없이 고통의 연속이었다. 그는 좀 더 따뜻한 도시에서 살고 싶었다. 1831년 쇼펜하우어가 그토록 싫어했던 헤겔이 콜레라로 사망했다. 그는 콜레라의 공포와 자신과 맞지 않는 기후 때문에 좀 더 따뜻한 프랑크푸르트로 이주를 했다. 그러나 그곳에서도 건강은 크게 나아지지 않자 10개월 쯤 생활하다 다시 만하임으로 옮겨갔다. 그는 건강을 위해 프랑크푸르트와 만하임 어느 곳이 자기에게 적당한가를 면밀하게 검토한 뒤 결국 프랑크푸르트에 정착하기로 결정했다.

쇼펜하우어는 그곳에서 죽기 직전까지 30년을 살았다. 프랑크푸르트는 물가가 싸고 기후도 좋아서 쇼펜하우어 자신만의 세계를 구축하고 살기 딱 좋은 곳이었다. 어머니 소식은 여동생 아델레 편지로 알고 있었지만 스스로 어머니 건강을 묻는 경우는 드물었다. 그 무렵 쇼펜하우어 어머니는 소설가로 등단하기 위해 자비로 책을 내고 있었다. 하지만 쇼펜하우어는 자비로 출판하는 것은 작가로 할 일이 아니라고 비난했다. 물론 그때 자신의 책《의지와 표상으로서의 세계》속편을 출간하기 위해 여러 출판사에 타진했지만 대개 출판사들은 아주 회의적인 반응을 보였다. 속편을 내려던 그의 계획은 그 뒤 10년을 더 기다려야 했다. 1832년은 괴테가 죽었다. 그는 프랑크푸르트에서 태어났지만 이탈리아에서 긴 여행을 마치고 죽을 때까지 바이마르에서 있었다.

1837년 4월, 쇼펜하우어는 노르웨이 왕립과학원이 '인간적 의지의 자유는 자기의식을 통해 증명될 수 있는가'라는 주제로 현상논문을 모

▶ 말년의 쇼펜하우어 모습

집한다는 소식을 듣고 그곳에 응모하였고 당당히 당선된다. 1838년, 쇼펜하우어의 어머니가 72살의 나이로 세상을 떠났다. 그녀는 죽으면서 끝내 자기 재산을 아들에게는 상속하지 않겠다는 말을 세 번이나 외치면서 죽었다고 한다. 이처럼 서로를 증오한 모자가 또 있을까?

한편 쇼펜하우어가 어머니만큼이나 증오한 여인이 또 있었는데 1941년부터 20년 동안 쇼펜하우어에게 경제적으로 정신적으로 괴롭히던 마르케라는 여인이 죽었다. 시간을 20년 전으로 거슬러 올라가 쇼펜하우어 젊은 시절, 자기가 살던 아파트에서 옆집 여자와 소음 문제로 말다툼을 하다 가벼운 신체 접촉이 있었는데, 나이가 좀 든 그 여인이 부상을 당한 것이다. 화가 난 그녀는 쇼펜하우어를 상대로 고발을 하였고 법원에서는 쇼펜하우어에게 그녀가 죽을 때까지 경제적으로 어려움을 겪지 않도록 연금을 지급하라는 이상한 판결을 내렸다. 그렇게 해서 쇼펜하우어는 악연으로 맺은 이 여인을 20년 동안 혹처럼 달고 살아야 했다.

쇼펜하우어가 여자를 그렇게 싫어했던 이유 가운데 하나는 그 혹 같은 여인에게 평생 연금을 지급해야 했기 때문이기도 하다. 어머니로부터 냉대, 사랑하는 여동생은 사랑할 수도 없고, 두 번의 연애 사건은 모두 여인에게 거부되었으니 그가 여자를 그처럼 미워한 것도 다 근거 있는 일이었다. 1843년 브로크하우스 출판사와 오랜 줄다리기 끝에 《의지와 표상으로서의 세계》 속편이 나왔다. 하지만 이 책에 인세는 없었으며 한 해 고작 40권이 나가는 데 그쳤다.

달콤한 에세이가 책을 살리다

1849년 유일한 혈육이었던 여동생 아델레도 죽었다. 그녀는 52년을 독신으로 살았다. 어머니와 달리 그녀는 9살이나 많은 오빠를 위해 헌신했다. 여동생이 죽자 쇼펜하우어는 큰 슬픔에 젖어 있었다. 유일한 친구이자 애인이었던 여동생의 죽음은 그야말로 세상에서 혼자남은 고독한 사내의 그 모습 그대로였다. 그는 삶의 허무함을 달래기위해 쓴 책이 바로 철학적 에세이 《인생론》이었다. 이 책 역시 출판사를 정하지 못하다 겨우 출간하게 되는데 의외로 반응이 좋았다. 이 책은 딱딱한 《의지와 표상으로서의 세계》의 해설서나 마찬가지였다. 산업혁명의 가장 늦은 수혜를 입고 있던 독일은 1850년 급속하게 발전하기 시작했다. 관세동맹으로 독일은 이제 하나의 경제권으로 움직였고, 구석구석 철도가 놓이기 시작했다. 하지만 사람들은 자본주의가더 발전하면 할수록 자신들이 점점 자본과 기계에 종속되고 있음을실감했다. 그래서 스스로 인간이란 고독한 존재라는 것을 깨닫기 시작했다. 그 절묘한 타이밍에 쇼펜하우어의 에세이가 사람들 마음을파고든 것이다. 에세이 덕분에 쇼펜하우어의 대표작 《의지와 표상으로서의 세계》는 대중들에게 알려지기 시작했다.

1854년 9월, 바그너는 스위스 취리히에 머물면서 〈니벨룽겐의 반지〉를 작곡하고 있었다. 마흔을 넘은 나이, 혁명이 한때 그의 정신을온통 차지하던 때도 있었지만 이제 그는 그렇지 않았다. 마침 시인 게오르크 헤르베크가 쇼펜하우어의 《의지와 표상으로서의 세계》 속편을들고 그를 찾아왔다. 그는 이 책이 출판된 지 30년이 넘었지만 다시출간된 과정까지 상세하게 설명해주었고, 쇼펜하우어란 철학자가 어떤 인물인가도 이야기해주었다. 바그너는 호기심 어린 눈으로 그 이상한 철학자의 책을 읽고 그 날 큰 감동을 받았다. 바그너는 그 책을 무려 네 번이나 다시 읽었다고 한다.

1854년 바그너는 《의지와 표상으로서의 세계》를 읽고 음악에 대한 자신의 생각을 바꾸었다. 그리고 자신의 책상 위에 쇼펜하우어의 초상화를 걸어두었다. 그만큼 존경을 표한다는 의미였다. 그해 바그너는 26년 동안 심혈을 기울인 4부작 《니벨룽겐의 반지》 악극시를 작사하고 그 책에 '존경과 감사의 마음을 담아'라는 자필 서명한 것을 쇼펜하우어에게 보냈다. 하지만 이 거만한 철학자 쇼펜하우어는 여기에 특별한 답장을 하지 않았다. 한참 뒤 쇼펜하우어가 죽고 그의 유품들을 본 사람들은 깜짝 놀랐다. 바그너가 존경을 담아 편지와 함께 보낸 그의 책 속에는 쇼펜하우어가 자신의 마음에 들지 않은 문장들을 빨간 펜으로 혹독하게 비판한 글이 어지럽게 적혀 있었다.

쇼펜하우어는 모차르트와 롯시니의 음악을 좋아한 사람이지만 바그너에게는 별로 깊은 인상을 받지 못했다. 그러나 바그너는 누군가에게 보낸 편지에서 "내가 그에게 얼마나 많은 영향을 받았는지, 그는 잘 모를 것입니다. 사람 사이 관계가 이런 것인가 봅니다. 하지만 이런 것도 얼마나 근사합니까?"라고 쇼펜하우어에게 무한한 존경심을 표시하곤 했다. 바그너와 니체의 연결고리였던 쇼펜하우어, 하지만 쇼펜하우어는 바그너를 그렇게 좋아하지 않았다.

바그너의 작품들 상당 부분은 쇼펜하우어의 '의지와 표상'이란 철학적 영향을 받은 것이다. 바그너의 〈트리스탄과 이졸데〉, 〈니벨룽겐의 반지〉, 〈파르지팔〉로 대표되는 그의 3부작은 쇼펜하우어의 영감과 사상을 담고 있음이 확실하다. 쇼펜하우어는 음악에 조예가 깊은 사람

이었다. 그는 젊은 시절부터 악보를 볼 줄 알
았고 아침마다 플루트를 연주했다고 한다. 그
리고 모차르트 음악 연구에 몰두하기도 했다.

1855년은 실존주의 철학자들 가운데 선구
자로 평가받는 덴마크의 사상가 키에르케고르
가 세상을 떠났다. 키에르케고르 역시 헤겔 철
학의 반대편에 있던 사람으로 서로 비슷한 분
위기를 가진 철학자였지만 만나지는 않았다.

▶ 리하르트 바그너

덴마크 코펜하겐에서 태어난 그는 마흔두 살이란 젊은 나이에 숨을
거두었다. 그의 대표작 《죽음에 이르는 병》[85]은 한없이 나약한 인간이
실존적인 자아를 찾는 기록으로 점철돼 있다. 인간의 '원죄의식에서
출발된 불안의식'을 그는 신에 의지해서 벗어나야 한다고 주장했다.

키에르케고르는 말년에 쇼펜하우어의 《의지와 표상으로서의 세계》
를 읽고 더 빨리 만나지 못한 것에 아쉬움을 드러냈다고 한다. 그리고
그는 쇼펜하우어의 영향으로 교회와의 투쟁을 선언한다. 늦은 나이
에 시대적 소명을 깨달은 것이다. 그는 교회와의 투쟁 중에 간행한 소
책자 《순간》에 쇼펜하우어의 사상에 공감했던 부분을 적어 놓았다.

1856년 라이프치히 대학 철학과에서 '쇼펜하우어의 철학에 대한
논술'이란 주제로 논문을 현상 공모하였고 1857년 이 대학에서 처음
으로 그의 철학이 강의로 채택되었다. 영국에서도 그의 작품이 번역
되었고, 이탈리아에서도 그의 책들이 출간되었다. 1858년 2월 22일,
쇼펜하우어의 칠순 생일 잔치가 그를 존경하는 사람들이 많이 모인
가운데 성대하게 열렸다. 헤겔이 죽고도 20년 동안 무명의 철학자로
은둔했던 철학자의 사상이 활짝 꽃을 피기 시작한 것이다.

1849년 여동생 아델레가 죽은 뒤 이 늙은 철학자의 모습은 더욱 고집 센 늙은이 얼굴을 하고 있었다. 그는 마인 강변에 있는 자신의 집에서 매일 독서와 사색, 그리고 플루트 연주만을 하면서 지냈다. 식당으로 가는 약 2시간의 산책길이 그가 유일하게 세상과 접촉하는 시간이었다.

마을 사람들은 이 철학자의 신비스런 모습에서 존경심을 갖고 있었다. 하지만 누군가 인사라도 하려고 하면 이 거만한 철학자는 무시하면서 빠르게 지나쳤다. 그를 따라다니는 유일한 것은 사람이 아닌 개였다. 이 개가 쇼펜하우어의 유일한 유산 상속자였다. 쇼펜하우어는 잘 알지도 못하는 먼 친척 몇 명 이외에는 혈연 관계가 없었다. 쇼펜하우어는 유산을 언급하면서 자신이 죽으면 개를 맡아줄 하녀에게 많은 양의 재산을 물려줄 것을 기록했고, 만약 하녀가 그것을 원하지 않는다면 그 다음 자신의 삶을 기록했던 전기작가, 혹은 재산관리인들 가운데 개를 맡겠다는 사람들을 순서대로 적어 언급했다고 한다.

이 신비스런 철학자의 동정을 싣기 위해 기자들이 그의 집을 자주 찾았다. 하지만 쌀쌀맞은 철학자는 기자들을 좋아하지 않았다. 그는 신비주의를 즐기는 듯 했으며 그러면 그럴수록 그의 책 판매는 더욱 늘어났다. 오랜 적자로 허덕이던 브로크하우스 출판사는 쇼펜하우어 책으로 큰 돈을 벌었다.

쇼펜하우어가 세상을 떠나기 한 해 전인, 1859년은 여러 가지로 의미있는 해였다. 다윈의 《종의 기원》이 나왔고, 마르크스의 《자본론》 초고에 해당하는 《정치경제학 비판을 위하여》[86]가 출판되던 해였다. 또한 유럽의 정치, 경제는 정신없이 흘러갔다. 산업혁명이 식민지 개척으로 그 발전에 가속도가 붙었고, 노동자들은 자본가들에 비해 상대

적으로 열악한 환경에서 자신들의 힘을 키
우기 위해 노동운동을 벌이고 있었다. 또한
유럽 대륙은 민족적 자각의식이 싹트면서
대립과 전쟁이 빈번했다. 그 중심에 독일과
이탈리아가 있었다. 당시 이탈리아의 통일
을 둘러싸고 프랑스와 오스트리아가 계속
싸우고 있었다.

▶ 쇼펜하우어의 삽화

　하지만 쇼펜하우어는 철저하게 외부 세계
와는 담을 쌓았다. 그를 만난 기자가 "선생님 혹시 마르크스라는 사람
에 대해서 아세요?"라고 물었다면 그는 그 큰 눈을 굴리며 "누구?"라
고 물었을 것이다. 그리고 다시 물었다면 아무 말 하지 않고 그저 돌
아서서 개를 끌고 산책을 나섰을 것이다. 마르크스는 그의 길이 있었
고, 쇼펜하우어 역시 그의 길이 있었다. 두 사람은 서로 다른 길을 가
고 있었으며 한 번도 어느 교차로에서도 만난 적이 없는 그런 사람들
이었다. 쇼펜하우어의 철학을 상당부분 계승하고 발전시킨 니체는 오
히려 공산주의 사상에 대해 혐오감을 피력했다.

　쇼펜하우어는 권력이나 혁명에는 무심했던 반면 철저하게 철학적
사고와 행동을 하면서 살았다. 문득 그는 죽기 직전에 열정적으로 책
을 쓰고 싶어 했다. 그것을 사람들은 촛불이 꺼지기 직전의 불꽃이라
고 생각했다. 1860년 8월부터 갑자기 호흡곤란이 일어났고 9월 9일
폐렴에 걸렸다. 그는 혹시 모를 일이라고 생각하면서 9월 18일 유언
을 써 두었지만 자기가 죽을 것이란 생각은 전혀 하지 않았다. 하지만
3일 뒤인 1860년 9월 21일 아침, 쇼펜하우어는 평소와 다름없이 샤워
를 하고 기분 좋게 식탁에 앉아 있었다. 가정부는 오전에 쏟아지는 따

뜻한 가을 햇살을 즐기는 쇼펜하우어를 위해 창문을 열어 놓고 주치의를 부르려고 밖으로 나갔다. 의사가 왕진을 왔을 때 쇼펜하우어는 소파에 편안히 몸을 눕히고 숨져 있었다. 철학자의 마지막 모습을 지켜본 것은 '아트마'라는 개 한 마리가 전부였다.

그의 얼굴을 본 주치의는 "고통의 흔적이 전혀 없는, 이 세상에서 가장 편안한 얼굴로 죽음을 맞이했다."고 주변 사람에게 이야기해 주었다. 염세주의 철학자, 평생 고통만 안고 살다가 죽기 직전에도 고통으로 삶을 마감할 것이란 그의 말은 적어도 자신에게는 어울리지 않았다. 죽는 순간에도 편했고, 평생 돈 걱정 하지 않고 자기 하고 싶은 공부를 하면서 살았으니 다른 작가나 철학자들보다는 고통스런 삶이라 볼 수 없다. 다만 평생 독신으로 누구도 알아주지 않는 글을 써야 했다는 것이 측은하긴 하지만 말이다.

《의지와 표상으로서의 세계》에 대하여

쇼펜하우어는 《의지와 표상으로서의 세계》의 초판이 출간된 이후 25년 동안 집요하게 집착하며 손을 보았다. 쇼펜하우어는 모든 물질의 근간을 '의지'로 보았으며 뉴턴이 밝혀낸 과학적 탐구 대상조차 '의지'로 결부시켰다. 그는 1819년 초판이 발행되고 1844년 마지막 개정판이 나올 때까지 그 책에 모든 생각을 쏟아부었지만 개정판이 나오고도 독자들의 관심을 받기 시작한 것은 그로부터 6년이나 더 있어야 했다.

《의지와 표상으로서의 세계》 시작은 스토아학파의 윤리학을 언급하면서 사실 자살이 좋은데, 그것을 권하지 않는 것은 죽을 때 고통 때문이라고 이야기를 시작한다. 사실 숭고함이란 죽음을 참고 견디며 그것을 승화시킨 사람들이며 그의 대표적인 사람이 바로 예수 그리스도라고 주장한다. "인간의 본질적인 존재는 현재에서 점점 죽음에 끌려가는 존재다. 우리가 지금 움직이고 있는 것도 결국은 쓰러지는 것을 단지 간신히 지탱하고 있는 것에 불과하다. 우리의 지금은 죽음이 잠시 미뤄진 상황이다. 우리는 자기 생명에 큰 관심을 갖고 있다. 그러나 주의를 기울여보자. 그럼 알게 될 것이다. 우리 인생은 나중에 터지고 말 것을 뻔히 아는 풍선과 같은 것이다."

"인식이란 무엇인가 그것은 표상이다. 표상이란 무엇인가? 그것은 동물의 뇌수에서 일어나는 매우 복잡한 생리적 작용으로 생기는 하나의 현상이다. 그리고 우리는 인식하는 주관일 뿐만 아니라 한편 스스로가 인식되는 본성을 지니고 스스로 물자체인 것이다. 그러므로 자기 내적 본성은 외부의 공격에 견디게 되어 있다."

쇼펜하우어는 자신의 생각을 관철하기 위해 칸트와 플라톤의 주장을 인용하기도 했다. 특히 그리스 철학자 가운데 플라톤을 좋아한 쇼펜하우어는 "인간의 성질이라고 부르는 것, 플라톤이 《국가》의 제1장에서 '가벼운 감각과 무거운 감각의 정도'라고 표현하고 있는 것, 즉 우리가 너무나 큰 고뇌를 짊어지고 있으면 그보다는 작은 모든 고뇌에 대해서는 무감각하게 되며, 반대로 큰 고뇌가 없으면 사소한 불쾌도 우리를 몹시 괴롭혀 불쾌하게 한다."라고 해석했다.

쇼펜하우어는 세계 모든 현상을 탐구하는 것이 형이상학이라고 주장하고 칸트가 물자체의 질서라고 말한 것을 수용했으며 유물론자들이 말하는 것, 객관적 사실로 모든 것을 해명하려는 자세를 비난했다. 이 점이 헤겔과 다른 점이고 칸트에서 갈라지는 분수령이 된 것이다. 그는 뉴턴을 높게 평가했다. 아무리 자연과학이 세상을 변화시킨다고 하지만 그 정점에는 역시 형이상학이 있다고 주장했다.

"물리학이 아무리 진보하여도 형이상학 아래이며 그것은 마치 평면이 아무리 늘어도 부피가 늘어나지 않는 것과 같은 이치다."

"달은 숭고하다. 달은 모든 것을 보고 있지만 어느 것도 관심을 갖고 있지 않다. 달은 빛날 뿐, 따뜻하게 해주지 않는다는 사실, 하지만 달은 항상 우리의 마음을 따뜻하게 한다. 그것이 상징이자 비유인 것이다."

염세주의 철학
초인사상으로 승화

철학이나 사상을 혁명의 도구가 아닌 형이상학의 제자리로 돌려놓은 철학자는 당연 쇼펜하우어다. 플라톤과 칸트를 가장 좋아했던 철학자 쇼펜하우어. 그의 철학은 니체로 연결되는데, 그 연결고리가 바로 바그너였다. 쇼펜하우어보다 25세 연하인 바그너는 순수혈통 게르만 사람이다. 1848년 35세 바그너는 혁명이 몰아치던 그 시기 온몸을 던져 혁명에 뛰어든 사람이다. 드레스덴 시청 건물을 점거했던 바쿠닌을 도왔다는 이유로 당시 드레스덴 시청 교향악단을 지휘하던 그는 졸지에 체제 저항인사이자 적색분자로 낙인 찍혀 수배자 명단 가장 위를 차지한다.

리스트의 도움으로 스위스로 망명한 바그너는 그곳에서 마흔을 넘은 나이 새로운 길을 모색하게 되는데 그때 만난 것이 쇼펜하우어의 책 《의지와 표상으로서의 세계》였다. 쇼펜하우어와 만남은 바그너에게는 혁명적 이념을 버리고 독일 고전주의 음악에 심취하게 만든 한 계기를 마련하게 했다. 바그너가 쇼펜하우어의 《의지와 표상으로서의 세계》라는 책을 읽은 때가 1854년 9월, 그로부터 11년 뒤인 1865년 10월 니체가 헌책방에서 쇼펜하우어의 책을 발견한 것은 니체와 바그너의 연결고리가 되기도 한다.

친절한 바그너는 니체에게 아주 자상하게 대했지만 불친절한 쇼펜하우어는 바그너의 방문도 거절하면서 쌀쌀맞게 대했다. 오히려 그가 보내준 심혈을 기울인 〈니벨룽겐의 반지〉라는 악극 책자에 빨간 볼펜으로 오자를 지적하며 신경질적이고 까칠한 모습을 잘 드러내고 있었다. 1860년 쇼펜하우어가 죽었지만 바그너는 그의 초상화를 책상 위에 올려놓고 매일처럼 그와 영혼의 대화를 나누면서 작곡을 했다고 한다.

쇼펜하우어를 통해 철학을 시작한 니체는 "나의 유일한 스승은 쇼펜하우어이다. 나는 그가 쓴 책을 첫 페이지만 읽어도 그의 책 전체를 알 수 있다."라고 말할 정도로 그를 좋아했다. 니체는 죽기 직전에 그의 대표작 〈차라투스트라는 이렇게 말했다〉[87]에서 마치 신처럼 세상 사람들에게 준엄한 말들을 쏟아냈다. 그는 예언자이거나 아니면 선지자처럼 행동하고자 했다. 세상은 자기 목소리에 귀를 기울이지 않지만 그렇다고 세상을 버릴 수는 없었다. 니체가 꿈꾸었던 세상은 무엇이었을까? 세상은 초인이 등장해서 막연히 불안해하는 민중을 구원할 것이다. 이런 니체 사상은 독재자들의 입맛에 맞게 개조됐다. 그의 글에서 그런 말을 들어보자.

"차라투스트라여! 그대는 왜 발소리를 죽인 채 어둠 속을 걷고 있는가?(중략) 참으로 나는 백 개의 영혼을 거쳐 내 길을 가며, 백 개의 요람과 진통을 겪으며 내 길을 걸어왔다. (중략) 여성은 우정을 맺을 능력이 없다. 여성은 고양이며 작은 새다. 기껏해야 암소일 뿐이다."

아직도 그의 글에는 루 살로메의 실연으로 인한 상처가 곳곳에 베여 있다. 실연당한 한 사내의 처절한 자기 위안의 글이 여기저기 나타나고 때로는 여성을 학대하기까지 한다. 그렇지만 니체의 글에는 소중하고 의미 있는 글들이 등장한다. "차라투스트라여! 민중은 그대의 가르침을 배워 그것을 믿으려 한다. 그러나 민중이 그대를 완전히 믿게 하기 위해 한 가지 필요한 것이 있다. 우선 불구자에게 그대를 믿는 마음이 일어나야 한다. 우리가 기다리는 초인은 불구자들을 구원할 것이다. 장님도 눈뜨게 하고 있고, 앉은뱅이도 일어서게 할 수 있다." 하지만 자기는 실연당한 사내가 아닌 선지자처럼, 고통 받고 있는 민중을 위해 희생하는 예수처럼 자기를 한껏 높인다. 다시 돌아올 것이라고, 영원회귀 사상. "오! 형제들이여 첫 자식은 언제나 제물로 바쳐진다. 우리는 첫 자식들이다. 우리 모두 낡은 우상들의 영예를 위해 불태워지고 구워진다." 이 글만 읽으면 그는 다시 순교자가 된 것이다. 그가 정신을 놓고 불구로 10년 동안 지낼 것을 예감해서일까?

니체의 글은 예술가들 특히 작가들의 예술적인 영감을 자극한다. 많은 작가가 니체의 글을 읽고 그의 광적인 영감의 메시지에 전율을 느끼며 창작의 동기와 자극을 받는다. 왜 그럴까? 그 스스로 예술가들이 지배하는 세상, 과거 그리스 시대를 꿈꾸었던, 철학자들이 지배했던 세상을 꿈꾼 그가 아닌가. 극과 극은 통한다는 말을 상기하면 그는 천재가 아니면 정신이상자로 《차라투스트라는 이렇게 말했다》를 쓴 것이다.

니체와 쇼펜하우어는 철학자들이 흔히 걸었던 길에서 다른 길을 걸었다. 하지만 그들은 다른 철학자들에게 상상력의 영감을 제공했다. 특히 니체만큼 많은 사상가와 철학자에게 상상의 영감을 제공한 철학자는 없다. 그가 죽기 직전에 쓴 《차라투스트라는 이렇게 말했다》는 마치 신을 맞아들인 무당의 말처럼 날카롭고 때로는 사람을 당황스럽게 하고, 아직도 어떤 문장들은 도대체 무슨 말인지 이해할 수 없다. 쇼펜하우어나 니체는 마르크스를 싫어했다. 마르크스처럼 세상을 가진 자와 가지지 않은 자로 구분하는 이분법적 사고가 아닌, 누군가 초인이 나타나 세상을 지배할 것이라고, 그 초인은 정신이 한껏 고양된 위대한 예술가로 생각했지만 현실에서는 니체의 철학을 각색해서 독재자들이 이용했다. 대표적인 자가 히틀러였으며, 그 외에도 다수의 독재자가 그의 사상을 자기 권력 획득의 수단으로 이용했다.

09

니체

니체 1844~1900

니체를 다 알고 이해한다는 것은 거의 불가능하다.
그의 글은 여러 가지 해석을 낳게 하는 묘한 능력이 있다. 그가 젊은 시절 좋아했던 작가들은
대개 정신병을 앓다가 죽은 자들이다. 횔덜린은 36년 동안 정신병에 포로가 된 작가였고,
슈만은 정신질환으로 한때 강물에 투신자살까지 시도했던 인물이었다.
그의 대표작 《차라투스트라는 이렇게 말했다》는 과대망상증 환자가 쓴 글이란 의심도 받고 있다.

9_
니체

19세기 절반 무렵에 태어나서 20세기가 막 열리려는 순간 숨을 거둔 니체는 여러모로 신비스런 인물임에 틀림없다. 그의 사상은 아직도 해석되지 않은 많은 이야기로 가득하다. 철학과 문학, 예술을 전공하는 사람들에게 정신적 영감을 아낌없이 가져다주었던 니체의 글들, 하지만 그 역시도 다른 사람처럼 그의 나이 스무 살까지는 그저 평범한 젊은이에 불과했다.

1889년 1월 정신퇴행으로 정신병원에 입원할 때까지 불과 25년 동안 천재적인 통찰과 광기로 현대철학의 문을 열었다. 하지만 그 기간에도 그의 육체는 항상 두통과 우울증 등으로 온전한 삶을 살 수 없었다. 니체가 외쳤던 '신은 죽었다.'는 말 때문에 저주 받은 삶을 살아야 했을까? 니체는 1874년 말비다 폰 마이젠부크 여사에게 이렇게 자신의 고통을 호소했다. "부인, 저는 육체적 고통이 오히려 다른 고통을 잊게 하기 때문에 그 고통을 즐길 때가 있습니다." 철학에 빠지기 시작하면서 앓게 된 두통을 참으면서 때론 고통을 즐기는 법을 알게 된 니체는 그렇게 다시 죽기 직전 식물인간처럼 10년을 넘게 살다 죽었다.

니체의 우울증은 그저 슬프다는 정도가 아닌 정신적 압박이 너무 강해 꼼짝도 할 수 없을 만큼 격렬한 불안이었다. 그것이 더 심해지면 정신적 공황상태에 빠지곤 했다. 이렇게 고통스런 생활 가운데 니체는 교수직을 사직하고 바그너의 충고에 따라 결혼을 서두르게 된다. 그 무렵 만난 여자가 바로 그 유명한 루 살로메였다. "그날 나는 호숫가를 걷고 있었으며 갑자기 피라미드처럼 거대한 바위덩어리가 내 앞에 멈춰 섰다. 갑자기 하늘에서 무엇이 뚝 떨어진 것처럼 차라투스트라의 영감이 떠올랐던 것이다."

그때가 바로 1883년 2월 13일이었다. 이 날에 대해 시간적 연속성의 의미를 두고자 한다면 한 달 뒤 마르크스가 죽었고 바그너도 죽었다는 것이다. 니체의 차라투스트라가 탄생하던 그 시기 두 사람의 중요한 인물이 숨을 거둔 것이다. 이보다 더 뚜렷하게 보여주는 상징적인 사건이 또 있을까? 혁명이 사라진 혼란한 시대 니체 정신이 잉태한 것이다.

당시 니체는 살로메에게 실연의 상처를 받고 방황하던 시절이었다. 《차라투스트라는 이렇게 말했다》의 시작은 한 여인에게 사랑의 상처를 입은 니체의 우울과 불면증과 조울증 속에서 탄생한 것이다. 그는 정신이 좀 나아지면 갑자기 글을 쓰기 시작해서 열흘 만에 1권을 썼다. 그렇게 해서 3년 동안 4권의 글을 완성한 것이다. 그러나 이 책은 철저하게 독일 평론가들에게 버림을 받았다. 나중에는 출판업자를 구하지 못해 마지막 4권은 자비로 40권만 인쇄하였다. 그러니까 세상을 바꿀 《차라투스트라는 이렇게 말했다》의 시작은 대중을 상대로 한 책이라기보다는 자기만족을 위한 책이었다. 니체는 고독했으며 스스로 초인처럼 살아가다 갑자기 미쳐버린 것이다.

니체

1865년 8월, 니체의 나이 스물한 살, 그는 라이프치히 도시에서 고서점을 운영하는 집에 하숙을 시작했다. 그는 1년 전 대학입학자격시험에 합격했으며 본 대학에서 신학과 고전문헌학 공부를 시작했다. 그러나 음악을 할 것인가 아니면 다른 공부를 할 것인가 고민을 하던 시기였다. 그렇다고 할아버지와 아버지처럼 가문의 전통인 신학을 공부할 생각은 전혀 없었다. 본 대학에서 라이프치히 대학으로 옮긴 것은 그가 좋아하던 리츨 교수의 강의를 듣기 위해서였다.

그는 문헌학에 대해 공부하려고 했고 그 때문에 고서점을 운영하는 집에서 하숙을 했다. 이삿짐을 정리하고 며칠 뒤에 니체는 우연히 주인집 헌책방에 들러 책을 구경하다가 쇼펜하우어의 대표적인 저서 《의지와 표상으로서의 세계》 2권의 책을 발견하였다. 각주가 너무 많아 편안하게 읽을 책은 아니지만 이상한 힘 때문인가 니체는 그 책을 본 순간 빨려들어가는 것 같았다. 이틀 동안 방 안에 틀어 박혀서 그 책에 몰입했다. 니체는 그 순간을 회고하면서 "마치 무언가 강하게 머리를 때리는 충격을 경험해야 했다."고 말한 적 있다. 사람은 세상을 살면서 한 번쯤 종소리를 듣게 된다. 그 종소리는 삶의 새로운 시작을 알리는 소리인 것이다.

니체가 쇼펜하우어의 《의지와 표상으로서의 세계》를 헌책방 구석에서 들어올린 순간부터 이미 5년 전에 죽은 쇼펜하우어와 영적인 교류가 시작되었고 그것은 곧 20세기 철학과 문학, 예술 세계를 지배했던 철학자 니체의 탄생을 알리는 만남이었다.

니체가 쇼펜하우어 책을 접할 무렵은 스스로 아무런 희망도 없이 절망감만 안고 살았다고 고백하던 때였다. 그는 그 책을 읽고 "어떤 악마가 나에게 속삭이는 듯 했다."고 표현했다. 니체는 당시 새벽 2시에 잠이 들었고, 다시 새벽 6시에 일어났다. 신경은 날카로웠다. 그는 1867년까지 모든 글이나 편지에서 쇼펜하우어의 사상을 언급했고, 쇼펜하우어처럼 살 것을 다짐했다.

니체가 쇼펜하우어를 만나기 전에는 그저 평범한 대학생이었다. 아니 오히려 어떻게 살아야 하는지 방황하는 젊은이였다. 그저 집에서 보내주는 용돈을 가지고 맥주를 마시고 음악과 연극관람으로 시간과 돈을 투자하던 시기였고 어머니가 신학 공부에 강압적인 요구를 하면 할수록 그는 반대로 신학이 아닌 길을 걸으려고 했다. 그런 니체에게 쇼펜하우어의 《의지와 표상으로서의 세계》는 철학자로서의 삶을 결정하는 소중한 계기가 되어주었다.

니체는 철학을 하는 사람뿐만 아니라 문학과 예술을 하는 사람들에게 정신적 우상과 같은 존재다. 그는 젊은 시절 괴테를 좋아했고, 루소의 책을 읽었으며 쇼펜하우어에 열광했다. 특히 쇼펜하우어는 자신의 스승이라고 강조했다. 쇼펜하우어가 괴테를 좋아했듯이 니체 역시 괴테 문학을 좋아했다. 또한 루소의 사상 '자연으로 회귀'를 시대적 가치로 생각했으며 쇼펜하우어에게서 인간 의지, 그것이 초인사상으로 연결되고 있음을 간접적으로 시인했다.

철학자들은 독재자적인 기질이 있으며 그것을 가장 잘 보여주는 사람들이 그리스 철학자들, 특히 플라톤이라고 니체는 말했다. 그리고 쇼펜하우어에게서 그런 기질이 완벽하게 재현된 것이라고 니체는 주장했다. 니체가 1882년 루 살로메와 사랑에 빠지고 그 다음 해 실연을 당한 뒤 불과 열흘 만에 《차라투스트라는 이렇게 말했다》의 1권 초고를 끝마쳤다. 그때 사람들은 그가 제정신이 아니라고 생각했다. 그리고 1885년 《차라투스트라는 이렇게 말했다》의 마지막 4권을 완성했을 때, 그는 친구에게 이렇게 말했다. "내 나이 마흔이 되도록 여러 책을 써왔지만, 책으로 벌어들인 돈은 한 푼도 없었네." 니체가 바젤 대학에서 교수직을 건강상의 이유로 그만두고 연금을 받지 않았다면 그는 철학자가 아닌 거지나 노숙자로 전락했을지도 모른다. 아니면 광인으로 아무도 알아주지 않는 삶을 살아갔을 것이다.

니체가 쇼펜하우어에 열광하고 2년 뒤 바로 1867년 마르크스의 《자본론》이란 책이 출간된다. 니체는 마르크스에 대해 전혀 언급하지 않았다. 마르크스가 영국에서 노동자들을 규합하고 새로운 철학을 전파하고 있을 때, 니체는 독일 민족의 장래에 더 많은 관심을 갖고 있었고, 또한 독일 특유의 민족적 정서 속에 고대 그리스 문화로의 복귀를 꿈꾸면서 전쟁에 참가하였다. 그것도 두 번이나 전쟁에 참가했던 것으로 보아 마르크스 사상에는 전혀 관심을 기울이지 않았던 듯하다. 니체는 보수적인 생각을 갖고 있었다. 굳이 두 사람의 공통점을 찾으라면 신의 존재를 부정한 것에 있다. 니체는 신은 죽었다고 말했지만 마르크스는 신이란 존재 자체를 부정했다.

◆ ◆ ◆

프리드리히 빌헬름 니체는 1844년 10월 15일 라이프니치에서 멀지 않은 뢰켄에서 카를 루드비히 니체와 이웃 마을 목사의 딸 프란치스카 욀러 사이에 맏아들로 태어났다. 그가 태어난 날은 프로이센 국왕 빌헬름 1세의 생일날이기도 했다. 이 국왕이 바로 나폴레옹 3세를 물리친 국왕이었다. 두 사람이 생일이 같다는 것은 운명적으로 비슷한 부분이 있다는 것을 의미한다. 빌헬름 1세는 프랑스를 물리치고 독일제국을 건설한 국왕이다. 국왕의 영적 기운을 받고 자랐다는 이야기는 니체가 자라면서 귀에 못이 박히도록 들었던 말이다. 그래서 그랬을까? 니체는 청년시절 독일 민족의 영광을 쟁취하기 위한 전쟁에 두 번이나 참가한다.

한편 다른 한 가지 사건이 그가 태어나던 해에 일어났다. 1844년은 독일 슐레지엔 방직공들이 착취와 수탈에 시달리다 기계를 파괴하고 자본가들의 집을 습격하는 폭동이 일어났다. 3천 명의 노동자들이 참가했으며 이틀 만에 진압이 됐지만 수많은 노동자가 학살당했다. 두 명의 독일인 마르크스와 하이네가 독일 정부에게 추방당해 파리에서 만난 것도 그 때였다. 유럽을 혁명의 열기로 몰아넣기 불과 4년 전이었다.

하지만 세상이 시끄럽고 혁명의 열기로 뜨겁던 그 시기, 니체는 아직 내부적으로 자기 존재에 대한 의문이 막 피어나던 시기였다. 겨우 다섯 살 나이에 아버지 죽음을 목격해야 했다. "아버지에 대해서는 키가 컸고, 온화하고 엄숙하고 멋진 갈색의 눈으로 세상을 바라보았다는 정도를 기억하고 있다."《니체 최후의 고백》프리드리히 니체 지음/이덕희 옮김/작가정신 1848년 유럽의 혁명은 니체 아버지에게 정신적인 충격을 가져다주었다고 한다. 그 여파는 바로 독일에서도 불기 시작했다. 보수적인 생각으로 가득했던 니체의 아버지는 혁명의 물결에 소용돌이치는 세상에서 잠시 어지러워 하다가 갑자기 숨을 거둔 것이다. 누구는 아버지의 정신적 발작은 유전에서 기인한 것으로 니체의 죽음과도 깊은 관련이 있다고 주장한다.

아무튼 니체가 혁명에 대해 그렇게 호의적이지 않은 것은 아마도 아버지의 죽음과 연관되어 있지 않을까 싶다. 개인적으로 니체는 아버지의 죽음이 인생에서 가장 큰 슬픔이며 어린 나이에 생존을 위한 도전적인 상황에 직면했음을 본능적으로 알아차렸다고 회고한 적이 있다. 아버지의 죽음으로 남겨진 가족, 특히 어머니에 대해 니체는 다음과 같이 불만을 토로했다. "그녀는 과도한 정숙함으로 나를 망쳤다. 차라리 정절을 지키지 않고 다른 남자에게 시집이라도

▶ 니체와 그의 어머니, 사진에서처럼 니체는 어머니를 부담스러워했다. 어머니는 남편 없이 아들에게 전부를 의지하며 살았다.

갔으면 나를 그토록 억압하지는 않았을 것이다."

어린 시절 다른 사람과 쉽게 어울리지 못했던 니체의 부족한 사교성은 성인이 되고 나서도 계속되었다. 어린 니체가 철학자로서 자질을 보인 것은 다른 아이들과 어울려 놀지 않고 혼자 사색하는 것을 즐겼다는 것에서 굳이 찾을 수 있다. 친구들은 그런 니체의 모습을 보며 '꼬마목사'라고 놀렸다. "성경은 내 유년시절 유일한 친구다. 나는 그 책을 몇 번이나 보면서 다른 아이들과 다른 생각을 했다."

니체는 혼자 작은 노트에 글을 쓰면서 자신의 내면세계와 대화를 나누었다. 그는 자신의 삶에서 가지게 된 다양한 관심을 열다섯 살 나이인 1858년부터 하루도 빠지지 않고 일기 쓰기를 통하여 심화시켰다. 그는 일기 쓰기를 통하여 자신의 고민을 해결하려고 노력하였으며 글 쓰는 방식과 생각하는 방법을 습득했다.

그가 좋아했던 작가들은 하나같이 정신병 환자였다

니체는 1858년 10월 5일, 나움부르크 근교의 전통적인 명문 고등학교 슐포르타에 입학하였고 곧바로 기숙사에 들어갔다. 이 학교 출신으로 유명한 철학자 피히테도 있었다. 이 학교는 기독교 정신을 함양하고 고대 그리스 로마의 문학 등을 주로 가르쳤고 교사들은 학생들이 고전의 중요성을 인식할 수 있도록 엄격하게 가르쳤다.

니체가 혁명에 무관심한 삶을 살았다는 것은 그의 학교와 집안 분위기에서부터 비롯되었으며, 청년기 역시 혁명과는 동떨어진 곳에서 살았기 때문이다. 3대째 이어져 내려오던 목사 집안이란 것은 그만큼 종교에 대한 자유가 박탈된 채 어머니 뱃속에서부터 목사의 길이 운명 지어졌다는 것이며, 니체의 반항은 출생에서부터 시작되었다고 볼 수 있다.

하지만 반항 기질은 처음에는 잠복해 있어서 스스로도 몰랐다. 너무 규칙적인 학교 수업에 처음에는 적응하지 못했지만 차츰 그곳 생활에 익숙해졌다. 그는 친구들에게 "학교에 들어갈 때면 나는 마치 감옥에 들어가는 것 같이 느꼈다."라고 편지를 쓰곤 했다. 학교 수업은 일주일 내내 새벽 5시에 일어나 저녁 9시까지 마치 수도원 생활처럼 빡빡했다. 니체의 학교 성적은 우수한 편이었다.

고등학교 시절 니체는 기원전 6세기에 활동한 술과 사랑을 노래한 이오니아 출신이자 그리스 시인 아나크레온의 시를 특히 좋아했다고 한다. 그리고 1859년 친척 집에 놀러갔다가 그곳에서 노발리스 시집 《푸른 꽃》[88]을 읽고 그를 좋아하기 시작했다. 이 책은 13세기 초 전설적인 기사 시인 하인리히가 꿈속에서 푸른 꽃으로 나타나는 소녀를 동경해 길을 떠나고 그 과정에서 낯선 세계와 만나 다양한 체험을 한다는 일종의 성장소설이다. 이 작품은 노발리스가 괴테에게 도전하기 위해 쓴 글이라고 한다. 노발리스는 1801년 3월 25일, 폐결핵으로 29세 젊은 나이로 세상을 마친 시인이자 소설가다. 그는 새로운 정신을 노래한 독일 낭만주의 대표적인 작가로 상상력이 뛰어났다. 또한 그는 니체 젊은 시절을 창작열에 들뜨게 한 인물이기도 했다.

하지만 이렇게 자유로운 정신의 소유자 젊은 니체를 그의 어머니는 자꾸 종교적인 엄숙함으로 가두려고 했다. 1861년, 니체는 기독교 견진성사(하나님의 백성으로 더욱 굳건한 믿음을 약속하는 의식)를 받는데, 그것은 어머니의 강요에 의한 것이라고 나중에 밝힌 적이 있다. 이때부터 어머니와 갈등이 시작됐다. 그녀는 아들이 신앙에 반항적인 태도를 보이는 것을 염려해 읽는 책까지 통제를 했다. 니체의 어머니는 "아버지의 아들로 부끄럽지 않게 살아야 한다."고 목사 아들로서의 삶을 항상 강조했다. 하지만 니체는 평생을 정신분열에 시달렸던 불행한 시인 프리드리히 횔덜린을 좋아하기 시작했다. 니체가 횔덜린을 좋아했던 것은 그가 목사의 길을 거부했던 삶이 자신과 비슷하다고 여겨 동질성을 느꼈던 것이다. 한때 횔덜린은 헤겔과 쉘링 등과 함께 튀빙겐 대학 신학부에 입학했지만 목사직을 포기했다. 그는 궁핍함 속에서 글을 쓰다가 날카로운 신경질환으로 정신병원에까지 끌려가 36년 동안 정신착란의 포로가 된 불행한 작가였다.

횔덜린이 주로 사용했던 어둡고 우울한 언어들은 니체 마음에 파고들었다. 니체의 시를 읽고 담임선생님은 다음과 같이 말했다고 한다. "너에게 충고하자면, 건강하고 밝은 독일 시인을 사랑했으면 한다." 그러나 니체가 당시 자유로운 영혼을 구속당한 채 어두운 동굴 같은

▶ 횔덜린

학교생활에서 그나마 인내할 수 있었던 것은 이런 낭만적인 작가들의 글에서 위안을 얻었기 때문이었다.

"새벽 4시에 침실 문이 열리고 늦어도 5시에는 모두 일어나야 한다. 세면장으로 달려가 세수를 하고 모두 기도실로 가야 한다. 그렇게 하루가 시작되었다. 성가와 기도, 그리고 수업, 이렇게 반복된 생활, 찬송과 기도, 수업, 식사 …… 우리는 약간의 휴식을 빼고 계속해서 밤 9시까지 똑같이 움직였다."

니체에게는 감옥과도 같은 생활이었지만 잘 참고 견디었다. 그는 수학만 조금 다른 학생에게 뒤처졌을 뿐, 다른 과목에서는 아주 우수한 학생이었다. 그가 가장 좋아하는 과목은 그리스 고전문학이었다. 그리스 과목을 가르쳤던 선생님은 "특히 플라톤에 대해서는 누구보다 많이 알고 있었고, 필기시험이나 구두시험 모두 성적이 좋았다."고 학생기록부에 기록해 놓았다.

라틴어 선생님 역시 "고전 번역에 탁월한 능력을 지니고 있었고, 작문 실력도 정확하고 분명했음. 라틴어 회화 실력도 뛰어남."이라고 기술했다. 내부적으로는 횔덜린의 영향으로 인해 극도의 우울한 모드로 잠겨 있던 니체는 외부로는 전혀 그런 마음을 표현하지 않고 있었다. 니체의 첫 담임선생님은 신학을 가르쳤는데, 니체는 그를 무척이나 신뢰했고 따랐다. 니체는 집 생각이 날 때마다 그로부터 위로를 받았다.

그 담임선생님이 1861년 8월 갑자기 죽자 니체가 바라보는 세계는 더욱 어두운 빛깔들이었다. 니체는 공부 이외에 수영을 좋아했지만 다른 운동은 별로였다. 그는 눈이 좋지 않아 공으로 하는 운동은 구경하는 것도 지루해했다. 니체의 어머니는 니체가 얌전해서 공부 이외에 다른 것은 별로 하지 않는 착한 학생이라고만 생각했다. 그래서 아들의 건강만 신경 쓰면 모든 것이 잘 풀릴 것이라고 생각했다. 하지만 니체가 갑자기 신에

▶ 비스마르크

대해 도전적이고 도발적인 생각들을 하고 있다는 것을 깨닫는 순간 아들의 미래에 대해 막연하게 불안을 갖기 시작했다.

당시 니체는 그리스 사회를 지배했던 그 많은 미적 가치가 중세 서구 사회를 지배했던 기독교로 인해 황폐하게 됐다고 생각했다. 자유 정신을 가진 인간들을 신의 노예로 만든 기독교 사상을 극도로 혐오하기 시작했다. 1862년에서 1864년까지 니체가 대학을 들어가기 전, 독일은 통일독일의 막중한 과제를 안고 비스마르크 정권이 탄생했다. 그 무렵 독일은 두 개의 세계관이 대립하고 있던 상황이었다. 하나는 프랑스 혁명 사상으로 대변되는 새로운 세계관과 다른 하나는 과거의 체제를 유지하고 민족적 자각을 일깨우는 강력한 보수화 물결이 그것이었다. 1862년 7월, 니체는 단편소설을 습작하기도 했으며 루소의 《에밀》을 읽으면서 여름 방학을 보냈다. 루소의 글을 읽고 니체는 어머니를 비롯한 학교생활 전반에 걸쳐 심한 반항심을 품었다. 그는 그때부터 친구들과 예술가의 삶을 이야기하면서 술을 마셨다. 1863년 학생 생활기록부에 의하면 니체는 일요일에 친구들과 학교 근처에 있는 술집에서 술을 마시고 취해서 돌아오다 선생님에게 발각되어 벌을

받기도 했다.

1863년 4월 어머니에게 보낸 편지에서 그는 "음악을 듣지 못하는 곳에서는 모든 것이 죽은 것처럼 생각됩니다."라고 썼다. 니체는 음악을 사랑하지 못하는 사람은 짐승에 가깝다고 말할 정도로 음악을 사랑했다. 그는 고전음악을 사랑했고, 현대음악은 싫어했다. 니체는 한때 음악을 하며 살아갈 생각도 했다. 실제로 대학 1학년 때는 슈만에 푹 빠져 그와 비슷한 음악을 작곡하기도 했다. 슈만이 갑자기 강물로 뛰어들어 자살을 기도했던 것도 정신질환이었다. 젊은 시절 니체가 좋아했던 작가들 대부분이 이처럼 정신질환을 앓았다는 것이 단순한 우연함일까?

1864년 8월 대학입학자격 시험에 합격했다. 그해 10월 본 대학에서 신학과 고전문헌학 공부를 시작했다. 니체는 신입생 시절부터 자기는 학문을 통해 먹고사는 문제를 해결해야 한다고 생각했다. 한때 음악을 할 것인가 아니면 다른 길을 모색할 것인가 고민하던 시절도 있었다. 그렇다고 할아버지와 아버지처럼 가문의 전통인 신학을 공부할 생각은 전혀 없었다. 어머니의 간곡한 희망과 기대에도 그는 기독교 사상에 염증을 갖고 있던 그는 정신적으로 방황을 하고 있었다. 그 무렵, 니체는 자신의 미래를 음악가와 문학, 아니면 고전문헌학 교수이 세 가지의 길을 놓고 고민했다. 적어도 쇼펜하우어의 《의지와 표상으로서의 세계》를 접하기 전까지는 말이다.

니체는 대학 신입생 시절 다른 학생들보다 용돈을 많이 쓴 편이었다. 그는 서클 모임도 주도적으로 이끌어나갔으며 음악과 연극관람에 많은 돈을 투자했다. 그리고 1865년 대학 2학년 때, 어머니는 니체가 무척 다른 사람으로 변해 있다는 것을 감지하고 있었다. 음주로 몸이 불어났고 그 과거의 온순함과 착함이 완전히 사라진 것이었다.

어머니가 신학 공부를 해서 아버지가 걸었던 목사가 되길 원했지만 니체는 단호하게 거절했다. 그리고 예수의 이야기가 거짓과 위선으로 가득 차 있다며 자신이 기독교를 버린 이유를 어머니에게 설명했다. 과격한 언어들로 적힌 아들의 편지를 받는 순간 어머니는 엄청난 충격을 받았다. 정신이 이상한 아들이 아버지, 할아버지로부터 내려오던 존경받는 목사님 집안이란 전통이 깨지게 생겼기 때문에 어머니 비통함은 대단히 컸다. 다행히 로잘리 고모의 중재로 두 사람 사이에 위험한 대립은 끝이 났다. 니체는 깨달았다. 자신의 어머니는 자기 신념을 절대 바꾸지 않을 여자이고, 자신도 생각을 바꾸지 않을 것이란 사실을. 그래서 니체는 어머니와 신의 존재에 대해 논쟁하지 않겠다고 다짐을 했다.

니체의 목표는 문헌학을 공부하는 것이고 그것은 문헌학 자체가 목표가 아니라 지식을 얻기 위한 수단으로 선택했다고 어머니를 이해시켰다. 그리고 그는 더는 신학과 관련된 서클활동에 나가지 않겠다고 선언했다. 니체의 대학 시절 가장 친한 친구는 무스하케였다. 그의 아버지는 고등학교 교사였으며 니체에게는 좋은 인상을 준 어른이었다.

《니체》 이보 프렌첼 지음/강대석 옮김/한길사

쇼펜하우어 책에서 어떤 악마의 목소리를 들었다

1865년 8월 두 사람은 나움부르크에서 멀지 않은 라이프치히 대학

▶ 니체의 지도교수 리츨, 니체가 그를 만난 것은 행운이었다.

▶ 대학생 시절 니체

으로 배움의 터전을 옮겼다. 그 도시는 음악가 헨델, 철학자 라이프니치가 활동하던 곳이고 또한 괴테의 《파우스트》가 탄생했던 도시이기도 하다. 니체는 라이프치히 도시의 고서점 주인집에 방을 구했다. 라이프치히로 온 지 얼마 지나지 않은 1865년 10월의 어느 날, 니체는 헌책방을 들렀다가 그곳에서 쇼펜하우어의 대표적인 저서 《의지와 표상으로서의 세계》를 발견하였다. 니체는 그 책을 보는 순간 흥분했다. 그는 책을 펼치는 순간 어떤 악마가 그에게 속삭이는 듯한 착각에 빠져 책을 읽었다. 니체는 당시 새벽 2시에 잠이 들었고, 다시 새벽 6시에 일어났다. 신경은 날카로웠지만 정신은 한없이 강해졌다. 니체는 이틀 동안 집에 틀어 박혀 쇼펜하우어의 책을 읽으며 그에게 푹 빠졌다.

　1865년 12월 4일 리츨 교수는 니체와 몇몇 학생을 만나 문헌학 학회를 만들어 연구해보라고 권했다. 1866년 2월 24일, 리츨 교수는 니체를 연구실로 불렀다. "자네 문헌학 공부를 얼마나 했지? 내가 보기에 글 쓰는 태도나 조사 방법이 확실하고 엄격하네. 아주 마음에 들어. 한번 깊게 공부를 해 보게." 니체는 리츨 교수의 칭찬을 들은 뒤 하늘로 솟구치는 듯한 느낌을 받았다고 표현했다. 니체는 리츨 교수가 인정하는 특별한 제자가 된 것이다. 한편 스물두 살의 니체는 학문에 대한 욕심만큼이나 자기 안에 숨어 있는 감성에도 충실했다. 니체는 그 무렵 '라베'라는 여배우를 좋아했다. 하지만 그녀에 대한 사랑은 이루어질 수 없는 풋사랑이었고, 니체는 성욕을 거리의 여자에게 풀었다. 이때 니체는 매독에 감염됐다고 한다.

그해 문헌학을 공부하면서 니체는 자기 뿌리를 찾으려는 노력했다. 그리고 니체는 자기 가문이 '니츠키'라는 폴란드 왕으로부터 귀족 칭호를 받은 인물에서 시작됐다는 점도 밝혀냈다.《니체 평전》강대식 지음/한얼미디어 쇼펜하우어에게 반해 있던 니체는 프리드리히 알버트 랑게의《유물론의 역사와 그 현대적 의미에 대한 비판》이란 책을 읽었다. 그는 독일 관념론 철학자이며 "칸트로 돌아가자"고 주장하던 칸트학파였다. 그러니까 자연스럽게 칸트에 관련된 책도 두루 읽었다.

한편 니체가 대학을 다니던 시절 독일은 국가 통일을 지향하는 움직임이 활발했다. 중세 봉건주의를 청산하고 새로운 사회질서를 구축하려고 했다. 독일에서 시민혁명이 1848년 일어났지만 실패하였고 근대 시민사회로 발전은 이웃나라보다 더 늦어지고 있었다. 니체는 루소의《사회계약론》이란 책에 비판이었고, 다른 프랑스 계몽주의자들에게도 마찬가지 입장을 보였다. 니체는 '혁명'에 호의적이지 않았으며 나폴레옹을 영웅으로 만든 것 이외에 그 혁명이 한 것이 무엇이냐고 비웃기까지 했다.《헤겔에서 니체로》카를 뢰비트 지음/강학철 옮김/민음사

1867년 마르크스의 자본론 1권이 출간된 해이지만 니체는 독일 통일 전쟁에 참가한다. 1867년 9월 26일 니체는 징병검사를 받고 합격했다. 니체는 군대 입대하기 전 그동안 자신이 공부했던 주제들을 가지고 문헌학회 논문현상모집에 투고를 했다. 논문의 제목은 '너 자신이 되어라'였다. 이것은 나중에 '차라투스트라'의 토대이기도 했다. 니체는 당시 문헌학회가 고전을 너무 소홀히 하고 있다고 비난하면서 그리스 문화의 상반된 두 가지 주제를 가지고 자신의 주장을 펼쳤다. 니

체가 보는 그리스 문화는 디오니소스적인 것과 아폴론적인 것으로 대비시켜 바라보았고, 학계에서는 아주 호기심을 불러일으킨 주제였다.

니체는 고향으로 돌아와 1867년 10월 9일 포병부대 기마병으로 자원입대를 했다. 니체는 약 5개월 동안 군생활을 했으며 그에게는 군복이 잘 어울렸다. 그런데 승마 훈련을 하던 도중 말에서 떨어졌다. 그 사고로 가슴을 다쳤으며 시력이 더 나빠졌다. 니체 건강이 고등학교 시절부터 좋지 않은 것은 사실이지만 그것은 신경이 예민한 학생들의 엄살이었다. 그가 정말로 몸에 이상을 느끼기 시작한 때는 1868년 낙마사고부터였다. 그리고 21년이 지난 1889년 이탈리아 토리노 광장에서 갑자기 마차에 뛰어들어 말과 함께 울부짖으며 그는 미쳐버린 것이다. 말(言)과 함께 정신 이상이 시작됐고 말(馬)과 함께 완전 미쳐버린 것이니 니체와 말 사이에 무슨 수수께끼 같은 비밀이 숨어 있는 것일까?

건강했던 니체는 이때 부상으로 열흘 동안 누워 지냈다. 그가 파리 병원에서 치료를 받고 있을 때 니체를 본 사람들은 마치 '학처럼 말랐다.'고 표현했다. 말에서 떨어진 충격으로 그의 뇌에 잠복해 있던 어떤 나쁜 기운이 그를 괴롭혔을지 모른다. 그때부터 그는 건강이 좋지 않다는 말을 자주 했다고 한다. 그는 결국 부상으로 군복을 벗었다.

바그너를 만나 쇼펜하우어를 이야기하다

1868년 말에 스위스 바젤 대학에서 문헌학 교수를 구한다는 소식은 니체에게 아주 좋은 소식이었다. 니체는 대학을 졸업하기 전이었지만 리츨 교수의 추천으로 그 대학의 문헌학 교수로 채용된다. 니체의 교수 임용은 대단히 파격적인 조치였으며 그로서는 운이 좋았다. 친구들의 축하가 있었지만 더러는 그가 너무 과분한 직책을 받았다고 조롱하는 사람도 있었다. 물론 그런 조롱을 한 친구는 그와 절교 선언을 답례로 받아야 했다. 한편 바그너가 코지마와 잠시 라이프치히를 방문한 적이 있는데 이때 니체는 학생 신분으로 그를 만나 서로

▶ 1867년 군에 자원입대했을 때 니체의 모습

잠시 대화를 나눈 뒤 바그너의 매력에 빠져들었다고 한다.

1869년 4월, 니체 나이 고작 스물다섯 살, 그는 바젤 대학 고전문헌학 교수로 삶을 시작했다. 어머니에게는 자신이 부릴 수 있는 하인 한 명을 알아봐 달라는 말을 했다가 거절당한다. 그것은 사치스런 행동이란 것이 어머니의 거절 이유였다. 불과 스물다섯이란 나이에 무엇이 불편해서 하인을 둔다고 했는지, 니체의 사치와 허위의식을 느낄 수 있다. 니체는 스위스 바젤에서 아름다운 모습을 한껏 누리며 사람들과 친해지려고 사교 모임에도 자주 나갔다.

1869년 5월 15일 니체는 바그너가 머물고 있던 별장을 찾아갔다. 바그너는 교수가 되어 자기 앞에 나타난 니체를 좋아하며 반갑게 맞이했다. 바그너는 1년 전에 본 니체의 눈빛을 기억하고 있었다. 니체 눈에서 뿜어져나오는 사람을 압도하는 광기를 음악가 바그너는 감지했던 것이다.

니체는 스위스에서 교수 생활을 하며 바그너에 푹 빠져 살았다. 니체는 쇼펜하우어에게서 받은 감수성을 이제 독일의 영광된 통일을 재

현할 혁명적인 음악가 바그너에게로 옮겨가고 있었다. 바그너는 1813년 라이프치히에서 태어난 사람이다. 아버지는 법원서기였고, 바그너가 태어난 지 6개월 만에 죽었다. 어머니는 빵집 딸이었다. 하지만 그녀에 관한 출생의 비밀은 여러 가지다. 바그너에 대한 유년시절 기록은 정확한 것이 별로 없다. 하지만 그가 역사에 얼굴을 내민 것은 바쿠닌이 주도했던 1848년 드레스덴 시청 민중봉기 현장에서다. 시청 관현악단 지휘자로 반란에 참가한 바그너는 정부군의 포위망을 뚫고 스위스로 도망을 쳤다. 나중에 조국을 배반한 적이 없고 다만 바쿠닌의 음모로 반란에 휩싸인 것이라고 자신의 젊은 시절 혁명가적 삶을 부인했다.

아무튼 여러 정황으로 보면 젊은 시절 혁명을 꿈꾸었던 바그너가 1854년 쇼펜하우어의 《의지와 표상으로서의 세계》를 읽고 삶의 터닝 포인트를 찾은 것이다. 쇼펜하우어로 그는 음악으로 세상을 바꿀 수 있다는 확신을 갖게 된다. 1861년 바그너는 오랜 추방생활에서 풀려나 프로이센에서 음악 활동을 다시 할 수 있었다. 국왕 루트비히 2세는 바그너의 오페라에 열렬한 숭배자였다. 1866년 바그너는 아내가 병으로 사망하자 친구인 리스트의 딸이자 지휘자 뷜로우의 부인인 코지마를 사랑하게 되었고 그녀가 이혼을 하자 곧바로 결혼을 했다.

스위스에서는 바그너 말고도 다양한 사람들이 넘쳐나던 시기였다. 물론 러시아 혁명가 바쿠닌도 그 무렵 스위스 바젤에 있었다. 바쿠닌이 스물한 살의 네차예프를 만나 폭력적인 무정부 투쟁을 고취하던 때도 그 시절이었다. 그리고 그해 9월 제4차 인터내셔널 대회가 스위스 바젤에서 열렸다.

그런 공산주의자들 움직임은 니체의 관심밖이었다. 니체는 매주 일요일만 되면 바그너 집에 찾아가곤 했다. 코지마의 아름다움도 바그너 집을 자주 찾는 이유 가운데 하나였다. 바젤 대학에서 니체는 열심히 강의를 했으며 그 노력으로 1870년 3월 정교수로 승진했다. 그해 봄, 니체는 어머니와 여동생을 바젤로 초청하여 성공한 자신의 모습을 보여주었다. 그러나 니체가 다시 역사의 현장에서 자기 육체를 바쳐야 할 순간이 왔다.

1870년 7월 19일 독일은 프랑스에 전쟁을 선포했다. 철혈수상 비스마르크는 유럽의 패권과 통일 독일을 위해 프랑스를 넘어야 했다. 이 전쟁은 두 국가에 운명이 걸린 아주 중요한 순간이었다. 이 전쟁에서 프랑스가 지자 1871년 7월 혁명이 일어났고 파리 코뮌이 등장했다. 당시 독일은 이 전쟁에서 승리하면서 그동안 분열되었던 나라를 게르만 민족 중심으로 뭉쳐 더 강력한 국가로 나가는 출발점에 서 있었다.

니체는 피셔 교수에게 전쟁에 참가할 수 있게 해 달라는 청원서를 제출했다. 학교 당국은 전쟁 참가를 허락하지만 다만 전투병이 아닌 간호병이어야 한다는 조항을 넣고 허락했다. 니체가 파견된 곳은 프랑스 도시 메츠였다. 그는 그곳에서 간호병으로 참가했고 수많은 주검을 목격했다. 니체는 이미 과거 전쟁 참가에서 부상을 당했기에 건강이 좋지 않았기에 이번 참전은 그에게 치명적인 결과를 가져왔다.

니체는 전쟁 기간에 이질과 디프테리아에 걸려 위장까지 손상되었다. 의사는 니체에게 1년 정도 요양을 해야 한다는 진단을 내렸지만 그는 곧바로 강의를 시작했다. 그리고 얼마 뒤 황달과 장염 증세, 그리고 불면증으로 더 큰 고통에 시달렸다. 결국 니체는 여동생과 이탈리아로 요양을 떠났다. 니체는 요양 중에 《비극의 탄생》[89]이란 책을 출간했다. 니체는 이 책의 서문을 바그너에 대한 편지로 대신하고 있다.

"존경하는 벗이여! 당신이 이 책을 받아볼 무렵 당신의 얼굴을 그려봅니다. 당신은 아마도 겨울철 눈 속의 저녁 산책에서 돌아온 후 책 표지에 그려진 쇠사슬에 풀려난 프로메테우스를 보고 있겠지요. 그리고 내 이름을 보고 당신은 나와 대화한 것을 상기하실 겁니다. 그 대화가 모두 여기 적혀 있다고 생각하면 됩니다.(중략) 내가 당신의 정신에 따라 예술이 이 삶의 최고의 과제, 본래 형이상학적 행위라고 확신하고 있다는 것을 알아주시길 바랍니다."

니체의 당돌한 서문, 30년의 연상인 음악가 바그너에게 친구처럼 편지를 쓴 것을 보면 그의 학문에 대한, 혹은 지적 탐구에 대한 도덕적 관념은 항상 나이를 초월한 듯 보인다. 니체는 그 책에서 그리스 정신의 두 개의 세계, '디오니소스적인 것과 아폴론적인 세계'에 대해 이야기하면서 쇼펜하우어의 예술철학이 그리스 정신과 만나 세계를 구원할 수 있다고 주장했다. 《비극의 탄생》은 니체를 알고 싶어 하는 사람에게는 필독서다.

문헌학 교수가 되고 처음으로 그의 작품이 세상 사람들을 놀라게 한 것이다. 바그너는 이 작품을 읽고 흥분되어 정신을 차릴 수 없다고 극찬한 반면, 그가 속했던 문헌학계에서는 난센스라고 혹평했다. 니체를 좋아했던 리츨 교수는 "그가 술에 취해 아무렇게나 쓴 글이다."라고 혹평했다. 학계가 왜 그토록 그를 미워했을까? 니체는 비평과 평론이 사라진 학계, 지식만 나열하는 학계를 비판하고 "문헌학자들은 마치 공장노동자와 같다."고 비난했다. 또한 칸트와 쇼펜하우어의 비범한 용기와 지혜가 가장 힘든 승리를 쟁취했다고 주장했다. 프랑스 문화가 독일을 압도한 것은 민족과 문화가 일체가 되었기 때문이라고 주장하고 독일이 종교개혁을 이룩한 것처럼 독일이 프랑스에 앞설 수 있는 것은 신화 재창조에서 얻게 될 것이라고 강조했다.(《비극의 탄생》르리드리히 니체 지음/박찬국 옮김/아카넷

아무튼 그의 책 출간은 독일 지식인들과 상류사회에서 큰 관심을 불러일으켰다. 그리고 철학자 니체를 세상에 알리는 계기가 되었다. 그 가운데 노동운동과 여성운동을 하던 말비다 폰 마이젠부크 같은 여성은 "이 책을 바그너 부인 코지마에게 소개받고 읽은 뒤 작가의 시적 감각과 매혹적인 문장에 감명을 받았다."고 감탄했다. 그녀는 독일의 유서 깊은 가문 출신으로 1848년 혁명에 깊이 관여하고 있었기 때문에 로마로 망명하여 생활하고 있었다. 그녀의 살롱은 여러 나라 작가, 정치가의 모임 장소였다. 그녀는 많은 유망한 젊은이를 지원하였고, 니체도 그녀의 도움을 많이 받았다.

그러나 니체는 열렬히 좋아했던 바그너에게 갑작스럽게 실망을 하고 돌아선다. 1876년 8월 13일 바이로이트 축제기간 니체는 새로 건립된 극장에 실망감을 표했다. 바그너가 갑자기 너무 정치적으로 자신을 이용한다고 생각했다. 그날 많은 귀족과 예술가가 바이로이트에 모였는데 황제에게 많은 돈을 받았다는 말을 듣고 니체는 그만 바이로이트를 떠나버렸다.(루트비히 2세는 바그너가 스위스 망명생활에서 진 빚을 다 갚아주었고, 또한 바이로이트 극장을 건립하는 데 너무 많은 돈을 써 재정이 고갈될 정도였다고 한다.) 니체에게는 그 축제가 부자들과 권력자들의 축제가 되어서는 안 된다고 생각했다. 오히려 가난하고 불쌍

한 민중이 중심이 되어야 한다고 생각했다. 니체는 싸늘하게 바그너에게서 돌아서버린다.

니체는 바그너와 결별 이유를《인간적인 너무나 인간적인》[90]에서 예술의 타락, 현실에 안주하려는 예술가의 잘못을 통렬히 비판하며 바그너를 우회적으로 비난했다. 물론 바그너라는 이름은 달지 않았지만 많은 사람은 그것이 바그너라는 것을 알고 있었다. 니체는 그리스 문학과 철학에서 자신의 이상을 찾으려고 했고 플라톤 이전 철학자인 데모크리토스나 헤라클레이토스를 기반해 새로운 생각으로 무장하려 했다. 니체는 그리스 철학에서 플라톤 철학을 높이 고양시켜야 했음에도 불구하고 소크라테스로 빠져든 것이 인류의 불행이라고 주장했다. 니체는 소크라테스의 자기부정이 인류를 화합이 아닌 전쟁과 치열한 경쟁의식으로 내몰았다고 생각했다.

니체는 그 무렵 파울 레라는 친구와 긴밀하게 관계하고 있었다. 그는 니체보다 4살이 어렸지만 그의 짧은 저술《심리학적 고찰》을 읽고 젊은 대학원생에게 호감을 갖고 있었다. 마이젠부크 여사의 도움으로 니체와 레, 그리고 니체의 제자였던 브레너라는 대학생 세 명이 함께 참가하는 세미나를 그녀의 별장에서 열기도 했다. 그들은 오전에는 각자 자기 일을 했고, 오후에는 함께 산책을 했으며 저녁에는 주제를 정하고 토론을 했다. 당시 부인을 포함한 네 사람은 각자 자기 책을 쓰고 있었는데 마이젠부크 여사는《노부인의 회상》, 니체는《인간적인 너무나 인간적인》, 레는《도덕성의 근원》을 브레너는 소설《불타는 심장》을 각각 집필하고 있었다.

니체가 사람을 사로잡는 최초의 것은 고독이었다

1879년 5월, 니체는 건강이 악화되어 더는 교수직을 수행할 수 없다고 판단하고 바젤 대학에 사직서를 제출했다. 그의 사직서는 받아들여졌고 니체는 여러 곳을 전전하면서 글을 쓰는 일에 전념했다. 그 무렵 《인간적인 너무나 인간적인》이 출간되었고, 결과적으로 바그너와 완전히 결별하게 되었다. 바그너 때문에 니체는 처음에는 책을 익명으로 출간하려고 했지만 그렇게 하지 않았다. 그는 '자유로운 정신을 위해'라는 말을 부제로 볼테르 서거 100주기를 기념한다고 그 책 출간의 의미를 적기도 했다. 책이 출판되던 날 누군가 볼테르 흉상을 보내왔다.

짧게는 한 줄에서 길게는 서너 쪽에 이르는 독립적인 단편 630개로 구성돼 있는 이 책은 니체가 자신의 자유로운 사상을 솔직하게 서술한 책이다. 그는 이 책에서 종교적 편견에서 해방되어 인간 정신의 참된 자유를 쟁취하자고 호소했다. 그러나 이 무렵 니체의 편지들은 대개 우울한 소식이었다. 안타까운 마음에 마이젠부크 여사는 니체를 로마로 서둘러 불러들였다. 그녀는 니체의 제자와 친구, 더 나아가 그의 아내가 될 아름다운 아가씨가 있다고 니체에게 편지를 썼다. 루 살로메 역시 로마에서 잘 생기고 멋진 젊은 철학 교수 한 명을 소개시켜 주겠다는 마이젠부크의 말을 믿고 그녀의 별장으로 왔다. 이렇게 해서 두 사람은 만나게 됐다. 루 살로메는 니체를 처음 보고 다음과 같은 인상기를 남겼다.

"니체가 사람을 사로잡는 최초의 것은 고독이었다. 키는 크지 않았지만

▶ 니체를 만날 무렵, 루 살로메 모습

잘 손질된 옷을 차려입었고 조용한 표정에 섬세한 인상은 콧수염과 잘 어울렸다. 그의 웃음소리는 나직했으며 말소리는 명료했다. 걸음걸이는 조심스러웠고, 생각에 잠긴 듯 어깨가 약간 앞으로 굽은 듯했다. (중략) 그가 일단 대화에 빠져들면 눈에서는 광채가 나왔다. 그러다가 그가 갑자기 고독에 잠기면 그 우울한 빛깔은 너무도 무거워 거의 위협적이었다. 그는 사람을 사귈 때 고상함을 좋아했으며 가면극 같은 일상의 표현, 내면의 삶을 은폐하기 위한 외투와 가면을 즐겨 입은 듯하다. 내가 니체와 처음 만난 것은 로마의 베드로 성당에서였다. 처음에 그는 너무 형식적으로 꾸미고 있어 실망했지만 나중에는 그의 내면의 밝은 빛을 보고 빠져들었다. 그는 너무나 많은 고통을 혼자 감내하고 있는지 눈빛이 슬퍼보였다. 시선은 어느 곳을 향하고 있었는데, 나는 그곳이 어딘지 잘 몰랐다."《나의 길 사랑의 길》루 살로메 지음/송영택 옮김/문예출판사

니체는《차라투스트라는 이렇게 말했다》에서 루 살로메의 이런 인상기에 답하는 글이 있다. "고독이 나를 고래처럼 삼켜버렸기에 그들이 실망했던가?" 루 살로메가 그토록 부담스러워했던 '고독'이란 단어에 대해 니체가 답변하는 말을 그 책에 적어놓고 있다. 사람의 그 심연의 고독을 간파할 줄 아는 놀라운 통찰력, 그것은 분명 평범한 사람에게는 상대를 짓누르는 어색함을 비롯해, 상대를 힘들게 하는 그 무엇이 있었던 것이다.

1881년 니체는 《서광》[91]이란 책을 쓰고 이렇게 말했다. "지금까지 내가 한 엄청난 양의 일에 비해 나의 신경조직은 아주 양호하다." 루 살로메를 만날 무렵 니체의 정신은 최고조였다. 니체는 이때부터 자신의 사상을 이해하기 위해서는 적어도 100년은 지나야 한다고 스스로 위로했다. 그런 고독함을 잔뜩 안고 있던 철학자에게 나타난 사람이 바로 루 살로메였다. 살로메는 '고통이여'라는 시를 니체에게 보여주었고 니체는 너무 과하게 칭찬을 했다. 루 살로메를 좋아하는 사람들에게는 미안하지만 그녀는 놀라운 필력의 소유자는 아니다.

하지만 그런 사람들이 있다. 자신은 대단하지 않지만 다른 사람을 크게 성장시키는 사람, 루 살로메가 그런 사람을 대표한다. 루 살로메를 거친 사내들 가운데 니체를 비롯해, 릴케와 프로이트는 모두 한 시대 자기 분야 최고를 자랑하는 인물이 되지 않았는가. 그리고 그들이 정신적으로 가장 예민하던 시기에 그녀가 나타나 놀라운 영감과 기를 불어넣어 주고 사라졌다. 니체는 루에게 두 번이나 청혼을 했다. 한번은 로마에서 그리고 두 번째는 취리히에서였다. 그러나 그녀는 두 번 모두 거절했다. 루 살로메와 니체가 헤어진 원인을 사람들은 니체의 여동생으로 돌리려고 했다. 하지만 사실 루 살로메는 니체의 그 무거움이 더 견디기 힘들었다고 고백했다.

그녀는 아직 결혼이란 것에 관심이 없었는데 이 철학자는 무슨 결혼을 논문 한 편 쓰는 일처럼 생각하고 있으니, 또한 자기 이상형도 아니었다. 그럼 루 살로메의 이상형은 누구였을까? 릴케, 혹은 프로이트, 아니면 그녀가 마지못해 결혼했던 남편이었을까? 분명한 것은 루 살로메는 남자들을 자기 것으로 만들려는데 그 나름 재미를 느끼고 있었지, 결혼을 원했던 여자는 아니었다. 그녀의 삶에 무수히 많은 지적(知的)인 남자가 들어왔다가 나갔고 어떤 사내는 자살로 삶을 마감했지만 그녀는 어느 한 곳, 적어도 사랑만큼은 정차하지 않는 기차 같았다.

그렇지만 니체 역시, 루 살로메에게 그토록 매달렸던 자신의 행동이 루 살로메에게는 서운하게 들릴지 몰라도, 그 당시에 누구라도 니체를 만났다면 청혼의 집요한 공격을 받았을 것이란 것을 추측하게 하는 일이 있었다. 니체의 비밀일기에 보면, 1876년 5월 건강을 위해 제네바에서 머물던 니체는 호반에서 네덜란드 처녀를 만났다. 당시 그의 정신에 이상증후가 하나씩 발견되기 시작할 때였다. 그 처녀는 니체에게 롱펠로의 시를 낭송해주었다. 그때 갑자기 니체는 그녀에게 청혼을 했다. "제네바에 있을 때 나는 한 네덜란드 여인에게 만난 지 불과 수 시간 만에 청혼을 했다. 그때 나는 이 경솔한 청혼을 그녀가 받아들일까봐 잔뜩 겁을 먹고 있었다. 그때 나는 바그너적인 로맨틱한 기분으로 한 일이지만 다행히 네덜란드 여인은 나를 거절했다. 이얼마나 다행한 일인가." 또한 비밀일기 다른 부분을 보면 그는 루 살로메의 옷차림에 대해 이야기하였다.

"그녀의 옷차림은 단순하다. 그런데 그녀의 그런 단순함이 오히려 그녀의 육체가 지닌 요염한 윤곽을 더욱 돋보이게 한다. 그녀는 헬레네의 도발적 몸매를 갖고 있었다. 그리고 그녀의 행동은 아프로디테의 신비로운 의식을 위한 열정을 불러내는 신호이기도 했다."

이 글로 생각할 수 있는 것은 니체는 루 살로메의 형상만을 사랑했지 그녀의 내면까지 사랑했던 것은 아닌 듯하다. 하지만 아무리 우연성을 강조해도 두 사람의 관계는 많은 사람이 알고 있듯이 새로운 철학을 예고하는 만남이었다. 니체는 루 살로메에게 그리스 여신의 향기를 느끼고 있었고, 그녀를 만날 무렵 정신적으로 가장 고양된 순간을 만끽하고 있었다. 루 살로메와 사귄 남자들 가운데 릴케가 그렇고 프로이트가 그렇듯이 그녀를 통해 남자들은 재탄생을 경험했다. 물론 그 말에 가장 적합한 사람은 릴케이고 프로이트 역시 그녀를 통해 자기 연구 분야에 더 깊이 침잠할 수 있었다. 그렇다면 그녀 내면에는 학문을 발전시키는 그리스 기운이 가득했다는 말인가?

1883년 니체는 《차라투스트라는 이렇게 말했다》를 저술하기 시작했다. 루 살로메에 대한 실연의 아픔을 지닌 채, 니체는 1883년 2월 3일부터 시작해 2월 13일까지 단 10일 만에 《차라투스트라는 이렇게 말했다》 1권을 썼다. 그리고 그 날 우연히 신문을 보다가 니체는 바그너의 사망 소식을 알게 된다. 차라투스트라가 탄생하는 날 바그너의 죽음이라, 참 기막힌 탄생과 종말인 셈이다. 또한 바그너가 죽은 뒤 한 달 후, 1883년 3월 14일 마르크스도 죽었다. 물론 마르크스 죽음이야 니체의 관심 밖이었지만, 어쨌든 차라투스트라의 탄생과 그들의 죽음과는 전혀 별개의 일만은 아닌 듯했다.

차라투스트라가 부분적으로 출간되었지만 처음에는 반응이 전무했다. 이 책을 읽는 사람은 거의 없었고 이해하는 사람도 역시 없었다. 오히려 마르크스가 죽자 《자본론》이 유럽 대륙을 넘어 러시아까지 전파되고 있었다. 시대는 혁명적인 것들을 좋아하고 있었지 니체적인 요소들은 전혀 관심 밖의 일이었다. 니체도 그러한 시대 흐름을 알고 있었다. 아직 때가 오지 않았다는 것을.

1883년 말, 니체는 프랑스 해안도시이자, 모나코에 붙어 있는 그림처럼 아름다운 도시 니스에 있었다. 그곳에서 차라투스트라 3권을 쓰고 있었다. 겨울에도 이곳 날씨는 따뜻해서 두통이 심하지 않았다. 그는 바젤 대학으로부터 교수 퇴직 연금을 받고 있어 경제적으로 쪼들리지 않았지만 항상 자신의 책을 자비로 출판해야 한다는 생각에 검소하게 생활했다. 그래서 날씨가 추운 날에도 난로 없이 지냈다. 당시 니체는 여동생에게 자신의 책을 다 이해할 수 있는 사람은 여러 세대가 지나야 할 것 같다며 오히려 자기 책을 잘못 이해하는 것이 더 염려스럽다고 말한 적도 있다.

1884년 3월, 니체는 다른 사람에게서 그의 여동생 엘리자베트의 약혼 소식을 듣는다. 니체는 곧바로 여동생에게 비난의 편지를 보냈다. 그것은 잘못된 결정이고 자신을 배신한 행위라고, 왜냐하면 여동생 배우자가 반유대주의자이며 독일식민주의 국가를 건설해야 한다고 주장한 극단적 보주수주의자였기 때문이다. 그는 여동생에게 결혼을 하려고 하는 사내는 자기가 싸우고 있는 존재들과 같은 부류의 인간이라고 주장하며 불쾌하게 여겼다. 니체는 여동생의 결혼으로 그녀에게도 버림받은 존재라고 생각했다.

1884년 4월 니체는 베니스로 갔다. 기분전환이 목적이었다. 또한 그해 6월에는 바젤과 취리히로 여행을 떠났다. 그 무렵 니체는 여러 음악애호가 여성들과 교제를 했다. 1884년 8월에는 코지마가 바그너와 니체를 화해시키려고 슈타인을 통해 만나자는 연락이 왔다. 슈타인은 당시 니체가 가장 아끼는 제자였다. 그는 니체와 비슷하게 우울하고 침착한 젊은이였다. 그러나 불발로 끝났다. 1884년 9월, 여동생이 그를 찾아와서 자신의 결혼에 대한 설명을 장황하게 늘어놓았고,

니체는 흔쾌하게 승낙했다. 1885년 여동생 부부가 파라과이로 가기 전에 오빠의 건강을 염려했다. 그 무렵 여동생과 어머니는 니체가 라이프치히 대학에 혹 교수자리가 있을까 문의를 했지만 그 대학 총장은 니체의 반기독교적인 시각 때문에 그의 교수 취임을 정부가 허락하지 않을 것이라고 했다. 《차라투스트라는 이렇게 말했다》 마지막 4권을 자비로 출판했다. 돈이 없어서 40권만 인쇄했다.

1886년 니체는 《선악의 피안》[92]을 집필했다. 그러나 한동안 출판해 줄 출판사를 찾지 못해 고생했다. 그렇지만 니체는 《즐거운 학문》[93]을 집필했으며 《도덕적 계보》[94]를 썼다. 정신은 자꾸 이상해지는데 필력은 신기를 머금은 듯 활발하게 움직였다. 니체의 가장 큰 수수께끼는 이것이다. 그처럼 힘든 상황에서 초인과 같은 힘으로 그 많은 책을 썼다는 것이다.

1888년 초에도 니체는 니스에 머물러 있었다. 당시 그는 《권력에의 의지》[95]를 쓰고 있었고, 그의 저술들은 언론이 철저히 외면하고 있었다. 그는 친구들에게 "나는 지금 마흔 중반인데, 처음 태어날 때처럼 철저하게 혼자다."라고 호소했다. 1888년 겨울에 니체는 완전히 고독 속에 파묻혀 있었다. 오히려 그를 가장 아끼는 마이젠부크 여사와도 관계를 끊으려 했으며 여동생과도 마찬가지였다.

정신이상과 긴 침묵

1888년 겨울, 니체는 무수한 밤을 불면으로 보냈다. "친구여! 아마도 나의 편지가 너무 가볍다고 생각될지 모르겠네. 하지만 나는 요즘 자꾸 내 가치가 시시각각 변하고 있는 것을 느끼네. 자꾸 바뀌는 내 생각을 정리할 수 없어." 이 메모는 1888년 5월 17일 이탈리아 토리노에서 페터 가스트에게 보낸 편지다. 그는 자꾸 환영과 생각이 동시에 일어나서 일상생활에 불편을 겪고 있었다. 그는 자신의 운명이 어떤 폭풍우에 자꾸 밀려간다고 스스로 생각했고 그런 느낌을 친구들에게 짧은 편지로 표현했다. "나는 혼자 멍청히 1인 연극을 하고 있네. 바보같이 거리에서 한 시간을 혼자서 웃고 있어." 그는 세상이 자기를 알아주지 않는 것에 대해 처절한 고독감과 배신감과 원망을 느끼고 있었다. 토리노 사람들은 니체를 좋아했고 니체도 그곳 사람들의 친절함을 좋아한다고 자신의 글에 적었다.

그러나 절망 끝에 한 줄기 희망이 보이기 시작했다. 그 희망의 소식은 니체 책을 가지고 강의를 하고 싶다는 덴마크의 독문학 교수 게오르그 브란데스의 편지가 온 것이었다. 그는 1888년 봄학기에 코펜하겐 대학에서 니체 책으로 강의를 시작하고 있다는 편지를 보내왔다. 브란데스는 니체에게 "당신의 사상을 많은 사람에게 알리고 싶습니다. 이곳 스칸디나비아에는 당신을 아는 사람이 하나도 없군요. 저는 당신의 글을 읽으면서 열정을 느끼고 있어요. 금세 많은 사람이 열광할 것입니다."라는 편지를 보냈다. 그리고 한 학기가 끝나고 많은 학생이 니체의 책을 좋아한다는 내용의 편지를 보냈다.

하지만 이미 니체의 정신은 파멸로 가고 있었다. 1888년 말, 이탈리아 토리노 사람들은 니체의 이상한 행동, 그러니까 니체가 길을 걷다가 무언가 큰 소리로 고함을 치거나 아니면 길을 깡충깡충 뛴다거나 하는 광경을 자주 목격했다. 그리고 다음 해 그는 처음으로 발작 증세를 일으켰다. 니체는 과대망상의 마지막 단계에 도달한 것이다.

1889년 1월 3일 그는 토리노 카를로 알베르토 광장에서 심각한 발작으로 쓰러졌다. 당시 목격자들의 말을 종합하면 니체는 자기가 머물던 하숙집에서 나오다가 난폭한 마부가 말을 심하게 채찍질하며 마차를 모는 것을 보고, 갑자기 눈물을 흘리며 말에게 쏜살같이 달려가 말의 목을 껴안고 쓰러져버렸다고 한다. 그것은 그의 정신이 붕괴된 것을 의미한다. 그리고 그는 며칠 뒤 바젤의 정신병원에 입원했다.

그렇게 해서 니체의 역사는 끝이 났다. 그의 삶은 그 뒤 11년 동안 암흑 속에서 무엇을 생각했는지 아무도 모른다. 아니, 아무 생각 없이 식물인간 모습 그대로였을지 모른다. 1889년 5월 13일, 어머니는 병원으로부터 가망이 없으니 집으로 데리고 가 간호를 하는 것이 좋겠다는 말을 듣고 지금은 니체의 기념관이 있고, 니체가 고등학교를 다녔던 도시, 나움부르크로 이사를 해서 그곳에서 죽을 때까지 함께 머문다. 어머니는 낮에 같이 산책을 해주었고 저녁에는 책을 읽어주었고 어린 시절 이야기도 들려주었다. 니체가 발병하고 얼마 뒤 여동생도 파라과이에서 돌아왔다. 그녀의 남편이 얼마 전에 사망했기 때문이다.

1889년 1월 9일, 니체의 여동생은 오빠에게 "유태인을 포함한 잡동사니 인간들 말고는 아무도 당신을 믿지 않는데, 당신은 이제 유명해지고 있어요. 그 이유가 무엇일까요?"라는 편지를 보냈다. 니체는 신경마비 증세로 발을 질질 끌며 다녀야 했고 발음도 불완전하여 상대방은 무슨 말인지 잘 모를 때가 많았다. 그런데도 그의 책은 인기를 얻고 있었다. 건강을 잃고 있었지만 책을 통한 수입은 나아지고 있었다. 여동생은 오빠의 모든 판권을 소유했다. 그리고 필요한 경우 그녀는 자기 입맛에 맞게 오빠의 글을 고치기도 했다. 여동생은 게르만 민

▶ 여동생 엘리자베트, 니체와는 보통의 남매 사이보다 더 친밀했고 그래서 이상한 관계로 오해를 받기도 했다. 그녀의 질투심은 오빠와 루살로메가 헤어지는 데 결정적인 역할을 했다.

족의 위대성과 유태인에 대한 증오심을 니체의 글에서 발췌하거나 고치기도 했다. 모두 상업적인 이유 때문이었다.

1889년 1월 6일에 니체는 생전에 마지막이 되는 편지를 부르크하르트 교수에게 보냈다. "존경하는 교수님 저는 결국 신이 되기보다는 바젤 교수가 되었어야 옳았을 것입니다. 저는 개인적인 이기주의로 더 나갈 수 없습니다. (중략) 나는 지난여름에 또 독일 의사에 의해 아주 넌더리나는 방식으로 십자가에 매달렸습니다." 이 글이 니체가 쓴 마지막 편지였다. 이미 편지 중간 중간에는 무슨 말인지 연결도 되지 않는 문장이었고, 정신은 완전하지 않은 상태에서 쓴 글이었다.

이렇게 해서 니체는 1900년 숨을 거둘 때까지 모든 글로 표현하는 일을 일체 하지 못하는 암흑의 시간을 맞게 되었다. 그가 왜 그렇게 갑자기 무너졌을까? 그것에 대한 여러 추측들이 난무하지만 명쾌한 설명은 아직까지 없다. 그는 항상 두통에 시달렸고 잠을 자지 못했다. 그래서 그는 항상 두통과 위경련을 멈추게 하기 위해 다량의 약을 갖고 다녔다. 그래서 니체의 정신이상은 약물남용이라고 보는 견해가 지배적이다. 또한 어떤 사람은 그가 젊은 시절 자주 창녀들과의 관계에서 얻은 매독 때문이라고 말하는 사람도 있다.

1897년 니체의 어머니는 결국 71세 나이로 사망했다. 스물세 살 젊은 나이에 남편이 죽고 아들과 딸 하나를 바라보며 48년을 혼자 산 어머니는 10년 동안 아들을 돌보다가 죽었다. 그렇게 성실하게 살다 간 어머니를 니체는 왜 미워했을까? 여동생은 니체를 괴테와 쉴러가 살았던 작은 도시 바이마르에 주택을 구입하고 그곳으로 데려갔다. 그녀는 오빠때문에 경제적으로 여유가 있었다. 완전 식물인간이나 다름없는 니체는 말없이 그 도시의 숲을 보며 앉아 있었다. 무슨 생각을 하며 살았을까?

▶ 임종 전의 모습

니체를 사랑하는 사람들은 그를 방문하여 위로했지만 그는 말이 없었다. 주로 손님들이 찾아오면 여동생과 이야기를 나누고 헤어졌다. 그의 친구 가운데 한 사람은 "건강할 때 그의 모습은 이제 찾아볼 수 없다. 우리가 본 것은 뇌가 물렁물렁해지는 니체의 모습, 아마도 그의 아버지도 죽는 순간 니체와 같았을 것이다. 그는 눈이 풀리고, 몸은 늘어지고, 사지를 비틀면서 어린아이처럼 있다. 그러나 발산되는 기운은 여전히 광기가 있다. 이런 느낌을 우린 그 어떤 다른 인간에게서 느껴보지 못했다."고 기술했다.

1900년 8월 20일, 니체는 감기에 걸렸고 열이 오르면서 호흡이 어려워졌다. 그리고 곧바로 폐렴 증상이 나타났고, 24일에는 혼수상태에 빠졌다. 8월 25일 새벽 2시, 여동생이 오빠 곁을 지켰지만 아무 말도 하지 못했다. 니체의 공식적인 사망 시각은 1900년 8월 25일 한낮 정오였다. 11년의 투병생활을 끝으로 니체는 20세기가 시작되는 세계와 결별을 했다.

《차라투스트라는 이렇게 말했다》라는 책에 대하여

그의 죽음이 그의 철학을 알리는 시작을 의미했다. 니체의 철학을 대표할 만한 책은 역시 《차라투스트라는 이렇게 말했다》이다. 이 책은 철학책이라기보다는 문학책에 가깝다. 루 살로메에게 실연을 당한 이 천재 철학자는 약 3년에 걸쳐 이 책에 매달렸다. 차라투스트라는 저 높은 곳에서 내려와 뱀, 독수리, 두더지, 독거미 등 동물들과 난쟁이, 현자, 교황 등 많은 동물과 인간을 만나면서 이야기를 전한다. 신은 죽었다고.

이 책 곳곳에는 이해하기 힘든 경구들이 곳곳에 매복하고 있어 정신이상자가 쓴 글이라고 단정하는 사람도 있다. 이 책에서 사람들은 저마다 느끼는 것이 다르다. 문학을 하는 사람은 예술에 대한 열정을 느낄 수 있고, 성공하고 싶은 사람은 '인간 의지와 열정에 대한 무한한 도전'으로 받아들이기도 한다. 종교가들은 '영원회귀'라는 말에 밑줄을 그어가며 볼 것이다.

괴테가 말한 것처럼 니체는 천재다. 보통 사람은 한 번 오는 사춘기 광기를 이 천재는 몇 차례 맞아들였다. 니체의 글을 읽는 사람들은 그의 글에서 울컥 치미는 열정과 광기를 동시에 느낄 수 있는데, 그런 것은 그의 광기를 고스란히 느낄 수 있는 독자들의 예민함도 있겠지만 그보다 작가 스스로 가지고 있는 강렬한 에너지 때문이다. 니체가 쓰러지기 직전 그는 엄청난 글을 썼다. 쓰러지기 전인 1888년, 그는 무려 5권(《바그너의 경우》[96], 《우상의 황혼》[97], 《반 크리스트에 관해》[98], 《이 사람을 보라》[99], 《니체 대 바그너》[100])의 책을 썼다. 보통 사람으로는 절대 불가능한 일이다. 《천재와 광기》[101]라는 책을 쓴 필리프 브루노는

"천재는 불안과 광기, 그리고 우울증을 극대화시켜 그 위기의 돌파구를 작품 속에서 찾으려 한다."고 분석했다.

"니체는 다윈의 아들이자 비스마르크의 동생이다." 윌 듀란트의 이 말은 엘리트주의이고 독일 왕국 건설을 위해 비스마르크의 정치노선을 적극 지지하고 참전한 니체를 가장 명확하게 평가한 말이다. 그리고 니체가 죽고 히틀러라는 광인이 독일을 지배하고 유태인을 학살할 때 니체의 순결주의 엘리트주의는 효과적으로 이용된다. 그가 주장했든 그렇지 않든 그의 사상은 잘못된 방향으로 흐를 가능성이 상당히 높은 위험한 사상이었다. 그 자신도 그것을 지적하지 않았는가.

니체는 《차라투스트라는 이렇게 말했다》라는 책을 19세기 가장 위대한 책의 탄생이라고 자화자찬했다. 그리고 만약 루 살로메가 이 책을 먼저 보고 자신을 보았으면 감히 자신의 청혼을 거절하지 못했을 것이라고도 말했다. 루 살로메가 이 책을 읽었는지는 알려진 바 없다. 그 책에 대한 내용을 잠시 언급해 보자.

차라투스트라는 30세 입산을 하여 10년 동안 고독을 즐기다가 어느 날 아침 홀연히 하산을 결심한다. 산에서 '신이 죽었다'는 걸 모르는 늙은이와 만나 잠시 대화를 나누다가 헤어진다. 그리고 다시 차라투스트라는 장터에서 줄타기를 구경하는 군중들에게 '초인'을 설명하는데 사람들은 그의 말을 이해하지 못한다. 차라투스트라는 항상 뱀처럼 영리하고 독수리처럼 용감하게 나서라고 사람들에게 충고한다. 그러면서 차라투스트라는 인간이 가야 할 길은 초인의 길이라고 이야기하며 초인을 어린아이로 비유했다.

정신은 크게 세 가지 단계의 변화를 거치는데, 정신이 어떻게 낙타가 되고, 낙타가 어떻게 사자가 되며, 끝으로 사자가 어떻게 어린아이가 되는지 말한다. 세상 모든 것에 매여 있던 낙타가 모든 것을 버리고 정신의 자유를 획득하고 창조할 수 있는 힘을 가진 사자가 되는 것. 그리고 어린아이가 바로 초인이라는 것을 설명한다. "어린아이는 천진난만 그 자체이며 망각이다. 하나의 시작이며, 유희고 스스로 굴러가는 바퀴다." 쇼펜하우어가 허무주의라고 한다면 니체는 인생은 반복한다는 윤회, 혹은 영겁회귀 사상을 주장했다. 기독교에서 그를 싫어하는 이유는 너무 불교적인 냄새가 강한 철학자이기 때문이다. 물론 그것은 쇼펜하우어에게서 영향을 받은 것이었다.

니체에게 영향을 받은 사람들은 너무도 많다. 가장 대표적인 사람들이 실존주의 철학자 샤르트르, 그리고 카뮈다. 프랑스 철학자 들뢰즈는 니체 틀 안에서 프로이트와 마르크스를 바라보았던 독특한 인물이다. 하지만 그는 불행히도 아파트에서 투신자살하고 만다. 푸코와 야스퍼스, 데리다 등 많은 20세기 철학자가 니체 영향을 받았다. 니체가 독일 민족주의를 부르짖었던 것은 그의 초기 생각이고 바그너를 만나서였다. 하지만 그 뒤로는 생각이 달라졌다. 그의 사상은 너무도 원대해서 어느 누구를 갖다가 붙일 수 없다. 쇼펜하우어의 영향으로 철학을 시작했다고 하지만 그는 쇼펜하우어를 뛰어넘었다. 그를 진정으로 이해하는 철학자는 아직도 나타나지 않았는지 모른다.

1. **티마이오스** *Timaios*
   플라톤의 자연학에 대한 생각들을 대화 형식으로 쓴 책이다. 주제는 물리학, 생물학, 천체학 등과 관련된 것으로 구성됨. 수세기 동안 서구의 우주관을 형성함. 기원전 367년경 출판.

2. **천체들의 회전운동에 대하여** *De revolutionibus orbium coelestium*
   코페르니쿠스가 쓴 책으로 지구가 태양을 일 년에 한 바퀴 돌고, 또한 하루에 한 바퀴 자전운동을 한다는 지동설 내용을 담고 있다. 1543년 출판.

3. **프린키피아** *Principia*
   뉴턴의 대표 작품이다. 만유인력의 원리를 최초로 세상에 알린 책이다. 중세를 마감하고 근대로 나아가는 계기가 되었다. 1687년 출판. (원제는 〈자연철학의 수학적 원리 Philosophiae Naturalis Principia Mathematica〉)

4. **기하학** *La Géométrie*
   데카르트의 저서이며, 수학으로 과학의 문을 여는 열쇠 구실을 했다. 1637년 출판.

5. **방법서설** *Discours de la méthode*
   데카르트의 "나는 생각한다. 고로 나는 존재한다."라는 유명한 명제를 남긴 책이다. 당시 철학책은 라틴어로 쓰는 관행을 깨고 최초로 프랑스어로 출판함. 1631년 네덜란드에서 익명으로 출판.

6. **무한의 산수** *continued fraction*
   존 월리스의 저서로 뉴턴이 탐독한 책 중의 하나다. 1655년 출판.

7. **철학서간** *Lettres philosophiques ou Lettres sur les anglais*
   볼테르의 문제작으로 영국을 이상적인 사회로, 프랑스를 미개한 나라로 폄하했다. 프랑스에서는 금서가 됨. 프랑스 지식인 뿐 아니라 일반인들도 널리 읽은 책. 1734년 출판.

8. **뉴턴철학의 요소** *Éléments de la philosophie de Newton*
   볼테르 저서. 프랑스 지식인들을 대상으로 한 뉴턴의 입문서. 1738년 출판.

9. **동물지** *Philosophie Zoologique*
   아리스토텔레스의 저서로 최초의 동식물의 백과사전이다. 기원전 4세기 출판.

10. 자연의 체계 *Systema Naturae*
스웨덴의 식물학자 카를 폰 린네가 쓴 책. 동식물을 속(屬)과 종(種)으로 분류하고 체계를 세움. 현대 식물학과 동물학의 발전에 기초를 제공함. 1758년 출판.

11. 인체해부에 대해 *de humani corporis fabrica*
근대 해부학의 창시자인 안드레아스 베살리우스의 저서. 인체에 관한 자세한 해부학 책. 총 7권. 1543년 출판.

12. 우주구조의 신비 *Prodromus Dissertationum Mathematicarum Continens Mysterium Cosmographicum*
케플러가 행성의 수와 크기, 배열간격에 대한 생각을 밝힌 책이며, 코페르니쿠스의 주장을 옹호했다. 1596년 출판.

13. 자석에 관하여 *De Magnete*
엘리자베스 1세의 시의였고, 자기학의 아버지라고 불리는 윌리엄 길버트가 쓴 책이다. 자기 및 지자기(地磁氣)에 관한 학설을 경험적 · 귀납적 방법으로 전개하였다. 1600년 출판.

14. 동물의 심장과 혈액운동에 관하여 *On the Motion of the Heart and Blood*
윌리엄 하비가 지은 책으로 고전의학에 코페르니쿠스적 전환을 이루었다. 실험에 입각한 심장과 혈액의 운동에 관한 생리학을 연구했다. 1628년 출간. (원제는 〈동물의 심장과 혈액의 운동에 관한 해부학적 연구 Exercitatio Anatomica de Motu Cordis et Sanguinis in Animalibus〉)

15. 신과학 대화 *Dialogues Concerning Two New Sciences*
갈릴레이가 이단심문에서 유죄판결을 받고, 은둔생활을 하면서 저술하였다. 1638년 출판. (원제는 〈역학과 지상 운동에 관한 두 신과학에 대해서의 대화와 수학적 증명 Discorsi e dimostrazioni matematiche, intorno a due nuove scienze attenenti alla mecanica & i movimenti locali〉)

16. 법의정신 *L'Esprit des lois*
프랑스의 사상가 몽테스키외의 대표작. 준비하는데 20년이나 걸렸다고 함. 2년 동안 무려 22판을 거듭 출판. 큰 호평을 받았음. 1748년 완간.

17. **관용론** *Traité sur la tolérance*
볼테르의 작품으로 종교적 맹신이 얼마나 위험한가 신랄하게 비판한 책이다. 1763년 출판.

18. **에밀** *mile ou de l'education*
루소의 대표작. 당시 주입식 교육에 반대하고, 전인교육을 중시하며, 어린이에게 자연과 자유를 되돌려 줄 것을 주장했다. 그의 교육 사상은 근대적인 인간교육의 이념을 제공했다. 1762년 발간.

19. **레미제라블** *Les Misrables*
프랑스 대문호 빅토르 위고의 장편소설. 한 조각의 빵을 훔친 죄로 19년간의 감옥살이를 한 주인공 장 발장. 그를 통해 인도주의적인 세계관을 펼친 낭만주의 문학의 대표작이다. 우리나라에서는 매일신보에 〈애사〉란 제목으로 연재됨. 1862년 출판.

20. **사회계약론** *Du contrat social*
루소의 대표작. 1789년 프랑스 대혁명의 사상적 원전이 되었다. 뿐만 아니라 근대 민주주의 사상의 고전으로 널리 읽히고 있다. 1762년 네덜란드에서 출판. (원제는 〈사회 계약, 또는 정치권의 원리 Du contrat social, ou principes du droit politique〉)

21. **오이디푸스** *d' Þdipe*
볼테르가 1717년 오를레앙 공(公)의 섭정을 비방했다는 이유로 투옥돼 감옥에서 쓴 희곡. 대 성공을 거둠. 1718년 상연.

22. **앙리아드** *La Henriade*
볼테르가 지은 서사시. 종교전쟁을 끝나게 한 앙리 4세를 찬양한 내용. 1728년 출판.

23. **루이 14세** *Le Sicle de Louis XIV*
볼테르가 1750년 프로이센의 프리드리히 2세의 초빙으로 베를린에 가서 씀. 프랑스 루이 14세의 평전. 1751년 완성.

24. **페르시아인의 편지** *Lettres persanes*
몽테스키외가 익명으로 쓴 작품. 2명의 페르시아 여행자의 눈을 통해 프랑스 파리 문명을 날카롭게 풍자한 내용. 1721년 출판.

25. **반 마키아벨리** *Antimachiavelli*
프로이센의 프리드리히 2세가 왕위에 오르기 1년 전에 마키아벨리의 군주론을 비판하며
쓴 책. 볼테르가 그의 집필에 많은 도움을 주었다. 1739년 출판.

26. **자디그** *Zadig*
볼테르가 1729년에 귀국하여 썼다. 셰익스피어극의 영향을 받은 사상극. 1732년 발표.

27. **아카키아 박사의 통렬한 비난** *Diatribe du docteur Akakia*
1752년 볼테르가 베를린의 아카데미 원장인 아카키아 박사의 독설에 대한 비판. 이 책으로
볼테르는 프로이센에서 쫓겨났다.

28. **인간불평등기원론** *Discours sur l'origine et les fondements de l'inégalité parmi les
hommes*
루소가 1753년에 디종 아카데미의 현상 논문에 응모하였으나 낙선된 작품. 인류의 불평등
에 관한 역사를 기술함. 볼테르에게 지독한 비난을 들음. 1755년 네덜란드에서 출판.

29. **국부론** *The Wealth of Nations*
애덤 스미스의 대표 저서로 자본주의 경제학의 고전. 부의 원천은 노동이며, 부의 증진은
노동생산력의 개선으로 이루어진다고 주장. 1776년 출판. (정식 서명은 〈국가의 부(富)의
성질과 원인에 관한 고찰(考察) An Inquiry into the Nature and Causes of the Wealth of
Nations〉)

30. **풍속론** *Essai sur les moeurs*
볼테르 작품으로 역사를 영웅중심적인 시각에서 벗어나 문명과 풍속의 새로운 인문학적
저술로 평가됨. 1756년 출판.

31. **백과전서** *Encyclopdie, ou dictionnaire raisonn des sciences, des arts et des mtiers*
18세기 지적 혁명을 일으키는데 결정적인 역할을 한 책. 그리고 그 책을 지은 작가 집단을
백과전서파라고 한다. 사상가 디드로와 달랑베르와 루소 등이 참여해 1752년 완성한 책.

32. **캉디드** *Candide*
볼테르의 대표작. 신에 대한 광적인 믿음을 풍자한 철학소설. 1759년 출판.

33. 시민의 견해 *Le Sentiment des Citoyens*
볼테르가 자식을 버린 루소를 공격하기 위해 쓴 책이다. 1764년 익명으로 발표.

34. 플루타르크 영웅전 *Lives of the noble Grecians and Romans*
플루타르코스(46~120)가 쓴 그리스 · 로마 영웅 50명의 전기 작품. 한국에서는 1973년에
을유문화사에서 10권으로 출판함.

35. 고백록 *Les Confessiones*
루소의 자서전. 그는 이 책에서 자신의 삶을 아주 솔직하게 고백했다. 자아고백의 정열과
서정적인 글쓰기로 서양 근대문학의 선구자가 되었다. 루소가 죽은 후, 2부 12권으로 1788
년에 완간되었다.

36. 성격론 *Les Caratéres*
루소의 문학수업에 큰 영향을 끼친 라 브뤼에르 작품. 1694년 프랑스에서 많은 인기를 누
렸던 것으로 귀족들과 왕실 사람들을 재미있게 풍자한 글이다.

37. 눈먼 자들에 관한 편지 *Lettre sur les Aveugles*
프랑스의 계몽주의 사상가 드니 드드로의 대표작. 종교에 맹신한 자들을 풍자한 책으로 무
신론의 경향을 짙게 나타내었다. 1749년 출판.

38. 학문예술론 *Discours sur les sciences*
루소가 디종 아카데미 논문 현상 논문에 당선한 작품. 이것으로 사상가로서 인정받게 됨.
1750년 출판. (원제는 〈과학과 예술론 Discours sur les sciences et les arts〉)

39. 신엘로이즈 *Julie : ou, la nouvelle Héloïse*
루소가 1756년에 집필하기 시작하여 1761년에 발표한 서간체 연애소설. 너무 솔직한 성적
묘사가 음란하다고 비판을 많이 받음. 책은 많이 팔려 루소에게 경제적 도움이 되었음.

40. 사생아 *Entretion sur le fils naturel*
1757년 디드로의 희곡 작품. 그는 이 작품에서 주인공의 입을 통해 루소를 비난함.

41. 달랑베르의 편지 *Lettre d'Alembert*
루소의 서간체 산문. 볼테르와 계몽사상가 전체에 비판이 담겨 있다. 특히 디드로와는 대

립하게 된다. 1758년 출판. (원제목은 〈달랑베르에게 보내는 연극에 관한 편지 Lettre d' Alembert sur les spectacles〉)

42. 산에서 쓴 편지들 *Lettres écrites de la montagne*
1764년 루소가 도피 중에 썼다. 이 책 역시 대중의 공분을 자아내 불태워졌다.

43. 고독한 산책자의 명상 *Les Rêveries du Promeneur solitaire*
루소가 끝내 완성하지 못한 마지막 원고. 그에게 쏟아지는 각종 비난을 의식해서 죽기 2년 전에 쓴 마지막 해명의 글.

44. 정치적 정의에 대한 고찰 *An Enquiry Concerning Political Justice*
영국 정치 평론가 및 소설가 윌리엄 고드윈의 사상서. 책이 출판되자 영국의 보수주의 정권은 술렁거렸다. 내용이 너무 급진적이었기 때문. 1793년 출판. (원제는 〈정치적 정의나 그것이 일반 미덕과 행복에 미치는 영향에 관한 고찰 An Enquiry Concerning Political Justice, and Its Influence on General Virtue and Happiness〉)

45. 정의를 위한 새로운 법 *The New Law of Righteousness*
제럴드 윈스턴리 작품. 윌리엄 고드윈의 무정부주의에 많은 영향을 끼침. 팸플릿 형태로 1649년 출판.

46. 프랑스 혁명에 대한 상념들 *Reflections on the Revolution in France*
영국의 보수주의 대표적 이론가 에드먼드 버크가 프랑스 혁명에 대해 비판함. 혁명의 과격성과 폭력성을 경고함. 1790년 출판.

47. 인간의 권리 *Rights of Man*
토머스 페인이 프랑스 혁명을 목격하고 지은 책. 군주정치와 귀족정치의 폐지, 국가의 교육 시스템의 완비, 누진세 적용을 통한 부의 재분배를 요구함. 그 결과 영국 전역에 급진적 단체들이 생겨남. 1791년 출판.

48. 상식 *Common Sense*
토머스 페인이 지은 책. 미국공화제 독립을 호소하는 정치 팸플릿. 미국독립에 큰 영향을 끼침. 1776년 출판.

49. 탐구자 *The Enquirer*
윌리엄 고드윈의 수필집. 우리의 시간과 정력을 고급의 쾌락의 증진시켜야 한다고 주장함.
1797년 출판.

50. 인구론 *An Essay on the Principle of Population*
토머스 맬서스의 저서. 윌리엄 고드윈의 급진적인 사상에 반론을 폄. 그의 사상은 정통파
경제학의 기반이 되었으며, 다윈의 진화론에 영향을 줌. 1798년 초판 출판.

51. 여성 권리의 옹호 *A Vindication of the Rights of Woman*
영국의 여성운동가이자 작가인 메리 울스턴크래프트의 작품. 당시의 기존사회 관념에 도
전하며, 여성의 교육적·사회적 평등을 주장하였다. 최초의 페미니즘 저작이라는 평가를
받고 있다. 1792년 출판.

52. 딸들의 교육에 대한 생각들 *Thoughts on the Education of Daughters*
울스턴크래프트가 자신의 학교 운영의 경험을 바탕으로 여아 교육에 관한 책. 1786년 출
판.

53. 프랑켄슈타인 *Frankenstein*
윌리엄 고드윈과 메리 울스턴크래프트의 딸인 셸리의 괴기소설. 1931년 미국에서 영화화
하여 크게 흥행한 작품. 1818년 출판.

54. 맬서스의 인구론에 관하여 *Malthus essay on the principle of Population*
윌리엄 고드윈이 맬서스의 《인구론》에 반론하여 씀.

55. 공화국의 역사 *The history of Commonwealth*
윌리엄 고드윈의 작품. 그는 군주제 폐지를 주장하며 크롬웰의 혁명 이후 5년이 영국 역사
에서 가장 영광스런 순간이라고 주장했다. 1828년 출판.

56. 인간에 관한 사색 *Thoughts on Man*
윌리엄 고드윈의 철학 작품. 그의 말년 생각이 고스란히 담겨 있다. 1831년 출판.

57. 소유란 무엇인가 *Qu'est-ce que la propriété?*
프랑스의 무정부주의 사상가인 피에르 조제프 프루동 저작. "재산은 도둑질의 산물이다."

라는 유명한 말을 남겼다. 자본가적 · 사적 소유를 원칙적으로 부정하였다. 1840년 출판.

58. 꿀벌의 우화 *The Fable of the Bees*
네덜란드 출신인 영국 의사 버나드 맨더빌의 시대 풍자 우화집. 소비야말로 부의 증대와
실업의 해소, 국가의 경제발전을 가져온다고 주장. 경제적 거래는 착한 거래 뿐 아니라 나
쁜 거래도 함께 존재하고 그것이 국민경제에 도움이 된다면 그것 역시 묵인해야 된다는 아
주 위험한 생각을 담은 책. 흄과 스미스 등의 사상가에게 영향. 1705년 출판.

59. 종의 기원 *On the Origin of Species*
영국 생물학자 찰스 다윈의 대표작. 19세기 가장 위대한 책이라고 불린다. 생물진화론에
관한 저서로 자연선택설을 주장. 맬서스의《인구론》에서 시사를 받음. 1859년 공표. (원제
는〈자연선택 또는 생존경쟁에서 선택된 종의 보존에 의한 종의 기원에 관하여 On The
Origin of Species by Means of Natural Selection, or the Preservation of Favoured Races in
the Struggle for Life〉)

60. 마키아벨리 플로렌스 역사 *Machiavelli, Florence History*
마키아벨리가 다양한 유럽의 역사를 소개한 작품. 맬서스가《인구론》에서 자주 인용함.
1532년 출판. (원어명 - Istorie Fiorentine)

61. 브리태니커백과사전 *Encyclopaedia Britannica*
영어권에서 가장 오래된 백과사전. 페러데이는 인쇄소에서 이 책을 찍으며 공부를 했다.

62. 주노미아 *Zoonomia*
1796년 다윈의 할아버지 에라스무스가 지음. 그는 생물의 욕구에 의해 진화된다고 주장.
다윈에게 '진화론'에 대한 절대적인 영향을 끼침.

63. 지질학 원리 *The Principles of Geology*
영국의 지질학자 찰스 라이엘의 대표작. 지질학의 아버지로 불리며, "현재는 과거를 푸는
열쇠이다."라는 유명한 말을 남겼다. 1830~1833년 출판.

64. 동물철학 *Philosophie Zoologique*
프랑스 생물학자 라마르크의 저작. 다윈 이전에 진화론을 아주 구체적으로 기술. 진화에서
환경의 영향을 중시하고 습성의 영향에 의한 용불용설을 제창함. 1809년 출판.

65. 실낙원 *Paradise Lost*

영국의 시인 밀턴이 쓴 서사시. 신의 영원한 통찰력과 인간의 자유의지 간에 일어나는 갈등을 명료하게 쓴 작품. 다윈에게 정신적 안정을 준 책. 1667년 출판.

66. 비글호 항해기 *Journal of the Voyage of the Beagle*

다윈이 영국의 해군 측량선인 비글호를 타고, 남아프리카 태평양 등을 항해할 때 보고 겪은 자연현상이나 풍속 등을 정리함. 1839년 출판.

67. 경제학 철학 초고 *Okonomisch-philosophische Manuskripte aus dem Jahre*

칼 마르크스의 저작. 노동의 소외 부분을 많이 다루었음. 1844년 출판.

68. 창조의 자연사적 흔적 *Vestiges of the Natural History of Creation*

로버트 체임버스 작품. 처음에는 익명으로 출판함. 다윈에게 용기를 준 책. 1844년 출판.

69. 인간의 유래 *The Descent of Man*

다윈이 《종의기원》이란 책을 출판한 뒤 12년 만에 나왔다. 여기서 인간의 조상이 고릴라라는 것을 더욱 구체적으로 주장함. 1871년 출판.

70. 공산당 선언 *Manifest der Kommunistischen Partei*

마르크스의 대표작. "공산주의라는 망령이 유럽을 배회하고 있다"는 극적인 문장으로 시작함. 사회·경제 이념과 정치적 강령이 포함되어 있는 공산주의에 관한 최초의 문전(文典)으로 평가됨. 1848년 출판.

71. 정신현상학 *Phönomenologie desGeistes*

독일 철학자 헤겔의 대표작. 정신이 감각적 확실성에서 출발하여 과학적 오성, 이성적 사회의식, 종교 등의 단계를 순차적으로 변증법적 경로를 거치며 끝까지 올라가 끝내 절대지인 완전한 자각에 이르는 도정을 서술함. 1807년 출판.

72. 기독교의 본질 *Das Wesen des Christentums*

유물론의 아버지라 불리는 루트비히 포이어바흐의 대표작. 헤겔철학에 대한 비판을 통해 유물론적인 인간중심의 철학을 제기. 마르크스와 엥겔스에게 영향을 끼침. 1841년 출판.

73. 독일의 겨울이야기 *Deutschland, ein Wintermärchen*
하인리히가 비밀리에 출판한 독일의 혹독한 정치현실을 풍자한 시집. 1844년 출판.

74. 경제적 모순, 혹은 빈곤의 철학 *Systéme des contradictions économiques, ou philosophie de la misére*
프루동의 대표작. 그의 무정부주의적 사상은 제2제정기의 노동조합운동이나 제1인터내셔널 조직, 나아가서는 파리코뮌에 큰 영향을 끼쳤다. 1846년 출판.

75. 철학의 빈곤 *Réponse la philosophie de la misére de M. Proudhon Misére de la philosophie*
마르크스가 프루동의 《빈곤의 철학》을 비판하며 썼다. 1847년 출판.

76. 유태인에 관한 문제 *On the Jewish Question*
마르크스가 유태인에 관해 썼다. 1844년 출판.

77. 프랑스 내전 *The Civil War in France*
마르크스 저작. 1871년 3월에 있었던 프랑스혁명을 통찰하여 썼다. 마르크스는 이 혁명이 자신의 마르크스 사상을 바탕으로 일어난 혁명이라고 주장했다. 1871년 출판.

78. 인생론 *Essays from the Parerga and Paralipomena*
쇼펜하우어는 자신의 사상을 일반인들이 쉽게 접할 수 있도록 에세이 방식으로 썼다. 《의지와 표상으로서의 세계》를 알리기 위한 책이다. 1849년 출판.

79. 의지와 표상으로서의 세계 *Die Welt als Wille und Vorstellung*
쇼펜하우어의 대표작. 니체는 이 책을 헌책방에서 읽고 큰 감명을 받았다. 니체가 철학자의 길을 가게 한 가장 큰 영향을 끼친 책. 1819년 라이프치히에서 출판.

80. 파우스트 *Faust*
괴테가 41년 공들여 쓴 작품. 인간이 지식을 구하려는 것은 곧 신의 뜻으로서 지식에 의해서 진리에 도달한 인간은 덕목에 안주하여 저절로 비행을 버리게 된다는 계몽주의의 이상을 고양하였다. 1831년 완간.

81. **독일 국민에게 고함** *Reden an die deutschen Nation*
독일 관념론의 철학자인 피히테의 대표작. 1806년 나폴레옹과의 전쟁에서 패한 프로이센이 위기에 처하자 피히테가 베를린 대학에서 학생들에게 강연 내용을 책으로 엮음. 1808년 출판.

82. **젊은 베르테르의 슬픔** *Die Leiden Des Jungen Werthers*
괴테의 대표작. 이 작품으로 스타 작가로 탄생함. 유럽 낭만주의 문학에 큰 영향을 끼침. 1774년 출판.

83. **세상을 보는 지혜** *Hand-orakel und kunst der weltklugheit*
발타자르 그라시안 작품. 극단적으로 간결한 표현과 사유양식의 하나인 기상주의를 대표하는 스페인 소설가. 쇼펜하우어가 번역함.

84. **순수이성비판** *Kritik der reinen Vernunft*
독일 철학자 칸트의 대표작. 비판철학의 첫 번째 저서이며 철학사에서 한 획을 그었다. 인간이성의 권한과 한계에 대하여 단적으로 질문하며, 학문으로서의 형이상학의 성립가능성을 물었다. 1781년 출판.

85. **죽음에 이르는 병** *Sygdommen til Døden*
키에르케고르가 지은 철학서. 1849년 출판.

86. **정치경제학 비판을 위하여** *Zur Kritik der politischen Ökonomie*
마르크스 저작. 영국의 고전파 경제학과 영국 사회에 대한 비판을 담고 있다. 1859년 출판.

87. **차라투스트라는 이렇게 말했다** *Also sprach Zarathustra*
니체의 대표작으로 초인사상이 잘 담겨 있다. 수많은 예술가들에게 영감을 불러일으킨 책이다. 그러나 평등을 반대한 엘리트주의 사상이 깊게 배어 있는 위험한 책이기도 함. 1891년 출판.

88. **푸른 꽃** *Heinrich von Ofterdingen*
독일의 시인 노발리스가 죽고 이듬해 발표됨. 13세기 초엽의 전설적인 기사시인 하인리히 폰 오프터딩겐을 소재로 한 소설. 1802년 출판.

89. 비극의 탄생 *Die Geburt der Tragödie*

니체의 처녀작. 그리스 문화를 아폴론적인 것과 디오니소스적인 것으로 구분해서 해석함.
1872년 출판.

90. 인간적인 너무나 인간적인 *Menschliches, Allzumenschliches*

니체의 작품. 여기에서는 과거의 이상을 모두 우상이라고 하고 새로운 이상으로의 가치 전
환을 의도함. 1880년 출판.

91. 서광 *Morgenröte*

니체 작품. 1881년 출판. 그는 이 책에서 도덕적 엄숙주의에서 벗어나라고 그래서 인간 내
면의 그것에 충실하라고 주장하고 있다.

92. 선악의 피안 *Jenseits von Gut und Böse*

니체의 작품. 도덕을 지배자 도덕과 노예 도덕으로 나눠 강자를 지배하는 인내, 동정, 근면
이런 것을 선이라고 보았음. 여성을 혐오한 니체 생각이 고스란히 담긴 책. 1886년 출판.

93. 즐거운 학문 *Die fröbliche Wissenschaft*

니체의 작품. 1882년 출판. 즐겁지 못한 현대 학문에 대한 비판. 제도권 교육에 갇힌 것을
비판하며 틀에 갇힌 것을 과감히 탈피 새로운 무언가를 추구하고 재미를 찾는 것이 교육의
진정한 목표라고 주장.

94. 도덕적 계보 *Zur Genealogie der Moral*

니체의 작품. 1887년 출판. 우리는 모든 도덕적 편견을 벗어나야 진정한 진리를 찾을 수 있
다는 니체의 주장을 담은 책. 도덕이 인간을 얼마나 억압했는지 그 역사적 사례를 열거함.

95. 권력에의 의지 *Wille zur Macht*

니체의 작품. 여기에서는 삶의 원리, 즉 존재의 근본적 본질을 해명하였고 그의 초인사상
을 다뤘다. 1882~1888년 출판.

96. 바그너의 경우 *Der Fall Wagner*

니체의 작품. 바그너를 생각하며 쓴 글. 아주 수려한 문체들이 돋보인다. 1888년 출판.

97. 우상의 황혼 *Die Goetzendaemmerung*

니체의 작품. 기독교를 반대한 글. 1888년 출판.

98. 반 크리스트에 관해 *Der Antichrist*

니체의 작품. 기독교는 나쁜 종교, 혹은 악마의 종교라고 혹독하게 비판함. 1888년 출판.

99. 이 사람을 보라 *Ecce Homo*

니체의 작품. 기독교를 비판한 글이며 제목은 예수의 가시면류관을 빗댄 글이다. 1888년 출판.

100. 니체 대 바그너 *Nietzsche contra Wagner, Aktenstücke eines Psychologen*

니체의 작품. 1888년 출판. 니체는 바그너와 생각의 차이를 기술함.

101. 천재와 광기 *Le Genie Et La Folie*

필리프 브르노의 작품. 여기서 그는 모든 천재들은 불안과 광기, 그리고 우울증을 극대화시켜 그 위기의 돌파구를 작품으로 승화시킨다고 주장했다. 1998년 출판.